华东理工大学人文社会科学优秀学术著作出版基金

金融发展、国际分工与外部经济失衡

刘钻石　著

华東理工大學出版社
EAST CHINA UNIVERSITY OF SCIENCE AND TECHNOLOGY PRESS
·上海·

图书在版编目(CIP)数据

金融发展、国际分工与外部经济失衡 / 刘钻石著.
上海 ：华东理工大学出版社，2025. 1. -- ISBN 978-7
-5628-7081-4

Ⅰ. F11

中国国家版本馆 CIP 数据核字第 20241JT839 号

内 容 提 要

以中国为代表的新兴国家长期保持贸易顺差，而美国却长期保持贸易逆差，这种贸易不平衡状况被称为外部经济失衡。外部经济失衡虽然表现为贸易失衡，但背后是国际分工、资本跨国流动、经济发展阶段、国际货币体系等变量综合作用的结果。如何把这么多宏观经济变量纳入国际贸易分析框架，是对现有国际贸易理论的拓展。本书从金融发展和国际分工的角度分析了外部经济失衡的原因以及应对措施，既有一定的学术价值，也有一定的现实价值。

策划编辑 / 刘　军
责任编辑 / 章斯纯
责任校对 / 孟媛利
装帧设计 / 徐　蓉
出版发行 / 华东理工大学出版社有限公司
地址：上海市梅陇路 130 号，200237
电话：021－64250306
网址：www.ecustpress.cn
邮箱：zongbianban@ecustpress.cn
印　　刷 / 上海新华印刷有限公司
开　　本 / 710 mm×1000 mm　1/16
印　　张 / 17
字　　数 / 234 千字
版　　次 / 2025 年 1 月第 1 版
印　　次 / 2025 年 1 月第 1 次
定　　价 / 98.00 元

前　言

以中国为代表的新兴国家长期保持贸易顺差，而美国却长期保持贸易逆差，这种贸易不平衡的状况被称为外部经济失衡（Global Imbalance，有的文献表述为“世界经济失衡”）。对于这种外部经济失衡，有大量文献分别从国际分工、全球经济一体化、金融发展水平的国际差异、国际货币体系、汇率、统计误差等角度进行了研究。本书在现有文献的基础上，主要围绕金融发展和国际分工两个主题，利用动态宏观经济一般均衡模型等方法，对外部经济失衡做进一步的研究。

本书第一章绪论回顾了相关文献和历史上的外部经济失衡。本书第二章利用对外贸易技术水平、产品质量和要素密度三个指标对贸易品的层级进行测算，分析中国对外贸易失衡的行业结构特点。第三章利用多国工业行业面板数据和国家要素禀赋面板数据，实证分析金融发展水平对贸易失衡结构的影响。第四章在异质企业模型的基础上，引入外部金融市场，分析融资成本在 ODI 替代出口贸易过程中的作用，进而检验金融发展与贸易失衡的关系。第五章在新古典增长模型的基础上，建立中间品贸易模型，分析外生技术进步、金融市场发展水平、关税水平和劳动人口这四个外生变量对外部失衡的影响。第六章在现有文献的基础上建立 OLG 模型，把跨国资本细分为借贷资本、股权资本，分析动态均衡条件下金融约束对资本流动方式和国际收支的影响，并利用国际面板数据，实证模型检验金融约束与资本流动方式、国际收支的关系。第七章集中分析了汇率和贸易失衡的关系，通过建立汇率和贸易关系的实证模型，利用面板和时间序列数据，从多个方面检验二者之间的关系。

本书还分别针对中美两国经济特征和外部失衡的关系进行了研究。全球贸易逆差绝大部分集中于美国，第八章利用美国时间序列数据对其国际贸易与金融市场的相关性进行了实证分析。中国是外部经济失衡的主要顺差国，第九章将二元经济模型嵌入开放条件下的随机动态一般均衡（DSGE）模型，分析农民跨部门流动对中国国际收支、GDP 等宏观经济变量产生的影响。

目　录

第一章　绪论 ………………………………………………………… 001
第一节　外部经济失衡的文献综述 ………………………………… 002
第二节　外部经济失衡的历史回顾 ………………………………… 006
第三节　外部经济失衡的今昔对比 ………………………………… 009

第二章　中国对外贸易失衡的结构分析 ……………………………… 015
第一节　中国对外贸易不平衡的技术水平分析 …………………… 016
第二节　中国对外贸易不平衡的产品质量分析 …………………… 026
第三节　中国对外贸易不平衡的行业要素密度分析 ……………… 035
第四节　中国与主要贸易伙伴国的贸易失衡结构分析 …………… 041
第五节　结论及政策建议 …………………………………………… 046

第三章　金融发展对贸易失衡结构的影响分析 ……………………… 052
第一节　金融发展水平和贸易失衡结构的测算 …………………… 054
第二节　金融发展对贸易结构影响的面板回归分析 ……………… 061
第三节　结论 ………………………………………………………… 080

第四章　金融发展、出口替代与贸易失衡 ……………………………… 081
第一节　模型分析 …………………………………………………… 082

第二节　实证分析 …… 088
第三节　结论 …… 106

第五章　国际分工与外部失衡 …… 114
第一节　模型分析 …… 115
第二节　数值模拟 …… 124
第三节　实证分析 …… 130
第四节　结论及政策建议 …… 135

第六章　金融约束、资本流动与国际收支 …… 140
第一节　模型分析 …… 141
第二节　实证分析 …… 153
第三节　结论及政策建议 …… 167

第七章　汇率变动对进出口贸易影响的实证分析 …… 173
第一节　汇率和贸易关系的实证模型 …… 174
第二节　汇率和进出口贸易关系的面板数据分析 …… 179
第三节　汇率和进出口贸易关系的时间序列数据分析 …… 198
第四节　结论及政策建议 …… 202

第八章　美国贸易失衡与金融市场关系的实证分析 …… 203
第一节　理论模型分析 …… 205
第二节　统计分析与实证检验 …… 209
第三节　结论 …… 220

第九章　中国二元经济与国际收支关系的理论分析 …………………… 222
第一节　经验事实 ………………………………………………………………… 223
第二节　小国开放经济条件下的二元经济模型 …………………………… 227
第三节　模型的应用 ……………………………………………………………… 244
第四节　结论及政策建议 ………………………………………………………… 252

参考文献 ………………………………………………………………………… 254

第一章　绪　　论[①]

进入21世纪以来,中国贸易顺差不断扩大,按2005年不变价计算,中国贸易顺差在2008年达到最高值3 820亿美元,占GDP的7.7%;此后受到金融危机的影响,贸易顺差有所回落,2013年中国贸易顺差下降为3 400亿美元,占到GDP的2.56%。与中国相反的是,美国贸易逆差不断扩大,按2005年不变价计算,美国贸易逆差在2006年达到最高点7 310亿美元,占到GDP的5.56%,详见图1-1。以中国为代表的新兴国家长期保持贸易顺差,而美国却长期保持贸易逆差,这种贸易不平衡状况被称为外部经济失衡(Bordo and Eichengreen, 1999; Dooley et al., 2003)。

① 本章曾以《从历史角度看世界经济失衡:文献综述》为题,发表于《亚太经济》2007年第11期,此次收录略有修改。

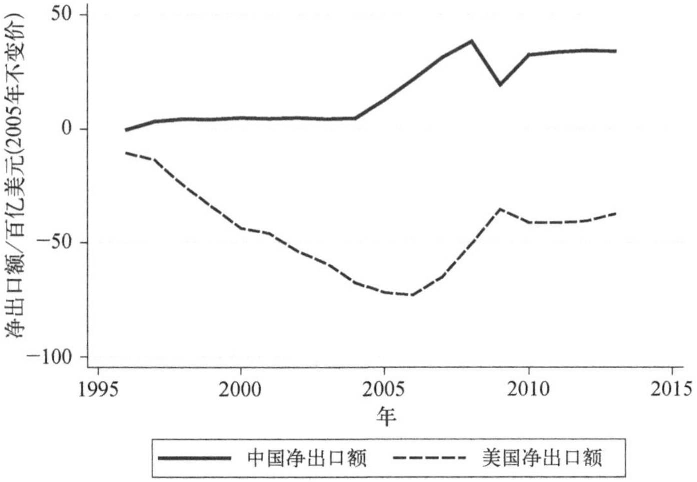

图 1-1　中国和美国净出口额

（数据来源：世界银行 WDI 数据库）

第一节　外部经济失衡的文献综述

根据关注的重点不同，关于这种外部失衡的研究文献主要被分为六类。

第一类文献从不同行业比较优势的角度分析外部经济失衡的原因，认为外部失衡在很大程度上可以用国际分工新格局来解释。学者们利用动态一般均衡模型分析国际贸易与资本国际流动之间的关系，认为劳动力丰富的国家更容易经历劳动密集型部门的技术冲击，所以这些国家更倾向于发展有比较优势的劳动密集型产业，这样，过剩的资本就流向生产资本密集型产品的国家（Ju and Wei，2009；Jin，2012）。一方面，以美国、英国为首的部分发达国家逐渐形成了以金融服务业（服务贸易）为比较优势的经济结构，长期吸引资本的流入；另一方面，德国、日本和中国等国家则形成了以制造业(货物贸易)为比较优势的经济结构,能够创造超过自身消费能力的财富。因此,过剩的资本就流向金融发达的国家(Bao and Yang, 2009;徐建炜、姚洋,2010;Mao and Yao, 2012)。张若雪和袁志刚(2010)认为在产品的全球价值链生产体系中,生产制造部分会向劳动力成本低的发展中国家转移;发达国家的技术创新能力较强,会专门从事产品设计和研发。所以,发达国家和发展中国家在全球价值链上的分工,最终导致产品在发展中国家以加工贸易的形式对外出口,造成外部经济失衡。

第二类文献从关税壁垒和全球经济一体化的角度分析了外部经济失衡的原因。学者们通过分析国际贸易和跨国投资成本的下降对外部经济失衡的影响,认为这两种国际经济行为中交易费用的降低会促进发达地区对落后地区进行 FDI(外国直接投资),同时发达地区会扩大消费,这是造成外部经济失衡的根本原因(Dooley et al., 2003; Bruha and Podpiera, 2008; Manova, 2013)。也有学者把动态一般均衡框架和 H-O 模型结合在一起,分析关税壁垒的下降对国际分工和外部失衡的影响,结果表明贸易自由化会引起发展中国家资本外流和外部经济失衡(Ju et al., 2011)。货物贸易与服务贸易在国际市场上的开放度不一致,货物贸易的冰山成本比服务贸易的小,所以比较优势为货物贸易的国家对比较优势为服务贸易的国家顺差,形成外部经济失衡(Barattieri, 2014)。

第三类文献着眼于分析新兴国家与发达国家之间金融发展不一致,从储蓄和投资在全球范围内匹配的角度分析外部经济失衡。金融落后、人口年龄结构偏低、社会保障缺失等造成中国储蓄偏高,大量的储蓄为了寻求安全环境和高收益,会流向金融发达的国家(Dollar and Kraay, 2000)。金融市场的国际整合会使金融发达国家的储蓄下降,并且更多地向国外借贷,从而诱发长期的外部经济失衡(Mendoza et al., 2009)。随着财富增加,富人的时间偏好提高,变得更没有耐心,预防性储蓄下降,富国与穷国的时间偏好不同引起国际收支失衡(Daniel, 1997)。但是在资本边际产出很高的情况下,为什么中国的高储蓄没有在国内投资呢? 因为发展中国家金融系统比较落后，无法把储蓄有效转化为投资，形成了所谓储蓄“消化不良”；而美国完善且深化的金融系统吸引国际投资者提供大量廉价的资本进入美国(Bernanke，2005；Caballero et al.，2008；Wang et al.，2013)。祝丹涛(2008)认为中国金融系统的低效率使得储蓄转换投资的能力不足，诱发金融账户的逆差和经常账户的顺差。宋铮等(2011)认为中国的国有金融系统主要服务国有企业，而民营企业资本积累只能靠自身储蓄。当低效率的国有企业在GDP中占比下降时，国有金融系统就有一部分储蓄剩余转化为中国对外顺差并积累为境外资产。他们认为落后的金融系统和不平等的市场准入机制是导致中国国际收支顺差的主要原因。

第四类文献从国际货币体系的角度分析外部失衡，认为美元的国际货币属性是引起外部经济失衡的重要原因。以美元为国际货币的当今国际货币体系是布雷顿森林体系Ⅱ(Bretton Woods system Ⅱ)，这是亚洲国家愿意为美国融资的主要原因，比引起逆差本身的原因更重要。这类文献认为亚洲的固定汇率区域作为新的外围国家，通过低估汇率、资本管制等政策实现对中心国家(美国)持续盈余，从而导致全球失衡(Dooley et al.，2003)。当今世界是以美元为本位货币的，国际商品贸易和资本流动主要以美元计价，这使得美国可以以本币形式向外国无限期借款以掩盖其相对较低的储蓄水平。通过对1915年至今国际货币演变的研究可以发现，20世纪后期贸易失衡是与美元在国际货币体系中的重要性相联系的，并且这种失衡将持续下去，除非美元作为国际货币的地位被取代。尽管布雷顿森林体系早已瓦解，但美元仍然充当着全球最主要的结算货币和储备货币，这是全球接受美国多年来维持经常账户逆差的原因所在(Mckinnon，2007；Mundell，2009)。

第五类文献从汇率的角度研究外部失衡。对于汇率在外部经济失衡中所起的作用，研究者的观点各不相同。沈国兵(2004)利用中美贸易和人民币汇率的时间序列数据，检验表明汇率与中美贸易失衡没有稳定的协整关系。沈国兵(2015)利用中美贸易行业面板数据分析表明，美元弱势调整只会改善同质品贸易逆差，异质品贸易还会恶化。但是，基于亚洲国家截面数据的研究发现，汇率变动对贸易流量有着显著的负向影响(Frankel and Wei, 1996)。有的研究发现汇率变动对贸易有着系统的、显著的阻碍影响，具体表现为实际升值通过需求效应或供给效应对出口有着恶化影响(Rose, 2000)。分析亚洲国家1968—1998年的年度数据发现，货币贬值对这些国家净出口仅有微弱的促进作用(Chou and Chao, 2001)。王春平等(2007)利用1981—2005年的年度数据进行的协整分析说明，考察期内人民币实际有效汇率变动对我国工业制成品出口作用显著，人民币有效汇率每升值1个百分点，制成品出口减少1.25个百分点。陈学彬等(2007)、马光明等(2007)认为货物贸易中加工贸易占的比重越大，人民币升值对总体贸易顺差的影响越不明显，由于加工贸易依然是中国对外贸易的重要形式，因此人民币对美元升值不是调节中美贸易失衡的有效手段。

第六类文献从统计误差的角度研究中美贸易失衡。实际上，按原产地统计难以真实反映中美贸易平衡状况，特别是对于转口贸易和加工贸易的统计往往存在较大误差。这是中美贸易顺差被严重夸大、中美贸易平衡状况被扭曲的实质所在。中美贸易巨大差额源自中美对中国香港转口贸易和服务贸易的统计差异，忽视中国香港在中美贸易中的作用，将会夸大美国在中美贸易中遭受的逆差损害(Fung and Lawrence, 1998; Yao, 2000)。美中贸易全国委员会(USCBC, 2004)指出，美中贸易失衡的规模经常被高估，美国对华出口总是被低估。实际上，当算入服务贸易时，入世后美中贸易逆差会进一步下降。美国从华进口中只有10%的产品与美国生产的产品直接竞争。所以，即使美国削减从华进口，也不会减少美国的贸易逆差。国际收支账户对境外失衡测量是不准确的，因为没有将一部分FDI、保险服务、债务减免等计算进来，这一部分可以被称为“暗物质”(dark matter)。如果把这一部分“暗物质”计算进来，美国的贸易逆差就不是很严重(Hausmann and Sturzenegger, 2006)。

第二节 外部经济失衡的历史回顾

一、金本位时期的第一次外部经济失衡及原因(1870—1914)

19世纪80年代,以英国为首的国际金本位制度(the classical gold standard)建立,国际贸易与跨国资本流动得到了快速发展。1870—1914年间的全球化过程中,私人资本从当时世界上的西欧国家流向美国、澳大利亚等移民国家,投资建设基础设施,引起了长期贸易失衡。在贸易失衡最为严重的时期,英、法、德拥有的平均顺差都高达GDP的9%,1914年英国是境外投资的最大主体,达到全球境外投资总额的50%;资本输入国,如阿根廷、澳大利亚、加拿大,平均经常账户逆差为GDP的5%。① 1914年之前的外部经济失衡有很强的持久性(Bordo and Eichengreen, 1999)。

第一次全球化产生的经常账户失衡很难得到明确的解释。虽然很多人直观上会认为对外投资是因为收益率高,但当时内外投资收益率差别不大。对外投资的一个重要原因是银行的利益驱动作用,比如法国银行通过出售国外债券给国内投资者可以收取很高的手续费;对外投资的另一个原因是政府为了弥补军事力量的不足,对外资本输出可以增加本国的世界影响力,所以政府在资本输出方面起到了促进作用(Kennan, 1984)。第一次世界大战前资本转移引起的外部经济失衡,通过金本位制度下的价格铸币机制和英联邦国家政府间的担保,得到平稳调整(Bordo and Eichengreen, 1999)。

二、金汇兑本位时期的第二至第四次外部经济失衡及原因(1915—1979)

1926年,世界主要国家采用了金汇兑本位制(the gold exchange

① 数据来源:Summers L. Reflections on Global Account Imbalances and Emerging Markets Reserve Accumulation[D]. L. K Jha Meorial Lecture, Reserve Bank of India, March, 2006.

standard)，即美国、英国、法国持有黄金，世界上其他国家外汇储备以美元、英镑、法郎的形式持有。当一个国家发生逆差时，可以用外汇储备和黄金来平衡。1929 年经济大萧条让金汇兑本位破产了。第二次世界大战期间，交战国发生了严重的通货膨胀，美国、法国、德国出现经常账户顺差，而英国的经常账户逆差占其 GDP 的 4%，并且美国和法国限制黄金流出和价格调整，让英国承受了巨大的通货紧缩压力（Meltzer，2003；Eichengreen，2004）。

二战后，世界建立了以黄金-美元为基础的国际金汇兑本位制，即布雷顿森林体系，采用美元作为国际储备和国际支付手段。布雷顿森林体系在 1959—1971 年得到了很好的运行，美国保持长期的经常账户顺差，对外进行了大量投资。与此同时，欧洲国家和日本像二战前的美国和法国一样，保持真实汇率低估，促进出口，拉动本国经济发展，积累越来越多的美元。1961—1967 年，欧洲和日本持有大量可以兑换成黄金的美元，“悬突额”（overhang）越来越高，促使美元对黄金的兑换比例发生变化；同时随着越南战争的扩大，美国实行通胀的货币政策和财政政策，引起了美国 GDP 发生 0.5%的逆差。在特里芬两难（Triffin Dilemma）的作用下，1973 年，布雷顿森林体系瓦解（Meltzer，1991）。

布雷顿森林体系崩溃后的 20 世纪 70 年代，世界上的主要国家采用有管理的浮动汇率制度。政府用行政手段稳定外汇市场和平衡汇率。20 世纪 70 年代后期，美国利用通胀阻止产出萎缩和失业，导致了 1977—1979 年 GDP 的 0.8%的逆差；而德国和日本拥有大量顺差，大量资本逃离美国，同时欧洲经济衰退、第二次石油涨价，这些因素促使美元急剧贬值（Border，2005）。

三、牙买加体系时期的第五、第六次外部经济失衡及原因（1980—　）

1978 年，牙买加体系建立起来，黄金不再是各国货币的平价基础，以美元为首的多种货币作为储备货币，实行汇率制度多样化。牙买加体系建立之初的20世纪80年代，美国也经历了大的逆差，当时政府赤字，家庭储蓄率很低。20世纪80年代前半期逆差开始扩大，于1987年达到顶点，经常账户逆差占当年GDP的3.4%。随后美国经常账户赤字趋势逆转，并于1991年实现了0.8%的轻微顺差（当年其他国家因海湾战争对美国有过上千亿美元的一次性支付）。[①] 1987—1991年的逆差调整是通过美元贬值实现的，在逆差下降的两年前，也就是1985年第二季度美元开始贬值，到1991年第二季度，美元贬值了40%。逆差下降对美国和世界经济几乎没有什么影响，人们普遍担心的“硬着陆”并未发生(Edwards，2004)。

1991年过后经常账户余额消失，逆差迅速扩大。2006年经常账户逆差占美国GDP的比例高达5.8%，几乎是20世纪80年代逆差峰值的两倍。全球经常账户赤字绝大部分集中于美国，2006年美国经常账户逆差大约占全球逆差总额的72%，相当于全球GDP的2%。[②]顺差国则主要是新兴国家，美国的经常账户逆差90%以上来自中国、日本、石油出口国等国的顺差。哈继铭(2006)认为20世纪90年代以来的外部经济失衡是美国经济政策和东亚经济政策共同造成的，从单方面无法解释外部经济失衡。赵夫增(2006)认为出口导向的亚洲经济体依赖美国市场来弥补需求，消费过度的美国依赖亚洲的廉价出口和官方储备来抑制通胀和实现低成本融资，这二者形成共生模式，经常账户失衡是其枢纽。华民(2006)用二阶段博弈模型和世界IS/LM曲线分析了当今外部经济失衡的原因。他认为，在二阶段博弈模型中，美国能够从它的贸易伙伴国家中低价融资，所以美国才会肆无忌惮地通过贸易逆差为本国谋求好处。张幼文(2006)认为世界各国生产要素在亚洲国家集聚，并进行面向世界的生产，这种要素合作体制的存在引起外部经济失衡。伯南克等(2005)美国经济学者认为亚洲国家的高储蓄率导致了全球性储蓄过剩，压低了长期实际利率，从而引起美国逆差。

①② 数据来源：世界银行WDI数据库。

第三节　外部经济失衡的今昔对比

一、当今外部经济失衡与一战前失衡的纵向比较

当今外部经济失衡与一战前的外部经济失衡有很明显的差别(Border，2005)。首先，在金本位制度下，当时美洲新兴国家经常账户逆差，欧洲的一些主要国家顺差。在当今，主要经济体和新兴国家可以同时是顺差或者逆差。其次，现代社会总体资本流动比以前大得多。早期的失衡反映了主体国家的长期投资倾向；1980 年以来的失衡反映的是为了分散风险而进行的投资多样化和拉平消费周期。再次，调整机制不一样。1914 年之前的调整机制主要是在金本位制度下的物价金币流动机制(the price-specie-flow mechanism)。当今的全球是有管理的浮动汇率制度，失衡的调整通过汇率变动、国际储备、资本流动等机制实现(Obstfeld and Rogoff，2004)。最后，1914 年之前，英帝国是主导国家，英镑为世界通用货币，并且是主要的国际储备，当时英国产生了大量货币剩余。但是如今美国是主导国家，美元是主要货币，却有大量的贸易逆差。

二、当今外部经济失衡与布雷顿森林体系下失衡纵向比较

当今外部经济失衡与布雷顿森林体系下的外部经济失衡具有很大的相似性：一个中心发行全球储备货币；一个外围通过低估本币而获得出口优势，拉动本国经济增长(Dooley and Garber，2003；Obstfeld and Rogoff，2004)。40 年前的一个中心是美国，外围是欧洲和日本；现在的一个中心还是美国，而外围变成亚洲新兴国家，欧洲成了既不是中心也不是外围的第三团体。这些国家认为，虽然当今没有官方布雷顿森林体系，但是亚洲钉住美元的汇率政策形成了布雷顿森林体系Ⅱ。中国、印度等国家像 40 年前的欧洲和日本一样，采用钉住美元、低估本币的方法，鼓励出口，拉动本国经济发

展，这些国家的经常账户顺差，产生了大量美元储备。美国通过大量印钞来购买外国商品，消费规模超出了自身产出能力，引起大量逆差。现在的世界经济环境也与布雷顿森林体系末期相似，两个时期美国都是巨额的财政赤字、宽松的货币政策、无止境的国家安全支出。所以当时导致布雷顿森林体系崩溃的因素，现在经济都具备了。

有学者认为目前的外部经济失衡比布雷顿森林体系下的情况更糟(Eichengreen，2004)。第一，布雷顿森林体系下至少有35美元等于1盎司黄金的硬性规定，而现在的美元价格模糊不清。第二，布雷顿森林体系下，欧洲有共同的文化和利益，能够组成卡特尔——“黄金总库”(Gold Pool)，可以采取共同行动，阻止外部经济进一步失衡；现在的亚洲很难做到，因为外围国家更多并且处于不同的发展阶段，有不同的发展战略。第三，布雷顿森林体系下多样化储备受到很大限制，但是今天欧元是很有吸引力的替代储备货币，并且亚洲央行也加紧地区债券市场的建立。第四，美国在越南战争之前的20世纪60年代经常账户一直顺差，资本输出维持债务，不断强化美元地位；现在美国储蓄不足，美元前景模糊。第五，现在比以前金融管制更加放开，无法对私人投资进行限制，政府为了保持现状而干预金融市场的成本更高。第六，亚洲国家知道依靠出口拉动经济增长的吸引力越来越低，正在寻找内需多样化。所以，虽然当今货币体系和布雷顿森林体系有相似之处，但上述这些因素会促使当今世界失衡状态快速崩溃。

三、当今外部经济失衡与20世纪80年代失衡纵向比较

有许多理论对当今失衡持乐观态度的，认为可以像20世纪80年代那样平稳调整以至长期维持，它们分别是：资本全球论(the global capital market)、“暗物质”论(the dark matter)、新经济论(the new economy)、聪明投资论(the savvy investor)。资本全球论认为全球资本市场越来越一体化，20世纪80年代无法进行的消费和投资，现在可以通过金融市场从国外借款，国内均衡的重要性变小，深化的全球资本市场可以延缓外部经济失衡调

整幅度(Greenspan, 2004)。“暗物质”论认为当下美国一部分出口,比如流动资本服务、保险服务、知识服务等,没有被完全记入经常账户,因此基于债务的外部经济失衡标准分析是不合理的(Hausmann and Sturenegger, 2005)。新经济论认为对当下外部经济失衡不能够持续存在的观点低估了美国资产对外国投资者的吸引力,高的生产率和企业利润率会吸引更多的外资进来;世界总剩余储蓄有 8 万亿美元,美国只需要 8 万亿美元的不到 15%就可以弥补 1 万亿美元的贸易逆差(美国 GDP 的 7%)(Bernanke, 2005)。聪明投资论认为因为美国比对手国家投资更加科学,美国对外投资收益率高于外国对美投资收益率。美国通过利用低成本外资进行对外投资赚取净利润,只需要耗费美国不到 1%的 GDP 就可以化解相当于 50%的 GDP 的外债,所以高额逆差并不是很严重的问题(Kitchen, 2006; Gourinchas and Rey, 2005)。

一些学者甚至反对把当今经常账户失衡当作全球经济失衡。他们认为人是理性的,经常账户逆差是由于高的投资和低的储蓄,这是个人投资行为,所以贸易逆差无关紧要(Corden, 1994)。美国经常账户逆差和债务的增加是因为外国对美国金融资产需求上升所引起的,只要美国保持快的发展速度,失衡就不会对经济产生大的影响(Lane and Milesi-Ferreti, 2005)。从某种意义上讲,美国经常账户不存在逆差,因为 2005 年美国境外利润为 300 亿美元,并且 25 年来美国一直保持净的利润(Buiter, 2006)。

四、当今失衡与历史上外部经济失衡的横向比较

近几十年来,有许多国家也经历了贸易逆差。统计 1970—2001 年共 157 个国家的数据,只有很少几个国家逆差超过 5%,如澳大利亚、奥地利、芬兰、希腊、挪威等,并且持续高逆差时间超过 5 年的国家更少(Edwards, 2006)。历史上高逆差是很难持续的,一国经历一段时期逆差之后都要经历经常账户的调整,调整期间一般伴有本币贬值和经济增长率下降。逆差的调整所引起的不仅仅是经济增长率的下降,还会引起国外资本突然停止流

入，导致经济衰退（Milesi-Ferreti and Razin，2000；Frankel and Cavallo，2004a）。但是也有学者认为没有证据表明逆差下降会跟经济衰退有必然联系（Leduc，2005）。

历史上从来没有哪个发行主导货币的国家保持经常账户逆差占到GDP的6%，也从来没有哪个发行世界主要储备货币的国家外债占到GDP的25%。把当前美国逆差与英国进行比较，20世纪早期，英国的通胀率是美国的三倍，并且英镑与美元比起来一再贬值，二战期间英国又经历了逆差。这些因素使英镑丧失了主导地位，而今天美国逆差和美元的弱点也会引起国外对美元资产和金融危机的担心（Eichengreen，2005）。英镑在20世纪前半叶失去了主导地位，美元也会在21世纪前半叶失去主导地位，如果作为当今世界失衡维持纽带的美元失去储备货币的地位，那么外部经济失衡就将无法维持（Persaud，2004）。

五、历史上的外部经济失衡与当今失衡：崩溃论和调整论

本章首先回顾了迄今为止的六次外部经济失衡，并简要说明了每次失衡原因和调整情况，接着把当今失衡与历史上的五次失衡进行纵向对比，最后又把美国当今失衡与历史上其他国家失衡进行横向对比，通过对前文三部分的总结可以形成表1-1。

表1-1　世界经济一体化过程中的六次外部经济失衡

失衡时间	主要逆差国家	主要顺差国家	最高逆差额	失衡主要原因	失衡结果
一战前30年	澳大利亚、加拿大	英国、法国	占逆差国家平均GDP的5%	境外投资、扩张势力	通过价格铸币机制，失衡自动平稳调整
两次大战之间	英国	美国、法国	占英国GDP的4%	战争支出、通货膨胀	金汇兑本位制度崩溃，英国通货紧缩

续 表

失衡时间	主要逆差国家	主要顺差国家	最高逆差额	失衡主要原因	失衡结果
布雷顿森林体系时期	美国	日本、欧洲	占美国 GDP 的 0.5%	日欧低估本币、美国赤字	在特里芬两难下，布雷顿森林体系瓦解
20 世纪 70 年代末	美国、冰岛	德国、日本	美国逆差占其 GDP 的 0.8%	美国通货膨胀、石油涨价	欧洲国家衰退和通胀，引起货币体系震动
20 世纪 80 年代末	美国、新西兰	日本、德国、加拿大	美国逆差占其 GDP 的 3.4%	亚洲国家出口拉动，美国财政赤字、低储蓄	通过美元贬值，平稳调整，没有引起经济巨大波动
20 世纪 90 年代至今	美国	中国、石油出口国	占美国 GDP 的 6.4%	亚洲国家出口拉动、美国低储蓄、全球金融一体化	美国金融危机

资料来源：作者自己整理。

从表 1-1 可以看出，从一战前至今一共发生了六次经济失衡。一战前金本位制度下的外部经济失衡，依靠“看不见的手”处理得很好；两次战争期间和布雷顿森体系下的外部经济失衡让世界货币体系崩溃；20 世纪 70 年代的失衡导致了货币体系的根本变动；20 世纪 80 年代的失衡得到了平稳调整。面对 20 世纪 90 年代至今的外部经济失衡，2007 年美国虽然发生了金融危机，但是这种失衡仍在继续，我们会像第一次和第五次失衡那样缓慢调整直至均衡，还是会像第二至第四次那样引起经济的巨大波动？

各派学者把历史上的失衡进行纵向和横向比较，大致形成了以杜利(Dooley)、艾肯格林(Eichengreen)等学者为代表的崩溃论和以格林斯潘(Greenspan)、比特(Buiter)等学者为代表的调整论。崩溃论认为当今失衡与布雷顿森林体系时期相似，甚至某些方面比当时情况更糟，所以崩溃论认为当今持续的高额失衡会导致世界经济在突然之间崩溃。调整论认为，在全球金融市场一体化的今天,外部经济失衡是一种常态,只要保持国际贸易和国际金融的通畅,经济失衡会自动得到调整。

当今外部经济失衡与历史上的五次失衡最大的不同点是贸易逆差规模大和持续时间长。虽然一战前的失衡规模也不小,持续时间也很长,但是在金本位条件下,失衡可以通过市场自动调节。在后来的金汇兑本位和牙买加体系下,全球金融市场越发达,失衡调整的手段越多样,同时一旦失衡无法维持,破坏作用也就越大。从六次失衡中可以看出,只要世界上发达国家与新兴国家并存,就会引起失衡,早期是英国与美洲国家之间,后来是美国与日本、欧洲之间,现在是美国与东亚新兴国家之间。根据李嘉图原理和要素禀赋理论,新兴国家通过本币贬值和出口拉动本国经济发展,而发达国家由于巨额的财富积累和货币优势,能够通过逆差提高本国人民生活水平(非经典金本位情况下)。当今失衡能否维持的关键在于美国能否保持持续的高速发展,布雷顿森林体系时期的失衡无法维持除了货币体系本身存在缺点外(1972 年美国最高逆差仅为 GDP 的 0.27%),美国世界经济霸主地位受到日欧的挑战也是重要原因[①];而 20 世纪 80 年代末那次失衡能够实现“软着陆”,与当时美国 IT 技术革命和美国企业竞争力的提高有一定的关系。所以如果美国不能继续通过科技革命克服经济周期给美元资产带来的恐慌,那么当下美国和亚洲经济政策调整就显得刻不容缓了。

① 数据来源:世界银行 WDI 数据库。

第二章　中国对外贸易失衡的结构分析[①]

从第一章绪论中可以看出，有一类文献从金融服务业和制造业在国家间分工的角度分析外部经济失衡。以美国、英国为首的部分发达国家逐渐形成以金融服务为比较优势的经济结构，长期吸引资本的流入；以德国、日本和中国为首的后起国家则形成以制造业为比较优势的经济结构，创造远远超过自身消费能力的财富，过剩的资本就流向金融发达的国家（Ju and Wei，2009；徐建炜和姚洋，2010；张若雪和袁志刚，2010）。因此这些文献认为外部经济失衡其实是国际分工新格局的均衡结果。

虽然现有文献已从贸易结构的角度分析了中国对外贸易失衡，但是它们只是把贸易行业粗略地分为金融服务业和制造业，而对贸易失衡各个行业结构状况并没有做更进一步的分析。本章通过对贸易品的层级进行测算，分析中国对外贸易失衡的行业结构特点。根据分析角度的不同，目前贸

① 本章曾以《中国对外贸易不平衡的结构分析——基于工业品要素密度视角》为题，发表于《亚太经济》2015 年第 11 期，此次收录略有修改。

易品层级测算的方法主要有三种：从贸易品技术水平的角度，可以用贸易品技术分类法把贸易品分成不同技术水平的商品，比如贸易品直接分类法（Lall，2000）和显示技术附加值法（关志雄，2002）；从贸易品质量的角度，可以根据贸易品在国际市场上的价格把不同国家出口的贸易品分成高质量、中质量和低质量三档商品，比如质量差异法（Mulder et al.，2009）；从生产中使用要素的角度，可以计算出贸易品的要素密度特征，比如利用工业品要素密度分析一国出口贸易结构（Braun，2003）。本章利用中国出口贸易行业数据，用这三种方法对中国对外贸易失衡的技术水平、产品质量和要素密度进行测算分析。由于这三种方法的研究对象主要为商品贸易，并且商品贸易也是国际贸易的主体，所以本章对中国贸易失衡特征的分析也主要集中在商品贸易上。

第一节　中国对外贸易不平衡的技术水平分析

一、贸易行业的技术分类方法

根据联合国对国际贸易的统计分类，贸易商品共有三种分类统计数据：国际货物统一编码系统（Harmonized System，HS）、标准国际贸易分类（Standard International Trade Classification，SITC）、广义经济分类（Broad Economic Categories，BEC）。[①] 研究国际贸易商品结构常用的是SITC分

① 在国际贸易中，各主权国家不同程度地开发了对贸易货物的分类和编码，但是由此产生的统计资料可比性很差。为此，从20世纪初期开始，国际上就开始探索如何制定一个国际统一的商品分类目录。1948年联合国统计委员会制定了《标准国际贸易分类》（简称SITC），欧洲经济委员会于1950年制定了《海关合作理事会商品分类目录》（简称CCCN）。国际海关理事会在1983年第61届会议上通过了《商品名称及编码协调国际公约》，以HS编码"协调"涵盖了CCCN和SITC两大分类编码体系，于1988年1月1日正式实施。1996年之前中国海关使用SITC编码，1992年1月1日中国海关正式采用HS编码，并于1996年1月1日按时实施了HS编码对中国对外贸易进行分类统计。

类方法，根据统计时间的不同有四个版本(Rev. 1—Rev. 4)，在联合国Comtrade贸易数据库可以获得其一至五位分类货物贸易数据。为了有效地分析一国贸易结构状况，需要对所有产品在SITC的基础上按产品质量或者技术水平进行重新分类。目前常用的贸易品技术水平计算方法主要有两种：直接分类法和显示技术附加值法。

贸易品直接分类法是根据贸易品的制造方式或者最终用途对贸易品进行粗略的分类。针对SITC一位数或二位数编码的产品，按照贸易品加工程度分为初级产品和制成品；根据贸易品的技术密集程度将贸易品分为高技术密集品、中等技术密集品和低技术密集品三类(Worz，2005)。SITC一至二位数编码分类过于粗糙，不能准确地反映贸易品的层级结构，最常用的是以三位数编码对贸易品进行分类(Lall，2000)。针对SITC三位数编码的产品，把贸易品划分为初级产品、资源密集型制成品、低技术制成品、中等技术制成品和高技术制成品，详见表2-1。表中的数字为贸易品SITC-Rev. 2三位数编码。

表2-1　贸易品SITC-Rev. 2三位数编码分类对照表

初级产品	资源密集型制成品	低技术制成品	中等技术制成品	高技术制成品
001、011、022、025、034、036、041、042、043、044、045、054、057、071、072、074、075、081、091、121、211、212、222、223、232、244、245、246、261、263、268、271、273、274、277、278、	农业类 012、014、023、024、035、037、046、047、048、056、058、061、062、073、098、111、112、122、233、247、248、251、264、265、269、423、424、431、621、625、628、633、634、	服装、纺织、鞋类 611、612、613、651、652、654、655、656、657、658、659、831、842、843、844、845、846、847、848、851 其他 642、665、666、673、674、675、	汽车类 781、782、783、784、785 加工类 266、267、512、513、533、553、554、562、572、582、583、584、585、591、598、653、671、672、678、786、791、882	电子和电器 716、718、751、752、759、761、764、771、774、776、778 其他 524、541、712、792、871、874、881

续 表

初级产品	资源密集型制成品	低技术制成品	中等技术制成品	高技术制成品
291、292、322、333、341、681、682、683、684、685、686、687	635、641 非农业类 281、282、286、287、288、289、323、334、335、411、511、514、515、516、522、523、531、532、551、592、661、662、663、664、667、688、689	676、677、679、691、692、693、694、695、696、697、699、821、893、894、895、897、898、899	工程类 711、713、714、721、722、723、724、725、726、727、728、736、737、741、742、743、744、745、749、762、763、772、773、775、793、812、872、873、884、885、951	

数据来源：作者根据 Lall(2000)的贸易品分类整理。

显示技术附加值法认为，在经济学上，一个产品的技术水平应该看技术对产品的增加值有多大贡献。关志雄(2002)假定"附加值越高的产品，越是来自高收入国家"，将产品的技术附加值用出口国的人均 GDP 的加权值表示，权数为该产品的各国出口贸易额所占的世界市场份额。樊纲等(2006)提出了显示技术附加值赋值原理。① 根据显示技术附加值的赋值原理，需要两个变量来计算某一个产品显示技术附加值。第一个变量是显示比较优势(Revealed Comparative Advantage，RCA)，第二个变量是具有比较优势的国家或地区技术要素的丰裕度。② 刘钻石和张娟(2010)在技术附加值法的基础上测算出 1995—2006 年各类贸易品技术附加值指数，剔除了时间变化趋势，使贸易品和贸易结构可以进行跨期和跨地区比较，是技术附加值法的

① 显示技术附加值赋值原理认为，对于某一种产品而言，在这种产品上具有比较优势的国家，其技术越丰裕，则在该产品的生产过程中越是密集地使用了技术，该产品的技术附加值也相应地会越高，因而，可以给该产品赋予一个更高的技术附加值指数。

② 技术要素较丰裕的国家，全要素生产率也相对较高，所以基于数据的可得性，可以用劳动生产率进而用人均 GDP 来代替技术丰裕度。计算方法为：对某一特定产品，选取所有 RCA 大于 0 的国家，用这些国家人均 GDP 的加权值来表示该产品的显示技术附加值；权数为一国在该产品与世界各国 RCA 之和的比值。

改进。本章利用刘钻石和张娟(2010)提出的显示技术附加值指数，对贸易品的技术水平进行测算，计算公式为：

$$TC_j = \sum_{i=1}^{n}\left[\frac{ex_{ij}\Big/\sum_{j=1}^{m}ex_{ij}}{\sum_{i}^{n}\left(ex_{ij}\Big/\sum_{j=1}^{m}ex_{ij}\right)}gdpper_i\right] \tag{2.1}$$

式中，TC_j 表示第 j 种贸易品的技术附加值；ex_{ij} 表示国家 i 的第 j 种贸易品出口额；$gdpper_i$ 表示国家 i 的人均 GDP，单位为 2005 年不变价美元；n 和 m 分别表示国家数量和贸易行业数量。在上式基础上，贸易品 j 的技术附加值指数 TCI_j 可以表示为：

$$TCI_j = \frac{TC_j}{\sum_{j=1}^{m}TC_j} \tag{2.2}$$

根据式(2.2)可以计算出 SITC 各种位数的贸易品技术附加值指数，并且由于是标准化后的结果，所以商品 j 的不同年份 TCI_j 值可以进行比较。

二、数据分析

参照对贸易份额和比较优势的设定(Balassa，1965)，可以给出衡量贸易结构变量的 2 个指标：

$$\text{行业净出口额指标 } net_{ij} = ex_{ij} - im_{ij} \tag{2.3}$$

$$\text{行业净出口显示比较优势指标 } netrca_{ij} = \frac{ex_{ij} - im_{ij}}{ex_{ij} + im_{ij}} \tag{2.4}$$

式中，ex_{ij} 和 im_{ij} 表示国家 i 的第 j 种贸易品出口和进口额，单位为亿美元，数据来源为联合国 Comtrade 数据库中标准分类 SITC-Rev. 2 三位数水平的贸易数据。Comtrade 数据库对中国的贸易数据统计最早年份为 1987 年，为了有长期的视角，本章进出口贸易数据选取的时间区间为 1987—2014 年。利用表 2－1 中的贸易品直接分类，对中国商品贸易结构进行统计，可以得出表 2－2。

表 2-2　中国对外贸易不平衡的行业结构

年份	初级产品		资源密集型制成品		低技术制成品		中等技术制成品		高技术制成品	
	net	*netrca*	*net*	*netrca*	*net*	*netrca*	*net*	*netrca*	*net*	*netrca*
1987	69	0.46	−13	−0.13	57	0.25	−137	−0.56	−40	−0.60
1988	66	0.38	−27	−0.21	84	0.31	−172	−0.51	−47	−0.55
1989	47	0.24	−16	−0.12	104	0.32	−160	−0.44	−44	−0.48
1990	73	0.40	2	0.01	158	0.47	−116	−0.31	−38	−0.37
1991	71	0.37	−5	−0.04	204	0.50	−147	−0.32	−45	−0.35
1992	45	0.21	−13	−0.07	296	0.53	−222	−0.46	−57	−0.28
1993	48	0.24	−30	−0.14	276	0.42	−337	−0.55	−72	−0.29
1994	61	0.26	−22	−0.09	416	0.51	−313	−0.45	−84	−0.25
1995	7	0.03	−14	−0.04	492	0.55	−275	−0.33	−37	−0.09
1996	−11	−0.03	−16	−0.05	472	0.52	−298	−0.35	−20	−0.04
1997	−5	−0.01	−25	−0.06	630	0.59	−187	−0.22	−4	−0.01
1998	8	0.03	−29	−0.08	632	0.61	−157	−0.19	−14	−0.02
1999	−27	−0.09	−69	−0.17	643	0.60	−191	−0.21	−56	−0.07
2000	−155	−0.30	−95	−0.18	767	0.60	−194	−0.17	−73	−0.06

续　表

年份	初级产品		资源密集型制成品		低技术制成品		中等技术制成品		高技术制成品	
	net	*netrca*	*net*	*netrca*	*net*	*netrca*	*net*	*netrca*	*net*	*netrca*
2001	−120	−0.25	−94	−0.17	788	0.60	−252	−0.19	−90	−0.07
2002	−132	−0.25	−99	−0.15	929	0.60	−306	−0.19	−84	−0.05
2003	−250	−0.34	−170	−0.19	1 134	0.58	−387	−0.18	−74	−0.03
2004	−483	−0.46	−311	−0.24	1 468	0.61	−362	−0.12	6	0.00
2005	−627	−0.48	−319	−0.20	1 887	0.65	−101	−0.03	177	0.04
2006	−833	−0.51	−384	−0.20	2 500	0.70	108	0.03	372	0.06
2007	−1 105	−0.56	−620	−0.24	3 169	0.72	428	0.08	756	0.10
2008	−1 727	−0.64	−935	−0.27	3 714	0.74	826	0.13	1 110	0.14
2009	−1 460	−0.64	−851	−0.31	3 045	0.73	283	0.05	944	0.13
2010	−2 239	−0.68	−1 350	−0.35	3 915	0.73	328	0.05	1 316	0.14
2011	−3 150	−0.71	−1 902	−0.37	4 944	0.75	499	0.06	1 608	0.15
2012	−3 634	−0.74	−1 677	−0.33	5 626	0.78	946	0.11	1 692	0.14
2013	−3 674	−0.74	−1 787	−0.33	6 144	0.79	1 141	0.13	1 773	0.14
2014	−3 709	−0.72	−1 694	−0.30	6 722	0.79	1 363	0.14	1 939	0.15

数据来源：作者根据 Comtrade 数据计算得出。

表 2-2 给出了 1987—2014 年中国在各技术行业净出口指标 *net* 值和行业净出口显示比较优势指标 *netrca* 值。首先分析 *net* 值，我们观察到利用 Lall 贸易品分类法可以清晰地计算出中国对外贸易不平衡的行业结构特征。在这五类贸易品中，初级产品 1987—1995 年一直顺差，此后除了 1998 年以外都是逆差，并且这种逆差的趋势不断扩大，到了 2014 年逆差额为 3 709 亿美元，是中国主要的逆差来源行业。从资源密集型制成品 *net* 值可以看出，中国资源密集型制成品一直是逆差，并且这种逆差额不断扩大，这与中国人均资源匮乏和经济高速增长的现实相符。低技术制成品的 *net* 值 20 多年来一直大于零，并且不断增长，2014 年低技术制成品顺差额为 6 722 亿美元，是中国主要的顺差来源行业。中等技术制成品和高技术制成品 *net* 值表现出相似的特征，都是从逆差转向顺差，这种转变的时间点在 2004 年左右。

接着分析 *netrca* 值，根据式(2.4)设计的 *netrca* 指标，数值越大，表示中国出口的该产品在国际市场上越有比较优势。从表 2-2 可以看出中国生产的初级产品 *netrca* 值在 1987 年为 0.46，是比较优势最大行业，这种比较优势不断被削弱，而到了 2014 年初级产品变成中国最大的比较劣势行业。资源密集型制成品的比较劣势不断扩大，而低技术制成品、中等技术制成品和高技术制成品比较优势不断扩大，其中低技术制成品长期是中国比较优势最大的行业。

虽然根据贸易品技术分类(Lall, 2000)计算出的中国贸易不平衡的行业结论清晰，但是由于商品分类固定，无法动态反映贸易品技术水平；技术附加值法利用每年的全球贸易数据和人均 GDP 数据动态计算贸易品的技术水平，所以本章利用显示技术附加值法对贸易品的技术水平进行重新测算。根据式(2.2)，利用联合国 Comtrade 数据库中标准分类 SITC - rev. 2 三位数水平的贸易数据和世界银行 WDI 数据库中的人均 GDP(2005 年不变价，美元)，可以计算出贸易品的 *TCI* 值，*TCI* 值越大说明贸易品的技术水平越高。结合表 2-1，可以画出两种贸易品技术分类法之间关系的箱形图，见图 2-1。

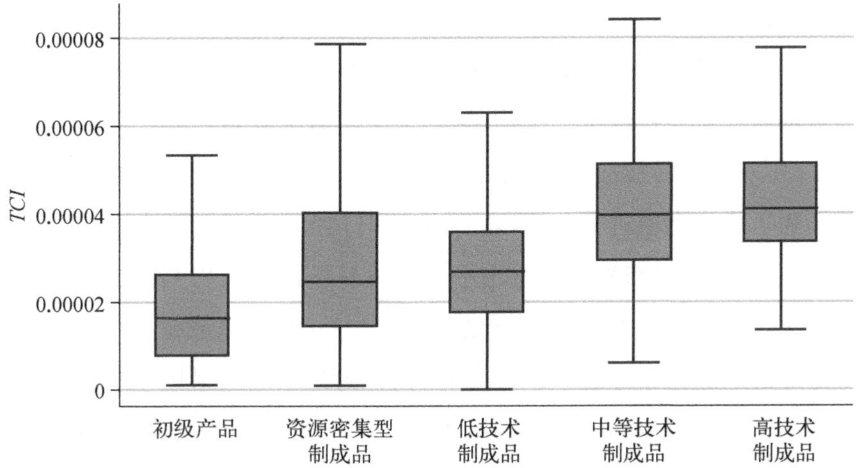

图 2-1　两种贸易品技术分类法箱形图

[数据来源：作者根据 Lall(2000)贸易品分类、Comtrade 数据库和 WDI 数据库整理计算得出]

图 2-1 中的纵坐标是利用 192 个国家 1987—2014 年出口贸易数据和人均 GDP 数据计算出的贸易品技术附加值指数 *TCI*；横坐标是 Lall(2000)贸易品分类；箱形图为按照 Lall 分类的每类贸易品的 *TCI* 值分布状况。从图 2-1 可以看出，按照 Lall 分类的贸易品层级越高，*TCI* 箱形图总体上也越高，但是这种趋势不是非常显著。所以 Lall 分类的贸易品技术水平层级与按照 *TCI* 计算出来的贸易品层级并不完全一致。

依据上文计算出的商品 *TCI* 值，可以构建一国对外贸易技术水平的三个指标：

$$exlevel1_i = \sum_{j=1}^{m} \frac{ex_{ij}}{\sum_{j=1}^{m} ex_{ij}} \times TCI_{ij} \tag{2.5}$$

$$imlevel1_i = \sum_{j=1}^{m} \frac{im_{ij}}{\sum_{j=1}^{m} im_{ij}} \times TCI_{ij} \tag{2.6}$$

$$netlevel1_i = exlevel1_i - imlevel1_i \tag{2.7}$$

利用式(2.5)、式(2.6)可以计算出世界各国的出口和进口贸易技术水平。*netlevel*1 为对外贸易技术水平净值,当一国 *netlevel*1<0 时,我们可以认为该国对外贸易技术水平逆差,与之相反的情况就是顺差。表 2－3 列出了 2014 年对外贸易额前 20 位的国家和地区,以及它们的对外贸易技术水平净值。为了更清晰地进行分析,表 2－3 同时列出了这 20 个国家和地区的出口贸易技术水平、进口贸易技术水平以及贸易净额和人均 GDP。从表 2－3 可以看出,2014 年这 20 个国家和地区的人均 GDP 大部分超过 2 万美元,总体上是经济状况比较好的。2014 年,中国作为最大的贸易国,也是顺差最大的国家,其贸易顺差额高达 3 843 亿美元,但是中国对外贸易技术水平净值 *netlevel*1 却是负数。这说明虽然中国贸易顺差,但是出口贸易技术水平小于进口贸易技术水平,中国在技术水平上却是贸易逆差。

表 2－3　2014 年对外贸易额前 20 位的国家和地区对外贸易技术水平净值

国家名称	进出口贸易额占世界贸易额比重/%	出口贸易技术水平 *exlevel*1	进口贸易技术水平 *imlevel*1	对外贸易技术水平净值 *netlevel*1	贸易净额/亿美元	人均 GDP/万美元
中　国	24.22	3.35×10^{-5}	3.35×10^{-5}	-4.21×10^{-8}	3 843	0.39
美　国	22.70	3.50×10^{-5}	3.39×10^{-5}	1.05×10^{-6}	−7 911	4.64
德　国	15.28	3.85×10^{-5}	3.54×10^{-5}	3.06×10^{-6}	2 832	3.99
日　本	8.46	3.93×10^{-5}	3.33×10^{-5}	5.99×10^{-6}	−1 220	3.76
法　国	6.90	3.65×10^{-5}	3.50×10^{-5}	1.46×10^{-6}	−932	3.57
英　国	6.78	3.55×10^{-5}	3.40×10^{-5}	1.51×10^{-6}	−1 832	4.15
中国香港	6.34	3.51×10^{-5}	3.44×10^{-5}	7.17×10^{-7}	−765	3.42
韩　国	6.18	3.65×10^{-5}	3.38×10^{-5}	2.74×10^{-6}	475	2.46
荷　兰	6.08	3.50×10^{-5}	3.36×10^{-5}	1.44×10^{-6}	633	4.34
意大利	5.66	3.55×10^{-5}	3.44×10^{-5}	1.13×10^{-6}	554	2.85

续　表

国家名称	进出口贸易额占世界贸易额比重/%	出口贸易技术水平 *exlevel*1	进口贸易技术水平 *imlevel*1	对外贸易技术水平净值 *netlevel*1	贸易净额/亿美元	人均 GDP/万美元
加拿大	5.28	3.14×10^{-5}	3.43×10^{-5}	-2.88×10^{-6}	105	3.83
比利时	5.20	3.69×10^{-5}	3.60×10^{-5}	9.73×10^{-7}	194	3.82
墨西哥	4.48	3.27×10^{-5}	3.71×10^{-5}	-4.37×10^{-6}	−29	0.85
俄罗斯	4.42	3.00×10^{-5}	3.54×10^{-5}	-5.38×10^{-6}	2 112	0.68
印　度	4.38	2.80×10^{-5}	2.93×10^{-5}	-1.25×10^{-6}	−1 418	0.12
新加坡	4.36	3.65×10^{-5}	3.44×10^{-5}	2.08×10^{-6}	435	3.81
阿联酋	3.82	3.04×10^{-5}	3.15×10^{-5}	-1.16×10^{-6}	817	2.75
西班牙	3.78	3.29×10^{-5}	3.35×10^{-5}	-6.33×10^{-7}	−323	2.53
瑞　士	3.30	4.08×10^{-5}	3.34×10^{-5}	7.33×10^{-6}	361	5.93
澳大利亚	2.64	2.76×10^{-5}	3.35×10^{-5}	-5.87×10^{-6}	129	3.78

数据来源：作者根据 Comtrade 数据库和 WDI 数据库整理计算得出。

注：表中贸易净额为出口额减去进口额，人均 GDP 为 2005 年不变价。

与中国对外贸易技术水平状况相反的是贸易额比重排名第二的美国。作为贸易逆差最大的国家，美国对外贸易技术水平大于零，这表明美国在技术水平上是贸易顺差。英国与美国有类似的性质都是贸易额逆差，而贸易技术水平顺差。表 2-3 中贸易额前十位的国家和地区中，只有中国是贸易技术水平逆差；从表 2-3 中同时还可以看出人均 GDP 高的国家大部分贸易技术水平顺差。

为了更清晰地看出 20 多年来中国对外贸易技术不平衡状况，本章利用中国、美国、日本、印度四个重要贸易国的 *netlevel*1 值分别模拟出它们的对外贸易技术水平净值变化曲线，详见图 2-2。从图 2-2 中可以看出，20 年多来这四个国家贸易技术水平净值的相对位置没有发生变化：美日贸易技术水平顺差,中印贸易技术水平逆差,但是四国有收敛的趋势。日本对外贸易技术水平顺差最大,但是其 *netlevel*1 值不断下降;美国 *netlevel*1 值 20 多年来保持稳定,一直大于零。虽然印度的 *netlevel*1 值大部分时间小于零,但是对外贸易技术水平净值还是要优于中国。这四个国家中,中国的 *netlevel*1 值最低,但是中国对外贸易技术水平逆差的趋势不断得到改善,与美日的距离不断缩小。

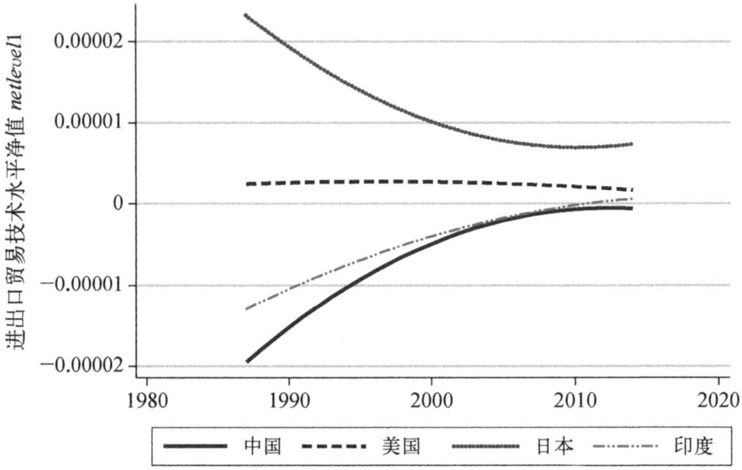

图 2-2　四国对外贸易 *netlevel*1 值

(数据来源:作者根据 Comtrade 数据库和 WDI 数据库整理计算得出)

第二节　中国对外贸易不平衡的产品质量分析

本节利用贸易品技术分类法对中国贸易失衡进行分析,其基本假定是同一 SITC 三位数水平下的贸易品是同质的。实际的情况是,同一名称的商品,不同国家出口的质量差别很大,在测算一国贸易失衡结构时有必要把这种质量差异情况考虑进来。

一、贸易品质量差异法

贸易品质量差异法主要用于测量一国贸易品质量与世界水平的差距，贸易品质量用单位产品的出口价格表示(Schott，2004；Hummels and Klenow，2005)。如果用一国贸易品价格与世界平均价格的差异表示该国这种商品质量水平，那么这种计算贸易品质量的方法为质量相对差异法。为了使不同产品种类间的价格具有可比性，施炳展(2010)在马尔德(Mulder et al.，2009)的贸易品质量差法的基础上进行了改进，本章采用施炳展(2010)的方法构造出口贸易品质量相对差距指标，其计算公式如下：

$$RP_{ij}=\frac{P_{ij}-mean\{P_{1j},P_{2j},\cdots,P_{nj}\}}{P_{ij}+mean\{P_{1j},P_{2j},\cdots,P_{nj}\}}\quad(n\in\mathbf{N})\tag{2.8}$$

式(2.8)中，RP_{ij} 表示国家 i 在商品 j 上与世界平均水平的质量差距；P_{ij} 是国家 i 出口产品 j 的价格，代表这个国家出口产品 j 的质量；$mean\{P_{1j},P_{2j},\cdots,P_{nj}\}$ 是所有国家出口产品 j 的平均价格，代表产品 j 的平均质量水平。RP_{ij} 值越大于 0，说明该国出口产品 j 的质量越高于国际上同类产品的平均质量。RP_{ij} 指标的特征在于有界性，它位于(−1，1)之间，这样就可以将所有的产品都在一个标准上进行分析和比较。参照爱资哈尔和埃利奥特(Azhar and Elliott，2006)的做法，将 RP_{ij} 指标分为三类：如果 $RP_{ij}\geqslant 0.15$，那么认为该出口价格显著高于世界价格，该国产品属于高质量类型；如果 $RP_{ij}<-0.15$，那么认为该出口价格显著低于世界价格，该国产品是低质量类型；如果 $-0.15\leqslant RP_{ij}<0.15$，那么认为该出口价格与世界出口价格类似，该国产品属于中等质量类型。通过 RP_{ij} 值可以将一国贸易品划分为高、中和低端类型，进而分析该国的出口结构。

参考坎德瓦尔和费吉鲍姆(Khandelwal and Fajgelbaum，2013)的方法

来构造出口贸易品质量前沿差距指标，其计算公式如下：

$$FP_{ij} = \frac{P_{ij}}{\max\{P_{1j}, P_{2j}, \cdots, P_{nj}\}} \quad (n \in \mathbf{N}) \tag{2.9}$$

式(2.9)中，FP_{ij} 表示国家 i 在商品 j 上与世界最高水平的质量差距；P_{ij} 是国家 i 出口产品 j 的价格，代表这个国家出口产品 j 的质量；$\max\{P_{1j}, P_{2j}, \cdots, P_{nj}\}$ 是所有国家出口产品 j 的最高出口价格，代表产品 j 的质量前沿。式(2.9)使得本章可以考察国家 i 在产品 j 上与国际最高质量之间的差距。FP_j 值越趋近于1，说明该国产品 j 的质量与国际上同类出口产品的前沿质量差距越小；FP_j 值越趋近于0，说明该国产品 j 的质量与国际上同类出口产品的前沿质量差距越大。

当用贸易品质量相对差距和前沿差距指标分析进口商品的质量时，只需将式(2.8)和式(2.9)中的出口商品价格换成进口商品价格，就可以计算各国进口商品的质量结构。在下文的数据分析中会同时用到出口产品质量和进口产品质量指标测算值。

二、数据分析

联合国 Comtrade 数据库不仅给出了每个国家标准分类 SITC - Rev. 2 三位数水平商品的进出口额，还有各类商品的进出口数量，用净公斤数表示。本节用每类商品进出口额与其进出口数量的比值计算出式(2.6)中单位出口产品的价格 P。本节在计算过程中，考虑到一些国家和地区在统计过程中会出现误差，所以会把每类商品最高和最低1%的国家和地区剔除掉，这样可以避免价格 P 的极端值。在计算出各个国家和地区各类产品的进出口价格 P 之后，本节首先利用数据分析贸易品质量指标与两个技术指标——Lall 分类和 TCI 值的关系。

利用式(2.8)计算出的中国每类出口贸易品和进口贸易品 RP 值，结合表 2 - 1 中 Lall(2000)对贸易品的分类，可以计算出每类贸易品中不同质量产品的贸易失衡情况，详见表 2－4。表 2－4 中的净贸易额为同类技术和同类质量产品的出口额减去进口额净值，每四年为一时间段，取其平均值。从表中可以看出 20 多年来中国初级产品中低质量产品逆差增长最快，高质量产品有很少的逆差。资源密集型制成品各种质量水平的产品中国都有大量逆差；低技术制成品中的高质量产品依然有逆差，但是低质量产品顺差额急速增加；中等技术制成品贸易不平衡路径表现为低中质量产品总体上实现从逆差向顺差的转变，而高质量产品逆差不断扩大；高等技术制成品中的低质量产品一直保持顺差，而中高质量产品基本上是逆差。总体来看，中国在有一定技术含量的产业，低质量和中等质量产品顺差不断扩大，而高质量产品一直是逆差。

表 2－4　中国各类技术和质量商品净贸易额　　单位：亿美元

产品分类	RP 值	1987—1990 年	1991—1994 年	1995—1998 年	1999—2002 年	2003—2006 年	2007—2010 年	2011—2014 年
初级产品	$RP<-0.15$	54.9	47.1	−1.8	−76.5	−317.2	−995.8	−2 377.1
	$-0.15\leqslant RP<0.15$	0.2	−6.8	−0.5	−14.4	−113.9	−292.9	−399.7
	$RP\geqslant 0.15$	4.4	1.8	2.8	1.6	−7.7	−15.5	−57.7
资源密集型制成品	$RP<-0.15$	−17.1	−16.8	−33.6	−51.0	−136.7	−472.8	−774.2
	$-0.15\leqslant RP<0.15$	−0.9	3.2	13.3	−2.7	−47.9	−225.1	−369.2
	$RP\geqslant 0.15$	0.2	0.4	1.6	−8.3	−27.0	−67.4	−177.6
低技术制成品	$RP<-0.15$	1.4	2.8	53.2	232.6	854.6	1 694.5	3 770.8
	$-0.15\leqslant RP<0.15$	−25.7	−8.3	−13.3	76.0	377.9	42.3	574.7
	$RP\geqslant 0.15$		−0.6		−11.2	−82.7	−170.8	−305.4

续 表

产品分类	RP 值	1987—1990 年	1991—1994 年	1995—1998 年	1999—2002 年	2003—2006 年	2007—2010 年	2011—2014 年
中等技术制成品	$RP<-0.15$	−29.5	−49.8	−54.7	−26.8	325.8	469.8	822.3
	$-0.15\leqslant RP<0.15$	−28.5	−26.6	−45.7	−102.3	40.8	−111.5	156.6
	$RP\geqslant 0.15$	−2.2	0.2	0.9	−78.7	−592.1	−576.6	−1 060.2
高技术制成品	$RP<-0.15$		11.9	14.1	90.8	609.0	359.8	348.5
	$-0.15\leqslant RP<0.15$		−4.0	−24.4	−67.0	563.9	−17.6	−16.5
	$RP\geqslant 0.15$		−1.3		−16.4	−1 034.8	−225.4	−248.8

数据来源：作者根据 Lall(2000)贸易品分类和 Comtrade 数据库整理计算得出。

注：1987—1990 年高技术贸易品的数据空缺是因为对应年份贸易品价格的缺失导致无法计算出 RP 值；1995—1998 年技术贸易品的数据空缺是因为当年没有对应质量商品的贸易。

接下来分析前沿质量差距指标 FP 和技术附加值指数 TCI 的关系。本节把 2014 年中国、美国、日本、印度四个重要贸易国的出口贸易 FP 值按照技术附加值指数 TCI 从小到大排列，分别模拟出他们的 FP 值变化曲线，详见图 2-3。从图 2-3 中可以看出，2014 年这四个国家出口贸易品质量与前沿质量差距随着贸易品技术水平的变化而变化，并且都是处于中间技术水平的贸易品与前沿质量差距最小，高技术水平贸易品与前沿质量差距最大。四个国家中，日本所有技术水平出口商品质量与前沿质量差距都是最小的，美国与前沿质量差距第二小，中国与前沿质量差距最大。但是随着贸易品技术水平的提高，四个国家产品质量有收敛趋势。

参照第二节一国对外贸易技术水平净值公式，利用式(2.8)计算出的商品相对质量差距指标 RP，可以构建一国对外贸易质量水平净值 $netlevel2$ 公式：

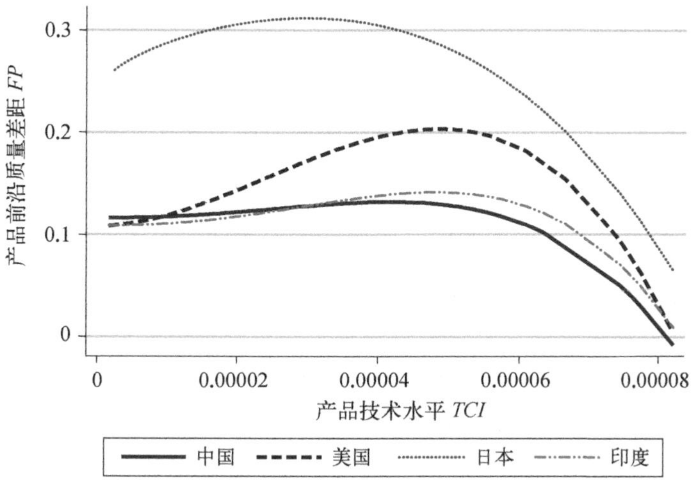

图 2-3　2014 年四国贸易品质量前沿差距 *FP* 值和技术附加值指数 *TCI* 关系

（数据来源：作者根据 Comtrade 数据库和 WDI 数据库整理计算得出）

$$netlevel2_i = \sum_{j=1}^{m} \frac{ex_{ij}}{\sum_{j=1}^{m} ex_{ij}} \times EXRP_{ij} - \sum_{j=1}^{m} \frac{im_{ij}}{\sum_{j=1}^{m} im_{ij}} \times IMRP_{ij} \tag{2.10}$$

式(2.10)中，$netlevel2$ 表示一国对外贸易质量水平净值；$EXRP_{ij}$ 表示国家 i 的 j 行业出口贸易品与世界出口贸易平均质量差距；$IMRP_{ij}$ 表示国家 i 的 j 行业进口贸易品与世界进口贸易平均质量差距。当一国 $netlevel2 < 0$ 时，我们可以认为该国对外贸易质量水平逆差，与之相反的情况就是顺差。利用 $netlevel2$ 可以清晰看出 20 多年来中国贸易质量失衡状况，本节利用中国、美国、日本、印度四个重要贸易国的 $netlevel2$ 值分别模拟出他们的对外贸易质量净值变化曲线，详见图 2-4。

从图 2-4 可以看出，20 多年来中国、印度、美国对外贸易质量净值呈 U 形，都是从 1987 年开始不断下降，在 2000 年达到最低，此后一直上升；而日本的对外贸易质量净值却是一直保持下降的状态。中国、印度、美国三个国家都对外贸易质量水平逆差，其中逆差最严重的是印度；日本在 2000 年之前对外贸易质量顺差，此后变为逆差。

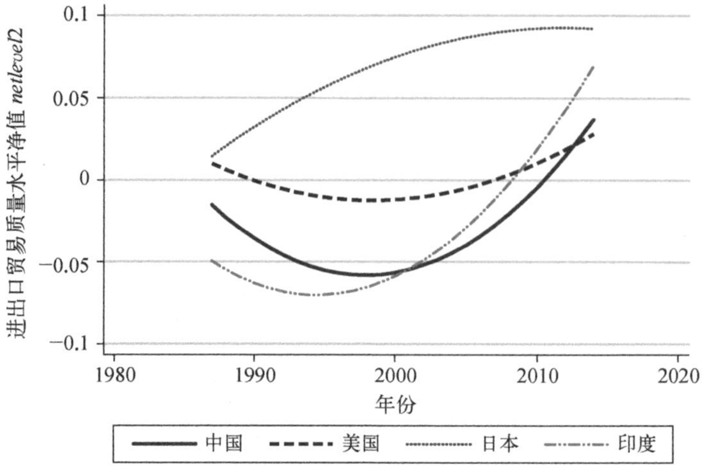

图 2－4　四国对外贸易质量水平净值 *netlevel2*

（数据来源：作者根据 Comtrade 数据库和 WDI 数据库整理计算得出）

利用贸易品质量相对差距指标 RP 还可以分析国家间的贸易结构相似度，为国家间贸易结构比较提供更准确的依据。肖特（Schott，2008）以某个发达国家作为参照，比如美国，通过横向比较，定义一国进出口贸易结构与发达国家的相似度指数：

$$D_i = \sum_{j=1}^{m} \min\left\{ \frac{trade_{ij}}{\sum_{j=1}^{m} trade_{ij}}, \frac{trade_{sj}}{\sum_{j=1}^{m} trade_{sj}} \right\} \tag{2.11}$$

式中，D_i 为国家 i 与参照国 s 的进出口贸易结构相似度指数，$trade$ 为 j 产品出口占各个国家总出口的比重。如果两个国家进口或出口结构完全相同，那么其对应的 $D_i=1$；贸易结构相似程度越低，D_i 值越小。但是式（2.11）并没有考虑同一贸易品类别下产品质量的差异，算出的结果可能会有偏差。本节在式（2.11）的基础上把贸易品质量相对差距变量 RP 考虑进来，式（2.11）修改为：

$$D_i = \sum_{j=1}^{m} \left\{ \min\left(\frac{trade_{ij}}{\sum_{j=1}^{m} trade_{ij}}, \frac{trade_{sj}}{\sum_{j=1}^{m} trade_{sj}} \right) \times quality \right\} \tag{2.12}$$

式中，$quality$ 表示贸易品的质量等级，当国家 i 和国家 s 的 RP 值在同一个区间时，$quality=1$，表示两国进出口的产品 j 有相同的质量；当国家 i 和国家 s 的 RP 值不在同一个区间时，$quality=0$，表示两国进出口的产品 j 质量差别很大。RP 值的区间划分与前文同样，以 -0.15 作为低质量产品分界线，以 0.15 作为高质量产品分界线。本节依据式(2.9)计算出 20 多年来中国与各个国家和地区的贸易结构相似度指数 D。选取美国、日本以及与中国贸易结构最相似的(D 值最大的)两个国家和地区进行分析，详见表 2-5。

表 2-5　美、日等国与中国进出口贸易结构相似度以及各年与中国贸易结构最相似的国家和地区

年份	美国		日本		出口贸易结构		进口贸易结构	
	EXD 值	*IMD* 值	*EXD* 值	*IMD* 值	第一相似国家和地区	第二相似国家和地区	第一相似国家和地区	第二相似国家和地区
1987	0.11	0.08	0.04	0.12	墨西哥	印尼	土耳其	马来西亚
1988	0.12	0.10	0.03	0.12	墨西哥	阿根廷	哥伦比亚	摩洛哥
1989	0.10	0.07	0.03	0.09	印尼	土耳其	突尼斯	土耳其
1990	0.11	0.07	0.03	0.09	巴西	阿根廷	土耳其	委内瑞拉
1991	0.12	0.07	0.04	0.09	阿根廷	土耳其	菲律宾	巴基斯坦
1992	0.10	0.09	0.03	0.07	阿根廷	匈牙利	菲律宾	印尼
1993	0.10	0.08	0.03	0.10	捷克	波兰	土耳其	巴基斯坦
1994	0.09	0.08	0.04	0.09	捷克	波兰	埃及	菲律宾
1995	0.09	0.08	0.05	0.10	捷克	斯洛伐克	立陶宛	危地马拉
1996	0.07	0.08	0.04	0.09	捷克	波兰	哥斯达黎加	肯尼亚
1997	0.09	0.11	0.05	0.17	捷克	斯洛伐克	叙利亚	印尼
1998	0.07	0.10	0.04	0.14	捷克	白俄罗斯	印尼	埃及
1999	0.07	0.10	0.07	0.15	捷克	塞黑	印尼	埃及

续 表

年份	美国		日本		出口贸易结构		进口贸易结构	
	EXD 值	*IMD* 值	*EXD* 值	*IMD* 值	第一相似国家和地区	第二相似国家和地区	第一相似国家和地区	第二相似国家和地区
2000	0.15	0.21	0.10	0.23	土耳其	葡萄牙	意大利	土耳其
2001	0.11	0.20	0.10	0.19	泰国	捷克	意大利	土耳其
2002	0.09	0.14	0.09	0.12	泰国	印尼	土耳其	韩国
2003	0.09	0.17	0.06	0.20	波兰	土耳其	泰国	韩国
2004	0.10	0.18	0.05	0.23	波兰	捷克	泰国	意大利
2005	0.10	0.21	0.10	0.31	马来西亚	罗马尼亚	韩国	马来西亚
2006	0.14	0.24	0.15	0.27	泰国	中国香港	新加坡	泰国
2007	0.08	0.17	0.10	0.18	土耳其	印度	泰国	意大利
2008	0.08	0.18	0.13	0.26	西班牙	土耳其	韩国	泰国
2009	0.10	0.21	0.10	0.25	西班牙	土耳其	土耳其	泰国
2010	0.10	0.18	0.07	0.26	巴拿马	危地马拉	韩国	泰国
2011	0.10	0.24	0.08	0.20	土耳其	危地马拉	韩国	芬兰
2012	0.12	0.20	0.08	0.13	土耳其	波兰	韩国	泰国
2013	0.10	0.22	0.09	0.17	土耳其	葡萄牙	韩国	印度
2014	0.11	0.22	0.10	0.28	葡萄牙	土耳其	韩国	印度

数据来源：作者根据 Comtrade 数据整理计算得出。

表 2-5 给出了 20 多年来中国与美国、日本的出口贸易结构相似度（*EXD*）和进口贸易结构相似度（*IMD*）指标值。从表中可以看出 1995—1999 年中国与美国的出口贸易结构相似度最小，其他年份都在 0.1 左右；中国与日本的出口贸易结构相似度比与美国的出口贸易结构相似度低很多。中国与这两个国家的进口贸易结构相似度，都比出口贸易结构相似度高。

表 2-5 右半部分列出了各年与中国贸易结构最相似的两个国家和地区，可以看出 20 多年来与中国出口结构最相似的国家主要为阿根廷、捷克、土耳其等国，与中国进口结构最相似的国家主要为土耳其、印尼、埃及、韩国等国。

第三节　中国对外贸易不平衡的行业要素密度分析

上文研究了贸易失衡的技术结构和质量结构，缺少微观企业统计数据作基础，都只能人为地设定贸易品的技术水平和质量水平，带有一定的主观性。针对这个问题，本节参考布朗(Braun, 2003)和马诺娃(Manova, 2013)的工业企业数据，对中国贸易失衡从企业生产中所使用要素的角度进行分析。

一、商品要素密度

企业生产中主要使用四种资源：实物资本、人力资本、自然资源和劳动力。根据变量的初始定义，我们利用劳动力或者人口把这些变量标准化，可以获得反映行业特征的三个指标：实物资本密度(physical capital intensity, phyin)、人力资本密度(human capital intensity, humin)、自然资源密度(natural resources intensity, natin)。布朗(2003)依据 UNIDO 数据库对 1986—1995 年美国企业的统计数据，计算出了各类工业三个指标值。实物资本密度用美国每个行业的总体固定资本形成额与价值增加值的比率中位数表示；人力资本密度用制造业行业平均工资的中位数表示；自然资源密度使用哑变量，对部分行业取 1，其他行业取 0。企业在生产过程中使用的这四种资源，有时候还需要通过外部的金融市场融资获得。每个行业对外部金融依赖度(external finance dependence, findep)，也是反映行业要素特征的指标。拉詹和津加莱斯(Rajan and Zinglas, 1998)定义企业外部金融依赖度=(资本支出－自有资金)/资本支出,他们利用Compustat(1994)数据库,把企业外部金融依赖度跨时加总得到美国工业行业数据。[①] 为了方便,本节把外部金融依赖度与前三个指标统称为行业要素密度。

虽然实物资本密度、人力资本密度、自然资源密度和外部金融依赖度四个指标是根据美国企业数据计算所得,但是布朗(2003)和马诺娃(2013)等都认为这四个指标可以作为其他国家很好的代理指标。首先,他们认为行业特征由行业特定技术决定,比如项目规模、资金周转周期等可以决定不同行业要素密度和对外金融依赖度;同时可以假定行业技术在不同国家是一样的,因此同一个行业在不同国家有相同的行业特征。其次,即使世界范围内的行业技术在国家间处于不同发展阶段,由于这四个指标分别计算了年轻企业和老企业,已经考虑到了企业在生命周期中不同国家的位置差异。

由于这四个指标都是利用工业企业数据进行统计的,因此中国贸易失衡要素密度结构的分析对象集中在工业行业。表2-6给出了布朗(2003)按照国际标准产业(International Standard Industrial Classification, ISIC)三位分类的27个工业部门行业要素密度,从中可以看出在外部金融依赖度(findep)方面,塑料制品(ISIC356)和科研设备(ISIC385)是最依赖外部融资的行业,而烟草制品(ISIC314)产生过剩的资金流,所以外部金融依赖度为负;在实物资本密度(phyin)方面,石油精炼(ISIC353)资本密度最高,而烟草制品(ISIC314)资本密度最低;石油精炼(ISIC353)还是人力资本密度(humin)最高的行业,服装(ISIC322)对人力资本要求最低;27个工业部门行业中,有20个行业自然资源密度(natin)取0,其他7个取1。

① 拉詹和津加莱斯(1998)加总1980年代公司利益外部金融额,除以1980年代加总资本支出,得到企业1980年代的外部金融依赖度。为了得到跨企业比率,使用产业中位数,这样规避了大公司对小公司数据的影响;为了降低暂时性波动引起的误差,对1980年代的数据进行了平滑处理。

表 2－6　27 个工业部门行业要素密度

ISIC 号	工业名称	外部金融依赖度 (findep)	实物资本密度 (phyin)	人力资本密度 (humin)	自然资源密度 (natin)
311	食品	0.137	0.062	0.812	0
313	饮料	0.077	0.062	1.135	0
314	烟草制品	－0.451	0.018	1.354	0
321	纺织品	0.401	0.073	0.688	0
322	服装(非鞋类)	0.029	0.019	0.502	0
323	皮革制品	－0.140	0.032	0.687	0
331	木制品(非家具)	0.284	0.065	0.741	1
332	家具(非金属)	0.236	0.039	0.698	0
341	纸制品	0.176	0.132	1.139	1
342	印刷和出版物	0.204	0.052	0.934	0
351	工业化学品	0.205	0.124	1.408	0
352	其他化学品	0.219	0.060	1.209	0
353	石油精炼	0.042	0.196	1.656	1
354	石油和煤炭产品、杂项	0.334	0.074	1.153	1
355	橡胶制品	0.227	0.066	0.985	0
356	塑料制品	1.140	0.088	0.827	0
361	瓷器和陶器	－0.146	0.055	0.804	0
362	玻璃及制品	0.529	0.090	1.012	0
369	其他非金属产品	0.062	0.068	0.952	1
371	钢铁	0.087	0.102	1.251	1

续 表

ISIC 号	工业名称	外部金融依赖度(findep)	实物资本密度(phyin)	人力资本密度(humin)	自然资源密度(natin)
372	有色金属	0.006	0.101	1.098	1
381	金属制品	0.237	0.053	0.914	0
382	机械(电气除外)	0.445	0.058	1.119	0
383	机械中的电气	0.768	0.077	1.064	0
384	交通运输设备	0.307	0.071	1.322	0
385	科研设备	0.961	0.053	1.234	0
390	其他制造产品	0.470	0.039	0.755	0

数据来源：作者依据拉詹和津加莱斯(1998)、布朗(2003)的数据整理得出。

二、数据分析

利用表 2-6 中 27 个工业部门要素密度指标分析中国贸易失衡要素密度结构，首先需要解决的问题是把 ISIC 行业分类和贸易分类(比如 SITC)衔接起来。穆恩德尔(Muendler，2009)提供了从 ISIC-Rev.2 到 SITC-Rev.2 的转换方法。穆恩德尔依据已有的哈夫曼(Haveman)的 SITC 五位分类与 ISIC 分类的关系，以 HS 作为 SITC 和 ISIC 之间的桥梁，把 SITC-Rev.2 版四位分类 768 个贸易行业与 ISIC-Rev.2 版三位分类 40 个行业衔接起来。由于反映行业要素特征的这四个指标都是利用美国工业企业数据进行统计的，所以根据穆恩德尔的行业分类对照表，可以把 635 类 SITC 行业贸易数据转换为 27 个工业部门行业数据。

本节把中国 SITC 四位分类中工业品对外贸易净额数据转换成 27 个行业数据后，利用表 2-6 中四个维度描述中国贸易失衡要素密度结构，详见图 2-5—图 2-8。为了分析中国贸易失衡的变化，图 2-5—图 2-8 给出了

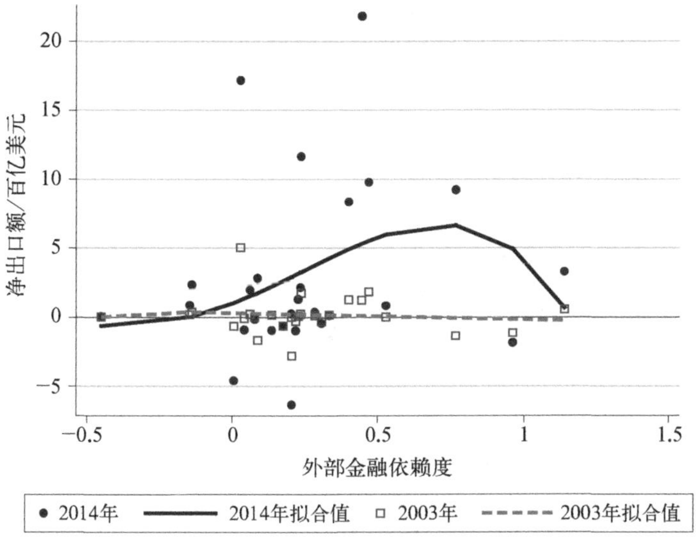

图 2 - 5　2003 年和 2014 年中国不同外部金融依赖度商品的净出口额

（数据来源：贸易数据来自联合国 Comtrade 数据库，要素密度数据来自表 2 - 1）

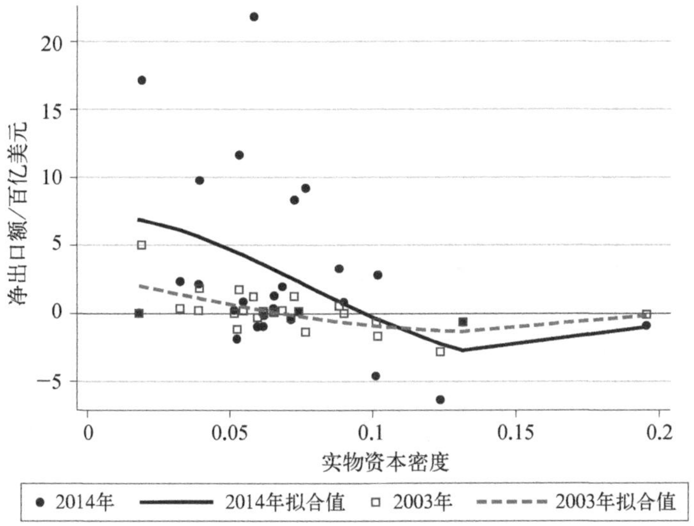

图 2 - 6　2003 年和 2014 年中国不同实物资本密度商品的净出口额

（数据来源：贸易数据来自联合国 Comtrade 数据库，要素密度数据来自表 2 - 1）

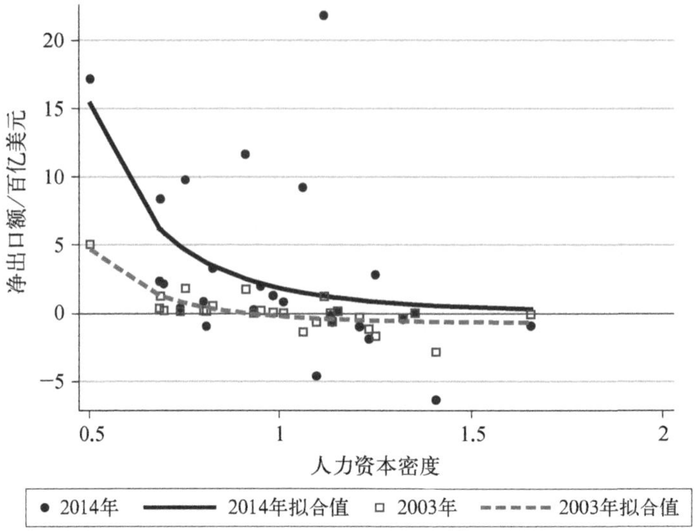

图 2-7　2003 年和 2014 年中国不同人力资本密度商品的净出口额

（数据来源：贸易数据来自联合国 Comtrade 数据库，要素密度数据来自表 2-1）

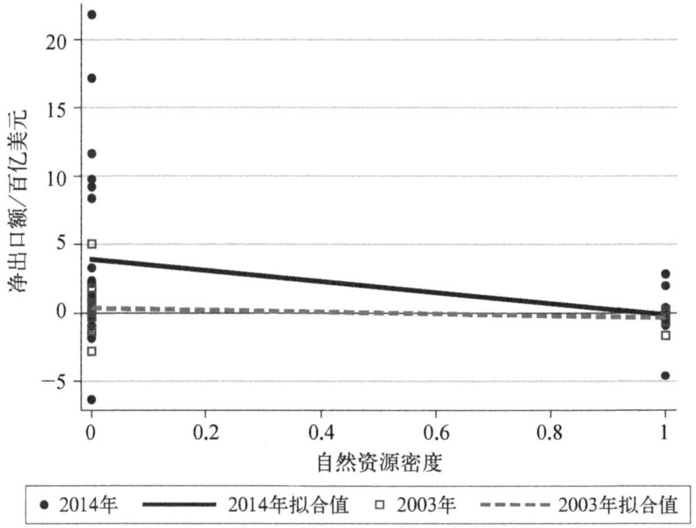

图 2-8　2003 年和 2014 年中国不同自然资源密度商品的净出口额

（数据来源：贸易数据来自联合国 Comtrade 数据库，要素密度数据来自表 2-1）

2003 年和 2014 年两个年份的行业贸易数据，纵坐标是净出口额（百亿美元），横坐标是四个要素变量；圆点表示 2014 年行业净出口额，方块表示 2003 年行业净出口额；为了对比中国净出口贸易结构的变化，图 2－5—图 2－8 还对两年的净出口额进行了模拟，实线表示 2014 年拟合值，虚线表示 2003 年拟合值。

从图 2－5—图 2－8 可以看出，无论是 2003 年还是 2014 年，中国大部分行业是贸易顺差；这 10 年间，贸易不平衡行业间的方差在扩大。2003 年顺差最大的行业是服装（非鞋类）（ISIC322），为 500 亿美元；逆差最大的行业是工业化学品（ISIC351），为－200 亿美元。2014 年顺差最大的行业是机械（电气除外）（ISIC382），为 2 200 亿美元；逆差最大的行业是工业化学品（ISIC351），为－494 亿美元。根据两个年份贸易结构的拟合值，可以更清楚地从要素密度上判断中国 12 年间贸易不平衡的行业结构变化。从图 2－5 外部金融依赖度拟合值看，中国贸易顺差向金融密集型行业升级；从图 2－6 的实物资本密度拟合值看，中国贸易顺差向低实物资本密度行业转移；从图 2－7 的人力资本密度拟合值看，中国贸易顺差的人力资本密度结构没有显著变化；从图 2－8 的自然资源密度拟合值看，中国贸易顺差明显向低自然资源密度行业转移。

第四节　中国与主要贸易伙伴国的贸易失衡结构分析

本章第二和第三节从贸易品技术和质量角度分析了中国贸易失衡状况。本节在上文基础上分析中国与主要贸易伙伴国的双边贸易失衡结构状况。2014 年中国前十大贸易伙伴国及其占贸易额比重依次是：美国（13％）、日本（7％）、韩国（6％）、德国（4％）、澳大利亚（3％）等。[①] 与这十个

① 数据来源为 Comtrade 商品贸易数据库。

国家的双边贸易额占到中国贸易总额的45%，对其进行分析可以更进一步地看出中国贸易失衡结构状况。

一、双边贸易失衡的技术结构分析

首先，利用表2-1中的贸易品直接分类法，对中国与五个贸易伙伴国双边贸易的技术结构进行统计分析。表2-7给出了2014年中国与十个贸易伙伴国的双边贸易品中的高技术制成品占双边贸易进出口额的比重。从表2-7可以看出，2014年中国对美国总体顺差，其中顺差最多的是低技术制成品，逆差最多的是初级产品。2014年中国对日本总体逆差；但是中国在低技术制成品上处于顺差，逆差主要集中在中级和高级技术制成品。中国对接下来的主要贸易伙伴国韩国和德国的贸易失衡的技术结构，与日本非常相似，都是总体逆差；但是中国在低技术制成品上处于顺差，逆差主要集中在中级和高级技术制成品。

由于贸易品分类的主观性，所以贸易品技术分类法对中国双边贸易失衡结构的测算可能会有一定的偏差。接下来用显示技术附加值法对中国双边贸易失衡结构进行进一步测算。参照第一节式(2.7)中 *netlevel*1 值的设定，可以计算出中国与十个主要贸易伙伴国的双边贸易技术附加值指数净值，详见表2-8。

表2-8列出了利用技术附加值算出的1987—2014年中国与美、日、韩、德、澳等十个主要贸易伙伴国出口和进口贸易技术水平净值。从表2-8可以看出，根据技术附加值法算出的中国对美国净出口贸易技术水平20多年一直是负值，但是总体上这种负值有不断缩小的趋势。中国与日本、韩国、德国的双边贸易技术水平也有类似的性质。中国与澳大利亚、俄罗斯、巴西、越南国家双边贸易技术水平净值为正；但是中国与马来西亚和英国双边贸易技术水平净值为负。从表2-8可以看出技术附加值法测算出的中国与前四位主要贸易伙伴国的双边贸易技术水平净值为负，所以可以认为中国与主要贸易伙伴国处于技术水平逆差状态。

表 2－7　2014 年中国与主要贸易伙伴国双边贸易失衡的技术结构

国　家	贸易份额/%	净出口额/百万美元						
		净出口总额	初级产品	资源密集型制成品	低技术制成品	中等技术制成品	高技术制成品	其他产品
美　国	12.95	237 263.50	−23 917.32	361.38	133 035.00	35 191.89	98 013.55	-5.4×10^{-3}
日　本	7.26	−13 431.49	2 234.78	−3 488.02	33 301.32	−38 666.93	−5 691.35	-1.1×10^{-3}
韩　国	6.75	−89 770.66	2 551.44	−25 382.98	13 966.11	−26 540.87	−53 643.05	-7.2×10^{-4}
德　国	4.13	−32 288.51	−159.49	−2 021.20	19 170.86	−48 911.18	−34.55	-3.3×10^{-4}
澳大利亚	3.18	−58 527.23	−22 144.30	−60 707.32	14 702.09	9 101.75	8 307.05	-7.8×10^{-3}
马来西亚	2.37	−9 298.70	1 457.72	−7 360.54	13 541.45	6 940.37	−23 951.02	7.3×10^{-5}
俄罗斯	2.22	12 056.24	−29 527.29	−3 858.04	23 806.21	13 356.80	8 393.78	-1.2×10^{-4}
巴　西	2.01	−16 797.50	−24 928.71	−19 630.49	8 469.88	10 728.37	8 456.86	1.1×10^{-4}
越　南	1.94	43 831.23	−877.18	5 190.64	18 682.57	13 971.43	6 589.00	2.7×10^{-4}
英　国	1.88	33 536.74	−962.02	1 404.62	25 819.86	−3 223.87	10 460.96	3.7×10^{-5}
合　计	44.70	106 573.62	−96 272.37	−115 491.95	304 495.35	−28 052.25	56 901.22	−0.02

数据来源：作者根据 Comtrade 数据计算得出。

表 2-8 中国与主要贸易伙伴国双边贸易的技术附加值指数净值

年份	美 国	日 本	韩 国	德 国	澳大利亚	马来西亚	俄罗斯	巴 西	越 南	英 国
1987	-2.4×10^{-5}	-3.2×10^{-5}	-2.1×10^{-5}	NA	-1.7×10^{-5}	2.5×10^{-5}	NA	-2.0×10^{-5}	-2.5×10^{-5}	-2.9×10^{-5}
1988	-1.8×10^{-5}	-2.8×10^{-5}	-1.5×10^{-5}	NA	-5.9×10^{-6}	2.0×10^{-5}	NA	-2.0×10^{-5}	2.0×10^{-5}	-2.5×10^{-5}
1989	-1.8×10^{-5}	-2.9×10^{-5}	-1.6×10^{-5}	NA	-1.0×10^{-5}	1.8×10^{-5}	NA	-1.4×10^{-5}	-8.4×10^{-6}	-2.7×10^{-5}
1990	-1.6×10^{-5}	-3.0×10^{-5}	-1.3×10^{-5}	NA	-6.6×10^{-6}	2.0×10^{-5}	NA	-6.8×10^{-6}	1.5×10^{-5}	-2.6×10^{-5}
1991	-1.7×10^{-5}	-2.9×10^{-5}	-1.3×10^{-5}	-3.2×10^{-5}	-7.2×10^{-6}	1.7×10^{-5}	NA	1.0×10^{-6}	3.3×10^{-5}	-2.8×10^{-5}
1992	-1.7×10^{-5}	-2.9×10^{-5}	-1.5×10^{-5}	-3.0×10^{-5}	-8.4×10^{-6}	1.6×10^{-5}	-1.8×10^{-5}	-7.3×10^{-6}	1.1×10^{-5}	-2.6×10^{-5}
1993	-1.8×10^{-5}	-2.4×10^{-5}	-1.2×10^{-5}	-2.6×10^{-5}	-9.8×10^{-6}	1.2×10^{-5}	-1.5×10^{-5}	2.7×10^{-6}	7.8×10^{-6}	-2.1×10^{-5}
1994	-1.4×10^{-5}	-2.2×10^{-5}	-1.2×10^{-5}	-2.5×10^{-5}	-7.9×10^{-6}	9.0×10^{-6}	-9.5×10^{-6}	1.4×10^{-5}	1.8×10^{-5}	-2.1×10^{-5}
1995	-5.2×10^{-6}	-1.7×10^{-5}	-8.0×10^{-6}	-1.8×10^{-5}	5.2×10^{-6}	1.3×10^{-5}	-5.6×10^{-6}	1.6×10^{-5}	1.8×10^{-5}	-1.3×10^{-5}
1996	-4.9×10^{-6}	-1.5×10^{-5}	-8.1×10^{-6}	-1.8×10^{-5}	7.6×10^{-6}	9.8×10^{-6}	-2.7×10^{-6}	1.2×10^{-5}	1.3×10^{-5}	-9.2×10^{-6}
1997	-2.2×10^{-6}	-1.2×10^{-5}	-8.5×10^{-6}	-1.2×10^{-5}	8.5×10^{-6}	4.8×10^{-6}	-3.5×10^{-6}	1.4×10^{-5}	7.1×10^{-6}	-6.9×10^{-6}
1998	-3.8×10^{-6}	-1.1×10^{-5}	-7.8×10^{-6}	-1.3×10^{-5}	4.9×10^{-6}	5.7×10^{-6}	-7.3×10^{-6}	1.4×10^{-5}	9.7×10^{-6}	-7.8×10^{-6}
1999	-3.8×10^{-6}	-1.3×10^{-5}	-7.5×10^{-6}	-1.0×10^{-5}	3.8×10^{-6}	1.9×10^{-6}	-6.4×10^{-6}	1.1×10^{-5}	5.8×10^{-6}	-6.1×10^{-6}
2000	-4.5×10^{-6}	-1.4×10^{-5}	-8.4×10^{-6}	-9.4×10^{-6}	6.6×10^{-6}	-8.1×10^{-8}	-7.3×10^{-6}	1.8×10^{-5}	4.5×10^{-6}	-6.4×10^{-6}

续 表

年份	美 国	日 本	韩 国	德 国	澳大利亚	马来西亚	俄罗斯	巴 西	越 南	英 国
2001	-4.8×10^{-6}	-1.3×10^{-5}	-7.4×10^{-6}	-7.8×10^{-6}	8.0×10^{-6}	2.0×10^{-6}	-6.6×10^{-6}	1.8×10^{-5}	6.6×10^{-6}	-7.4×10^{-6}
2002	-4.4×10^{-6}	-1.2×10^{-5}	-9.2×10^{-6}	-8.3×10^{-6}	7.2×10^{-6}	1.7×10^{-6}	-3.9×10^{-6}	1.8×10^{-5}	7.1×10^{-6}	-7.3×10^{-6}
2003	-2.6×10^{-6}	-1.1×10^{-5}	-8.7×10^{-6}	-7.8×10^{-6}	8.0×10^{-6}	1.8×10^{-6}	-4.5×10^{-6}	1.6×10^{-5}	3.2×10^{-6}	-7.7×10^{-6}
2004	-5.8×10^{-7}	-1.0×10^{-5}	-6.6×10^{-6}	-7.4×10^{-6}	1.0×10^{-5}	1.6×10^{-6}	-1.5×10^{-6}	1.7×10^{-5}	2.6×10^{-6}	-7.4×10^{-6}
2005	-6.8×10^{-7}	-8.5×10^{-6}	-6.0×10^{-6}	-6.6×10^{-6}	1.2×10^{-5}	1.8×10^{-6}	5.2×10^{-7}	2.0×10^{-5}	4.6×10^{-6}	-7.1×10^{-6}
2006	-2.0×10^{-6}	-8.8×10^{-6}	-5.6×10^{-6}	-6.6×10^{-6}	5.8×10^{-6}	2.4×10^{-6}	2.3×10^{-6}	1.3×10^{-5}	6.6×10^{-6}	-8.1×10^{-6}
2007	-3.5×10^{-6}	-8.4×10^{-6}	-5.6×10^{-6}	-7.8×10^{-6}	1.1×10^{-5}	2.9×10^{-6}	3.3×10^{-6}	1.8×10^{-5}	8.4×10^{-6}	-7.3×10^{-6}
2008	-2.5×10^{-6}	-8.3×10^{-6}	-4.3×10^{-6}	-8.0×10^{-6}	1.1×10^{-5}	1.8×10^{-6}	4.3×10^{-6}	1.7×10^{-5}	6.5×10^{-6}	-9.3×10^{-6}
2009	-3.3×10^{-6}	-8.9×10^{-6}	-5.3×10^{-6}	-8.2×10^{-6}	6.7×10^{-6}	-7.5×10^{-7}	1.7×10^{-6}	1.6×10^{-5}	4.8×10^{-6}	-9.6×10^{-6}
2010	-3.0×10^{-6}	-1.1×10^{-5}	-6.8×10^{-6}	-9.0×10^{-6}	7.0×10^{-7}	-2.5×10^{-6}	3.1×10^{-6}	9.3×10^{-6}	3.7×10^{-6}	-1.0×10^{-5}
2011	-1.6×10^{-6}	-1.1×10^{-5}	-5.9×10^{-6}	-9.4×10^{-6}	5.3×10^{-7}	-1.4×10^{-6}	3.0×10^{-6}	8.5×10^{-6}	3.6×10^{-6}	-9.1×10^{-6}
2012	-1.0×10^{-6}	-9.5×10^{-6}	-5.2×10^{-6}	-8.6×10^{-6}	6.3×10^{-6}	-2.2×10^{-6}	6.8×10^{-6}	1.5×10^{-5}	1.1×10^{-6}	-9.2×10^{-6}
2013	-2.5×10^{-6}	-1.0×10^{-5}	-5.5×10^{-6}	-9.0×10^{-6}	9.9×10^{-6}	-4.0×10^{-6}	6.6×10^{-6}	1.8×10^{-5}	1.3×10^{-6}	-9.4×10^{-6}
2014	-9.8×10^{-7}	-9.9×10^{-6}	-4.0×10^{-6}	-8.7×10^{-6}	7.2×10^{-6}	-1.4×10^{-6}	6.0×10^{-6}	1.7×10^{-5}	4.1×10^{-6}	-8.1×10^{-6}

数据来源：作者根据 Comtrade 数据库和 WDI 数据库整理计算得出；中国与德国双边贸易数据从 1991 年统计；NA 表示数据缺失。

二、双边贸易失衡的质量结构分析

利用式(2.8)可以对中国双边贸易商品质量水平进行测算;按照第二节同样的标准,可以根据计算出的 *RP* 值把中国双边贸易的商品质量分为低、中、高三类。本节给出 1987—2014 年中国与美、日、韩、德、澳五国双边贸易三种质量贸易品净出口额,用以反映中国双边贸易商品质量不平衡情况,详见表 2-9。

从表 2-9 中可以看出虽然有个别年份数据出现奇异值,但是中国对美国净出口商品质量总体趋势上是升级的;中国对美国净出口在开始阶段都是逆差,到了 1992 年低质量商品出现顺差,此后不断扩大成为中国对美顺差的主要来源,但是中等质量商品净出口不断提高,终于在 2014 年代替低质量商品,成为中国对美主要顺差来源。

中国对日本、韩国和德国都是在低质量商品上顺差,在中或高质量商品上逆差。这表明中国与这三个国家的商品在质量上依然有很大差距。

利用式(2.10)还可以计算出中国与主要贸易国家的双边贸易总体质量水平净额进行测算,结果详见表 2-10。从表 2-10 可以看出,中国对美国、日本、韩国和德国双边贸易质量水平,长期出口小于进口,也就是双边贸易质量长期处于逆差状态。中国对澳大利亚的双边贸易商品质量长期顺差;中国对马来西亚和英国的双边贸易质量也长期逆差。这表明中国与主要贸易伙伴国的双边贸易商品质量总体上逆差。

第五节　结论及政策建议

本章利用联合国 Comtrade 数据和世界银行 WDI 数据对中国 20 多年来对外贸易失衡的技术水平、产品质量和要素密度进行了测算。本章首先根据 Lall 贸易品直接分类法计算中国各技术水平行业的净出口额,可以看出初级产品是中国主要的逆差来源行业;中国在资源密集型制成品行业一

表 2-9　中国与五个主要贸易伙伴国双边贸易净出口的质量结构

单位：百万美元

年份	美国			日本			韩国			德国			澳大利亚		
	低	中	高	低	中	高	低	中	高	低	中	高	低	中	高
1987	−549	−27	−48	−1 162	−396	345	NA	NA	NA	NA	NA	NA	−129	−287	−34
1988	−269	−1 113	−85	1 681	−2 584	409	16	−19	NA	NA	NA	NA	−159	−409	−95
1989	−436	−583	−29	1 819	−3 098	673	82	−90	−6	NA	NA	NA	−158	−293	−109
1990	−425	77	−269	1 587	−788	212	221	−64	−14	NA	NA	NA	−229	−78	−62
1991	−764	−1 246	−241	1 938	−923	16	479	−118	−32	5	−153	−38	−663	−119	−1
1992	600	−1 185	−198	4 429	−1 882	75	−525	−201	−156	384	−233	−78	−247	−450	3
1993	2 174	−1 356	−134	1 786	−3 545	290	−1 555	−672	−21	440	−583	−8	−180	−477	−8
1994	4 278	−1 711	−239	1 465	−1 949	1 248	−1 535	−844	−87	673	−267	−55	−344	−434	−9
1995	1 960	−2 630	−259	1 372	−1 433	1 586	−1 414	−754	−92	636	167	−856	−416	−497	−7
1996	2 180	−2 525	−269	4 034	−3 774	2 153	−2 177	−1 273	−42	621	−135	−457	−604	−586	7
1997	3 082	−2 114	−492	2 393	−2 871	1 832	−2 814	−2 311	−136	864	−28	−740	−389	−685	1
1998	9 885	−2 309	−1 172	2 391	−1 966	56	−5 420	−2 379	−114	1 490	22	−849	−237	−392	1
1999	5 645	−2 147	−1 384	3 034	−3 314	−2 028	−4 323	−2 506	−678	1 491	−529	−1 029	−436	−948	−133
2000	16 683	16 294	−5 382	6 990	4 377	−6 984	−4 379	−2 535	−3 099	2 710	−455	−3 465	−1 538	472	4

续 表

年份	美国			日本			韩国			德国			澳大利亚		
	低	中	高	低	中	高	低	中	高	低	中	高	低	中	高
2001	24 527	10 720	−8 758	5 325	8 544	−6 077	−2 217	−4 353	−2 118	3 093	−1 236	−5 111	−1 246	90	199
2002	28 584	16 566	−1 870	7 374	8 691	−17 703	−1 036	−2 411	−7 735	4 257	−893	−9 179	−1 291	977	−477
2003	25 381	34 763	−10 491	5 177	7 935	−31 638	1 272	−4 713	−20 669	4 100	−2 844	−9 682	−2 613	1 187	98
2004	33 569	29 633	−3 755	14 620	12 256	−49 548	3 474	−6 206	−33 158	5 514	318	−16 635	−4 429	2 780	199
2005	45 430	75 927	−4 442	20 112	21 949	−59 051	6 379	−3 847	−44 894	8 217	4 772	−11 012	−7 560	3 993	14
2006	63 193	92 356	−9 156	26 377	15 490	−66 635	11 905	−6 214	−52 938	10 312	3 551	−11 379	−9 121	4 710	166
2007	55 947	17 084	25 295	21 150	−10 623	−32 312	20 803	−24 328	−26 707	10 179	3 033	−17 630	−12 798	−1 359	2 538
2008	70 446	35 988	20 716	29 989	−19 677	−34 213	21 348	−23 899	−16 870	15 682	4 824	−21 722	−23 004	2 343	3 246
2009	37 976	53 925	13 950	15 270	5 117	−47 558	7 106	−17 704	−18 067	10 087	4 669	−26 709	−24 074	1 625	1 801
2010	115 553	30 633	19 454	34 433	2 063	−65 264	28 509	−38 681	−32 341	24 883	−8 109	−24 136	−33 034	−1 249	11
2011	133 374	40 487	15 134	27 407	30 702	−76 485	28 135	−38 786	−36 224	36 908	−7 057	−45 374	−49 587	3 261	268
2012	99 422	18 670	−14 382	20 970	24 994	−49 108	20 104	−25 835	−35 435	19 007	7 715	−27 805	−52 176	2 678	944
2013	142 548	59 778	16 766	30 562	22 188	−47 770	33 148	−60 877	−15 006	23 244	−4 106	−34 897	−49 284	−7 939	2 636
2014	82 871	123 638	20 180	25 980	18 209	−46 495	30 949	−34 462	−32 575	13 592	4 580	−39 452	−61 002	6 905	4 753

数据来源：作者根据 Comtrade 数据库和 WDI 数据库整理计算得出；中国与德国双边贸易数据从 1991 年统计；NA 表示数据缺失。

表 2-10　中国与主要贸易伙伴国双边贸易的贸易品质量值净额

年份	美　国	日　本	韩　国	德　国	澳大利亚	马来西亚	俄罗斯	巴　西	越　南	英　国
1987	−0.002	−0.025	−0.042	NA	0.004	0.072	NA	−0.001	NA	−0.026
1988	−0.015	−0.049	−0.105	NA	0.001	−0.095	NA	0.032	NA	−0.009
1989	−0.015	−0.025	−0.046	NA	−0.042	0.025	NA	−0.008	−0.255	0.006
1990	−0.011	−0.060	−0.068	NA	0.009	0.047	NA	−0.007	NA	−0.008
1991	0.001	−0.089	−0.099	−0.021	0.178	0.029	NA	−0.023	0.016	−0.042
1992	−0.079	−0.178	−0.055	−0.098	−0.011	−0.040	0.013	−0.035	−0.085	−0.111
1993	−0.069	−0.053	−0.076	−0.074	−0.004	−0.011	0.092	−0.044	0.135	−0.117
1994	−0.119	−0.069	−0.056	−0.083	0.024	−0.051	0.143	−0.042	0.064	−0.181
1995	−0.024	−0.043	−0.114	−0.103	0.006	−0.076	0.193	−0.030	0.101	−0.105
1996	−0.020	−0.021	−0.065	−0.075	0.012	−0.062	0.076	0.059	−0.012	−0.068
1997	−0.031	−0.029	−0.091	−0.092	0.013	−0.077	0.068	0.029	−0.072	−0.122
1998	−0.134	−0.056	−0.013	−0.144	0.014	−0.014	0.050	−0.012	−0.024	−0.167
1999	−0.044	−0.080	−0.107	−0.129	0.026	−0.087	0.111	0.003	−0.118	−0.123
2000	−0.199	−0.133	−0.117	−0.233	0.222	−0.188	0.246	−0.047	−0.053	−0.230

续 表

年份	美 国	日 本	韩 国	德 国	澳大利亚	马来西亚	俄罗斯	巴 西	越 南	英 国
2001	−0.259	−0.093	−0.133	−0.256	0.171	−0.141	0.178	0.161	−0.101	−0.327
2002	−0.272	−0.162	−0.200	−0.274	0.104	−0.127	0.043	−0.117	−0.114	−0.345
2003	−0.230	−0.234	−0.346	−0.259	0.295	−0.480	0.063	−0.053	−0.083	−0.309
2004	−0.246	−0.271	−0.368	−0.271	0.271	−0.182	0.201	−0.134	−0.128	−0.301
2005	−0.248	−0.302	−0.388	−0.240	0.357	−0.570	0.103	−0.092	−0.044	−0.333
2006	−0.283	−0.326	−0.394	−0.261	0.290	−0.550	−0.060	−0.249	0.085	−0.411
2007	−0.105	−0.161	−0.215	−0.180	0.323	−0.016	0.002	−0.027	0.129	−0.276
2008	−0.158	−0.229	−0.255	−0.228	0.290	−0.168	−0.018	−0.168	0.050	−0.276
2009	−0.121	−0.229	−0.212	−0.240	0.367	−0.150	0.007	0.198	0.063	−0.294
2010	−0.219	−0.307	−0.289	−0.302	0.310	−0.208	−0.093	0.085	0.075	−0.372
2011	−0.212	−0.298	−0.269	−0.414	0.436	−0.217	−0.076	0.213	−0.073	−0.379
2012	−0.142	−0.275	−0.256	−0.276	0.322	−0.039	0.003	−0.136	0.036	−0.280
2013	−0.159	−0.249	−0.111	−0.296	0.444	−0.173	−0.041	−0.104	−0.081	−0.345
2014	−0.133	−0.265	−0.185	−0.250	0.262	−0.091	0.034	0.082	−0.027	−0.244

数据来源：作者根据 Comtrade 数据库整理计算得出；中国与德国双边贸易数据从 1991 年统计；NA 表示数据缺失。

直是逆差，这与中国人均资源匮乏和经济高速增长的现实相符；在低技术制成品行业一直是顺差，是中国主要的顺差来源行业；在中等技术制成品和高技术制成品行业都是从逆差转向顺差。根据技术附加值指数 *TCI* 计算出的中国进出口贸易技术水平差额可以看出，虽然中国贸易顺差，但是出口贸易技术水平小于进口贸易技术水平，所以中国在技术水平上是贸易逆差。

接着本章利用贸易品质量差异法，从贸易品质量的角度分析中国对外贸易失衡状况。通过对中国每类出口贸易品和进口贸易品价格与世界平均价格的比较可以看出，中国的低质量和中等质量产品顺差不断扩大，而高质量产品一直是逆差。通过计算中国进出口贸易总体质量水平可以看出，20多年来中国对外贸易质量净值呈 U 形：开始不断下降，在 2000 年达到最低，此后一直上升，从 2010 年开始变为正值。中国在质量水平上，2010 年之前一直是贸易逆差，此后转变为顺差。把贸易品质量和进出口贸易结构结合起来还可以测算出中国与其他国家贸易结构相似度。20 多年来与中国出口结构最相似的国家主要为阿根廷、捷克、土耳其等，与中国进口结构最相似的国家主要为土耳其、印尼、埃及、韩国等。

最后本章利用穆恩德尔的行业分类对照表，把中国工业品贸易数据转换成 27 个行业数据后，分析中国对外贸易失衡的要素密度特征。根据反映行业特征的四个要素密度指标，可以看出中国贸易顺差向金融密集型行业、实物资本密度低的行业和自然资源密度低的行业转移。20 多年来，四个维度表示的中国对外贸易要素密度净值变化幅度很大。从外部金融依赖度角度看，中国出口贸易商品的要素密度小于进口贸易商品的要素密度，这种逆差状况在 2007 年达到最大，此后有所缓解；从实物资本密度、人力资本密度和自然资源密度看，中国也处于逆差状态。所以总体上看，20 多年来中国对外贸易都是要素密度逆差。

从中国贸易失衡三个行业特征测算结果可以看出，虽然中国是贸易顺差国家，但是中国在技术水平、产品质量和要素密度方面大部分情况下是逆差，这需要对中国的出口贸易结构进行升级，增加贸易品生产过程中的金融服务、人力资本和实物资本投入，提高出口贸易品的技术和质量水平。

第三章　金融发展对贸易失衡结构的影响分析[①]

大量研究结果表明，一国的金融发展水平会对其各种经济变量产生影响。金融发展水平的提高会为企业投资提供充裕的外部资金，影响经济体的行业结构，所以金融发展与经济结构和经济增长有很大关系（King and Levine, 1993; Rajan and Zingales, 1998; Demirguc-Kunt and Maksimovic, 1998; Beck and Levine, 2001）。这是因为金融发展对有不同资产结构的行业影响不同，一个行业的无形资产与总资产的比例越高，这个行业的融资能力越强，对外部金融市场的要求越低（Bradley, Jarrell and Kim, 1984）。金融发展水平比较低的国家，有形资产率（Asset Tangibility）高的行业在整个工业行业中所占的份额比较高，并且发展速度也要快于外部金融依赖度（External Finance Dependence）高的行业，这是因为有形资产率高的行业可以利用其有形资产作为抵押，获得更多的外部融资（Braun, 2003）。而对于

① 本章曾以《金融发展对中国贸易失衡的影响分析》为题，发表于《对外经贸大学学报》2016 年第 1 期，此次收录略有修改。

金融发展水平比较高的国家,会降低有形资产率高的行业在国际市场上的份额,专业化生产外部金融依赖度高的产品(Hur et al.，2006)。

金融发展水平可以通过企业外部金融依赖度和企业资产结构影响国际贸易,所以金融发展水平是一国比较优势的重要来源。利用 H－O 模型,金融发展在理论上可以让外部金融依赖度高的行业在国际贸易中有比较优势(Kletzer and Bardhan，1987)。实证研究检验了克莱策(Kletzer)等的结论,还证明了金融发展水平高的国家倾向于专业化生产外部金融依赖度高的产品(Beck and Demirguc-Kunt，2013；Svaleryd and Vlanchos，2005)。尽管贝克等(Beck，et al.，2013)利用行业数据实证分析了金融发展水平对国际贸易的影响,但是由于他们采用的是 20 世纪 80 年代的横截面数据,而近 20 年来的国际贸易和国际金融体系都发生了很大变化,所以需要重新分析金融发展对国际贸易结构的影响。

分析金融发展对贸易失衡结构影响的关键点是对贸易行业进行分类。第二章给出了贸易结构分类的三个标准：技术水平、产品质量和要素密度,并对中国贸易结构失衡进行了详细分析。本章参考工业行业要素密度分类方法,分析金融发展对贸易不平衡的影响(Braun，2003；Manova，2013)。布朗等学者利用美国工业企业数据把工业行业分为 27 类,测算出了每类工业的外部金融依赖度、实物资本密度、人力资本密度和自然资源密度四个行业要素指标。由于他们是按照国际标准产业分类(ISIC)给出工业行业指标,而国际贸易并没有 ISIC 统计数据,所以本章利用 ISIC 和 SITC 对照表,把中国和样本国家的 635 个贸易行业 SITC 数据转换为 27 个工业部门行业 ISIC 数据(Muendler，2009)。由于这四个指标都是利用美国工业企业数据进行统计,所以本章国际贸易失衡结构的分析对象集中在工业行业。本章的内容安排如下：第一节对经济体金融发展水平和贸易结构进行测算,通过四个要素密度指标分析中国和主要经济体的贸易失衡结构;第二节利用多国工业行业面板数据和国家要素禀赋面板数据,实证分析金融发展水平对贸易结构的影响;第三节总结本章内容。

第一节 金融发展水平和贸易失衡结构的测算

一、金融发展水平的测算

根据施炳展等(2011)的做法，本章采用6个指标对各国金融发展水平进行测算，指标数据都来源于贝克等(2013)最新统计的各国金融发展数据库。第一个指标为信贷水平，用金融机构对私人信贷额与GDP的比值表示，用来衡量一国信贷约束水平，本章用 *credit* 表示。这是研究金融发展水平对经济影响的最常用指标(比如，Berthou，2008)。第二个指标为流动性负债水平，采用一国流动性负债与GDP的比值表示，是反映信贷约束的另一个指标，本章用 *liquid* 表示。第三个指标为股票市场规模，采用股票市场上的股票总市值与GDP的比值表示，用来衡量股票市值的规模，本章用 *capital* 表示。第四个指标为股票市场交易额，采用股票市场上的股票交易额与GDP的比值表示，用来衡量金融交易规模指标，本章用 *value* 表示。第五个指标为实体资本证券化规模，采用股票市场上的股票交易额与实体资本总额的比值表示，用来衡量实体资产证券化的规模，本章用 *turnover* 表示。第六个指标为银行系统效率，采用储蓄银行资产和所有银行资产的比值表示，用来衡量银行系统的效率，本章用 *bank* 表示。这六个指标全面反映了一个国家的金融发展水平，其中前两个指标 *credit* 和 *liquid* 反映了借贷市场的金融发展水平，第三至第五个指标 *capital*、*value* 和 *turnover* 反映的是资产证券化市场的金融发展水平，第六个指标 *bank* 反映的是银行业效率水平。

贝克等(2013)计算出的最新数据为2011年各国金融发展水平，表3-1列出了8个主要国际贸易经济体的金融发展水平。从表3-1可以看出，在这几个主要国际贸易经济体中，信贷水平 *credit* 最高的是英国，中国属于中间水平；流动性负债水平 *liquid* 最高的是日本，中国排名第二，美国流动性负债水平很低；在股票市场规模 *capital* 和股票市场交易额 *value* 方面，英国和美国这两个指标都很高，意大利和德国的这两个指标都很低；在实体资本证券化 *turnover* 方面，意大利、韩国和美国发展得比较好；在银行系统效率 *bank* 方面，美国明显偏低，其他几个国家相近。总体上看，中国的金融系统在间接金融市场上发展水平较高；与之相反的是，美国在股票等直接金融市场上发展水平较高。

表 3-1　2011 年主要经济体金融发展水平

经济体	*credit*	*liquid*	*capital*	*value*	*turnover*	*bank*
中　国	121.49	170.62	58.74	112.42	178.36	97.68
美　国	187.70	69.75	110.16	205.58	186.20	78.69
日　本	177.65	215.76	68.58	75.55	102.88	90.35
德　国	103.80	122.71	37.48	44.99	130.29	99.86
意大利	121.76	97.57	17.50	33.18	231.27	96.56
法　国	113.60	92.13	65.06	54.51	81.52	98.39
韩　国	98.43	75.37	96.24	168.04	189.52	98.80
英　国	191.54	169.81	126.53	125.70	96.07	99.95

数据来源：http://econ.worldbank.org。

根据贝克和德米尔古克-肯特（Beck and Demirguc-Kunt，2013）的1987—2011 年各国金融发展水平数据，还可以计算出指标之间的相关系数，详见表 3-2。从表 3-2 可以看出，这 6 个金融发展水平指标显著正相关，其中信贷水平 *credit* 和流动性负债水平 *liquid* 的相关系数最大，而银行系统效率 *bank* 与其他五个指标的相关系数最小。总体上看，这六个指标是相互关联的，在后文的实证分析中可以看出这几个指标对贸易结构的影响非常相似。

表 3 - 2　金融发展水平指标相关系数

	credit	*liquid*	*capital*	*value*	*turnover*	*bank*
credit	1					
liquid	0.709 2*	1				
capital	0.414 5*	0.601 2*	1			
value	0.509 7*	0.594 9*	0.785 7*	1		
turnover	0.450 9*	0.337 7*	0.200 9*	0.590 7*	1	
bank	0.310 5*	0.282 4*	0.210 1*	0.132 3*	0.128 7*	1

注：* 表示 1%的显著水平；数据来源同表 3 - 1。

二、基于要素密度的中国贸易失衡结构测算

参照第二章的做法，本章在布朗(2003)的工业行业分类的基础上，根据穆恩德尔(2009)的行业分类对照表，可以把 635 类 SITC 行业贸易数据转换为 27 个 ISIC 工业行业数据，分析金融发展对贸易失衡结构的影响。① 表 3 - 3 给出了布朗按照国际标准工业行业 ISIC 三位分类的 27 个行业与金融发展密切相关的两个要素密度指标：外部融资依赖度和有形资产率。同时，表 3 - 3 最后两列，给出了中国 2003 年和 2013 年两个年份 27 个工业部门行业出口额与 GDP 的比值。从中可以看出在外部金融依赖度方面，塑料制品(ISIC356)和科研设备(ISIC385)是最依赖外部融资的行业，中国塑料制品出口份额保持不变，而科研设备出口份额上升；在有形资产率方面，石油精炼(ISIC353)有形资产率最高，而瓷器和陶器(ISIC361)有形资产率最低，中国这两类商品的出口份额都呈下降趋势。从 27 个行业出口结构可以看出，中国的贸易结构向金融密集型行业升级。

① 具体方法详见第二章第二节。

表 3-3　27 个工业部门行业特征指标值和中国出口结构

ISIC	工业名称	外部金融依赖度	有形资产率	2003 年工业行业出口额与 GDP 比值/%	2013 年工业行业出口额与 GDP 比值/%
311	食品	0.137	0.378	1.99	1.28
313	饮料	0.077	0.279	0.13	0.07
314	烟草制品	—0.451	0.221	0.07	0.03
321	纺织品	0.401	0.373	6.80	5.22
322	服装(非鞋类)	0.029	0.132	13.02	8.73
323	皮革制品	—0.140	0.091	1.72	1.48
331	木制品(非家具)	0.284	0.380	0.80	0.57
332	家具(非金属)	0.236	0.263	0.71	1.13
341	纸制品	0.176	0.558	0.42	0.76
342	印刷和出版物	0.204	0.301	0.32	0.37
351	工业化学品	0.205	0.412	3.47	4.32
352	其他化学品	0.219	0.197	1.70	1.58
353	石油精炼	0.042	0.671	0.11	0.09
354	石油和煤炭产品、杂项	0.334	0.304	0.42	0.07
355	橡胶制品	0.227	0.379	0.59	1.09
356	塑料制品	1.140	0.345	1.86	1.86
361	瓷器和陶器	—0.146	0.075	0.51	0.44
362	玻璃及制品	0.529	0.331	0.55	0.78

续 表

ISIC	工业名称	外部金融依赖度	有形资产率	2003年工业行业出口额与GDP比值/%	2013年工业行业出口额与GDP比值/%
369	其他非金属产品	0.062	0.420	0.68	1.05
371	钢铁	0.087	0.458	1.40	2.45
372	有色金属	0.006	0.383	1.38	1.12
381	金属制品	0.237	0.281	5.53	6.42
382	机械(电气除外)	0.445	0.183	20.90	18.57
383	机械中的电气	0.768	0.213	22.22	25.82
384	交通运输设备	0.307	0.255	4.00	5.11
385	科研设备	0.961	0.151	3.26	4.35
390	其他制造产品	0.470	0.188	5.45	5.24

数据来源：作者依据拉詹和津加莱斯(1998)、布朗(2003)数据整理。

三、中国对外贸易要素密度指数

表3－3虽然给出了中国出口贸易结构，但是需要用更精确的指标才能计算出中国对外贸易失衡的行业结构特征。本章参照贝克等(2013)对出口外部金融依赖度指数的设定，给出了一国对外贸易要素密度指数：

$$exin_{it}=\sum_{j=1}^{27}\frac{export_{ijt}}{\sum_{j=1}^{27}export_{ijt}}\times intensity_j \tag{3.1}$$

$$imin_{it}=\sum_{j=1}^{27}\frac{import_{ijt}}{\sum_{j=1}^{27}import_{ijt}}\times intensity_j \tag{3.2}$$

$$netin_{it} = exin_{it} - imin_{it} \tag{3.3}$$

式(3.1)和式(3.2)中的 $exin_{it}$ 和 $imin_{it}$ 分别表示国家 i 第 t 年出口要素密度指数和进口要素密度指数，可以从四个维度反映一个国家对外贸易的总体要素密度；$export_{ijt}$ 和 $import_{ijt}$ 分别表示国家 i 第 t 年在 j 行业的出口额和进口额；$intensity_j$ 是第 j 行业的要素密度，数值取自第二章的表 2－6；$netin_{it}$ 表示国家 i 第 t 年对外贸易的净要素密度指数，反映一国进出口贸易要素密度的关系。本章采用出口要素密度、进口要素密度和净要素密度这三个指标，计算 1993—2013 年中国对外贸易要素密度的变化，详见图 3－1—图 3－4。从图 3－1—图 3－4 中可以看出，中国 20 年来四个维度表示的对外要素密度，都是进口要素密度指数高于出口要素密度指数，但是从净要素密度指数可以看出进出口之间的要素密度差距在缩小。由于要素密度是通过劳动力标准化的结果，因此可以推断出出口贸易的劳动密度大于进口，中国依然是劳动密集型贸易顺差。

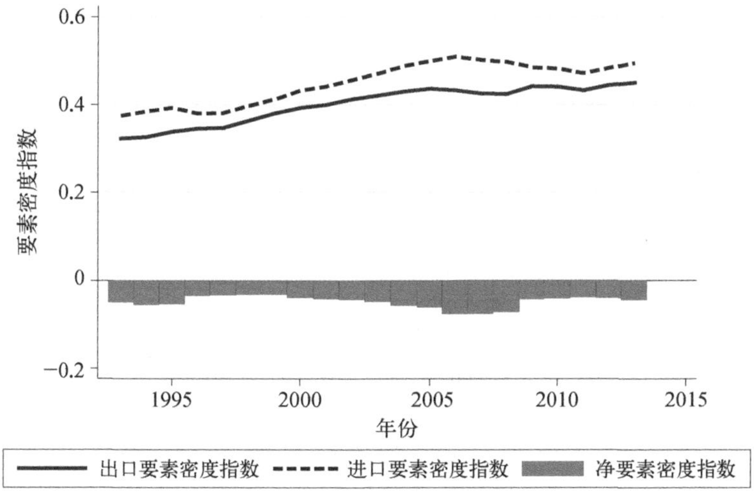

图 3－1　中国对外贸易外部金融依赖度指数

（数据来源：贸易数据来自联合国 Comtrade 数据库）

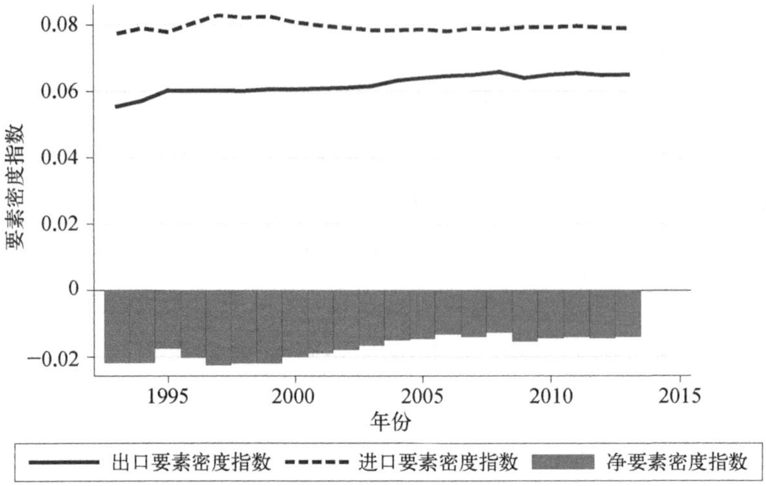

图 3-2　中国对外贸易结构实物资本密度指数

（数据来源：贸易数据来自联合国 Comtrade 数据库）

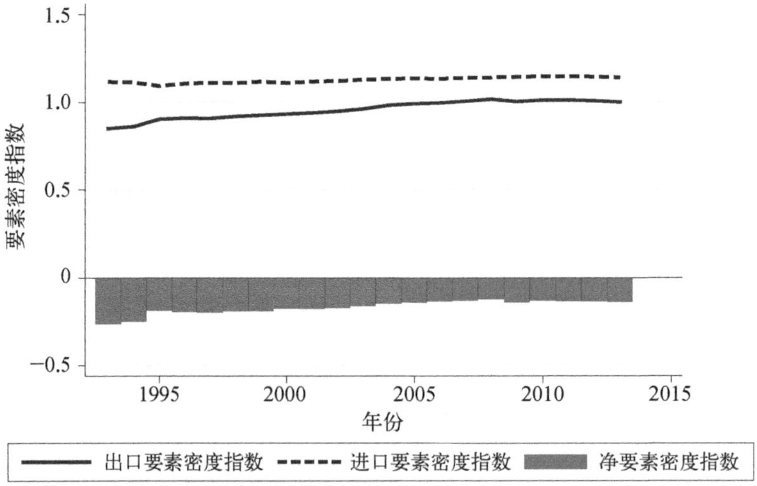

图 3-3　中国对外贸易人力资本密度指数

（数据来源：贸易数据来自联合国 Comtrade 数据库）

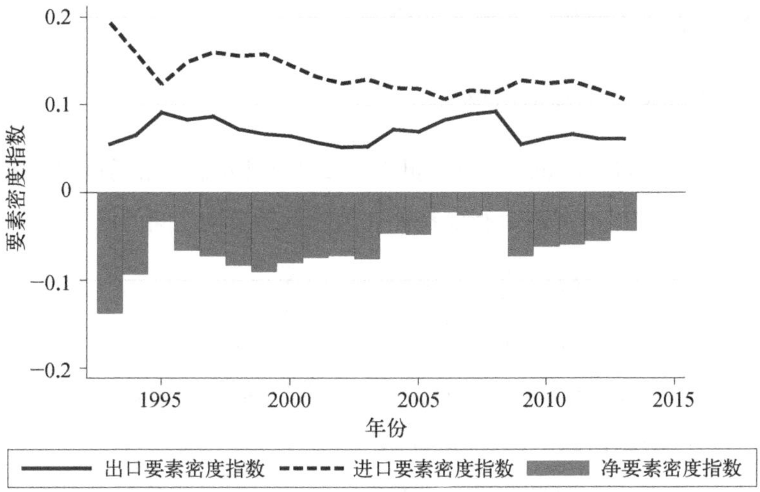

图 3-4　中国对外贸易自然资源密度指数

（数据来源：贸易数据来自联合国 Comtrade 数据库）

从时间维度看，进出口的外部金融依赖度指数都呈上升趋势；出口的实物资本密度指数上升，进口实物资本密度指数基本不变，人力资本密度指数与之有相似的特征；进出口自然资源密度指数在这 20 年中波动很大，总体上来看都呈下降的趋势。如果以这四个要素密度指数的大小作为判断贸易结构层级的标准，那么中国的进出口贸易结构在过去的 20 年间不断升级，出口贸易结构升级更为显著。①

第二节　金融发展对贸易结构影响的面板回归分析

根据本章第一节文献的观点，一国金融发展水平的提高会促进外部金融依赖度高的行业发展，同时降低有形资产率高的行业发展。本节用多国

① 本章贸易结构升级判断标准的具体表述为：外部金融依赖度指数、实物资本密度指数、人力资本密度指数上升；出口贸易自然资源密度指数下降。

行业面板数据对这个观点进行实证检验。

一、计量模型设定和变量选取

依据胡尔等(Hur et al.，2006)、贝克等(2013)研究金融市场对贸易影响的实证模型，可以扩展出金融发展、行业特征和国际贸易结构之间的面板回归方程：

$$\begin{aligned} trade_{ijt} = & c + \sum_{t} z_t T_t + \sum_{i} \alpha_i Country_i + \sum_{j} \beta_j Industry_j \\ & + \delta_1 findep_j \times \log(finlevel_{it}) + \delta_2 tangib_j \times \log(finlevel_{it}) \\ & + \delta_3 phyin_j \times \log(phyper_{it}) + \delta_4 humin_j \times \log(humper_{it}) \\ & + \delta_5 natin_j \times \log(natper_{it}) + \varepsilon_{ijt} \end{aligned} \tag{3.4}$$

式中，$trade_{ijt}$ 为贸易变量，可以是出口、净出口、比较优势等指标；c 为截距项；T_t 是时间虚拟变量，$t=1, \cdots, T-1$；$Country_i$ 是样本国家虚拟变量，$i=1, \cdots, I-1$；$Industry_j$ 是贸易行业虚拟变量，$j=1, \cdots, J-1$。这里的 I、J、T 分别表示样本的行业、国家和年份数量。$finlevel_{it}$ 是国家 i 在 t 年的金融发展水平；$findep_j$ 和 $tangib_j$ 分别是行业 j 的外部金融依赖度和有形资产率，它们与 $finlevel_{it}$ 的乘积表示金融发展水平影响国际贸易的两个途径；$phyper_{it}$ 是国家 i 在 t 年的人均实物资本存量；$humper_{it}$ 是国家 i 在 t 年的人均人力资本水平；$natper_{it}$ 是国家 i 在 t 年的人均自然资源；$phyin_j$、$humin_j$ 和 $natin_j$ 分别是行业 j 的实物资本密度、人力资本密度和自然资源密度；ε_{ijt} 是误差项。我们期待的回归系数符号是 $\delta_1 > 0$ 和 $\delta_2 < 0$。

回归方程中的被解释变量 $trade_{ijt}$ 是国家 i 在 t 年行业 j 的贸易变量。参照胡尔等(2006)、施炳展和齐俊妍(2011)对贸易份额和比较优势的设定，可以设定 2 个贸易结构变量：

$$\text{行业出口份额指标 } ex_{ijt} = \frac{export_{ijt}}{GDP_{it}} \times 100\% \tag{3.5}$$

$$\text{标准显示比较优势指标 } rca_{ijt} = \frac{export_{ijt}/export_{it}}{export_{jt}/export_{t}} \tag{3.6}$$

式中，$export_{ijt}$ 和 $import_{ijt}$ 分别表示国家 i 在 t 年行业 j 的出口额和进

口额，用现价美元表示；GDP_{it} 表示国家 i 在 t 年的国内生产总值，用现价美元表示。当变量下标为 it 时，表示在 t 年国家 i 的值；当变量下标为 jt 时，表示在 t 年全球行业 j 的值。贸易原始数据来源于联合国 Comtrade 数据库，GDP 数据来源于世界银行 WDI 数据库。

金融发展水平变量 $finlevel_{it}$ 采用第一节给出的 6 个指标：信贷水平（*credit*）、流动性负债水平（*liquid*）、股票市场规模（*capital*）、股票市场交易额（*value*）、实体资本证券化（*turnover*）、银行系统效率（*bank*）。这 6 个指标都是与 GDP 的相对值并剔除了通货膨胀因素，指标数据都来源于贝克等(2013)最新统计的各国金融发展数据。

行业实物资本密度（*phyin*）、人力资本密度（*humin*）和自然资源密度（*natin*）的数据来自布朗(2003)计算的工业行业特征值。国家人均实物资本（$phyper_{it}$）采用贝勒曼和韦塞尔霍夫特(Berlemann and Wesselhöft, 2014)数据计算得到。他们结合各种资本存量估计方法的优点，对初始资本存量采用了新的方法进行估计，依据永续盘存法计算出了 103 个国家的资本存量；本节利用 WDI 公布的人口指标与资本存量相除，计算出各国人均资本存量。国家人均人力资本水平（$humper_{it}$）采用巴罗和李(Barro and Lee, 2013)计算出的人均受教育年限来衡量。由于他们只给出了每 5 年的统计量，最新一年的教育数据是 2010 年，本节根据面板回归分析的需要，利用移动平均法补充了部分年份教育数据。国家人均自然资源（$natper_{it}$）采用世界银行公布的国民财富中的自然资源统计量计算得到。世界银行根据市场价格计算出了各国包括自然资源在内的各种人均财富存量，但是最近的年份数据只统计到 2005 年。由于各国资源总量不随时间变化，并且可以假定世界自然资源市场的价格和人口变化对各国影响一致，因此在时间跨度不长的情况下，面板回归分析中可以假定各国人均自然资源保持在 2005 年的水平。

式(3.4)中的样本为 2013 年世界贸易额排名前 52 位的国家和地区，样本贸易总额占到世界总贸易额的 93.98%，具有一定的代表性。根据数据的可获得性，面板回归时间段为 2005—2011 年。表 3-4 列出了 2011 年 52 个

表 3-4　2011 年样本国家和地区贸易情况和相关指标

国家和地区	贸易额 *trade*/百亿美元	占世界比重/%	净贸易额 *net*/百亿美元	金融水平 *fin level*	世界排名	人均资本存量 *phyper*/万美元	世界排名	受教育年限 *humper*/年	世界排名	人均自然资源 *natper*/万美元	世界排名
美　国	374.23	10.53	−78.29	187.70	7	9.93	9	13.25	2	1.38	29
中　国	364.18	10.25	15.50	121.49	18	0.67	68	7.56	95	0.40	99
德　国	274.25	7.72	22.19	103.80	25	9.32	11	12.51	5	0.57	73
日　本	167.86	4.72	−3.22	177.65	9	16.72	1	11.66	14	0.21	123
法　国	128.24	3.61	−11.93	113.60	20	7.79	19	10.79	38	0.86	47
英　国	123.49	3.48	−20.03	191.54	6	7.37	21	12.47	7	0.63	64
意大利	108.21	3.05	−3.56	121.76	17	7.25	22	9.72	58	0.75	57
韩　国	107.96	3.04	3.08	98.43	27	5.20	25	12.17	10	0.26	118
荷　兰	102.34	2.88	3.77	198.20	4	8.73	14	11.51	19	1.32	31
中国香港	96.64	2.72	−5.53	186.24	8	10.60	6	11.42	22	0.00	150
比利时	94.23	2.65	0.96	92.28	30	8.54	16	10.72	43	0.49	84
加拿大	90.10	2.54	−0.01	NA	NA	7.84	17	12.38	8	3.69	12
俄罗斯	82.31	2.32	21.09	41.66	74	1.45	46	11.59	16	3.13	14

续 表

国家和地区	贸易额 *trade*/百亿美元	占世界比重/%	净贸易额 *net*/百亿美元	金融水平 *fin level*	世界排名	人均资本存量 *phyper*/万美元	世界排名	受教育年限 *humper*/年	世界排名	人均自然资源 *natper*/万美元	世界排名
新加坡	77.53	2.18	4.37	106.91	23	8.57	15	11.20	28	0.00	151
印　度	76.39	2.15	−16.09	47.15	65	0.20	86	6.36	107	0.27	114
墨西哥	70.04	1.97	−0.13	24.03	109	1.77	42	8.85	70	0.66	63
西班牙	66.10	1.86	−6.47	207.84	3	5.86	24	10.30	48	0.75	58
澳大利亚	50.36	1.42	3.52	129.24	14	8.82	13	11.57	17	4.00	11
沙　特	49.63	1.40	23.31	52.44	57	NA	NA	8.69	75	9.70	5
巴　西	48.23	1.36	2.98	63.45	49	1.20	50	8.01	84	1.50	26
泰　国	45.73	1.29	0.03	130.87	13	0.95	56	8.18	82	0.78	54
瑞　士	44.30	1.25	2.66	167.05	11	13.98	3	13.51	1	0.94	42
马来西亚	41.46	1.17	3.94	106.40	24	1.38	48	10.59	45	1.27	32
波　兰	39.73	1.12	−2.11	NA	NA	1.58	44	11.39	25	0.89	46
印　尼	38.09	1.07	2.61	28.27	98	0.29	82	7.85	89	0.49	85
土耳其	37.58	1.06	−10.59	43.17	71	1.39	47	7.17	100	0.54	79

续 表

国家和地区	贸易额 *trade*/百亿美元	占世界比重/%	净贸易额 *net*/百亿美元	金融水平 *fin level*	世界排名	人均资本存量 *phyper*/万美元	世界排名	受教育年限 *humper*/年	世界排名	人均自然资源 *natper*/万美元	世界排名
瑞 典	36.38	1.02	1.00	NA	NA	9.44	10	11.61	15	1.57	25
奥地利	35.19	0.99	−1.28	117.79	19	10.09	8	9.67	60	0.91	44
捷 克	31.32	0.88	1.16	NA	NA	2.94	33	12.82	4	0.46	91
挪 威	25.12	0.71	6.96	NA	NA	13.30	4	11.55	18	11.02	4
匈牙利	21.26	0.60	0.98	NA	NA	2.19	38	11.89	13	0.60	68
南 非	21.07	0.59	0.53	141.52	12	NA	NA	9.90	56	0.57	72
丹 麦	20.83	0.59	1.55	NA	NA	10.17	7	11.34	26	1.96	19
越 南	20.37	0.57	−0.98	107.68	22	NA	NA	7.29	98	0.36	103
爱尔兰	19.42	0.55	5.98	209.04	2	7.81	18	12.13	11	1.12	37
尼日利亚	18.96	0.53	6.17	22.91	114	NA	NA	NA	NA	0.60	66
芬 兰	16.27	0.46	−0.51	93.85	28	8.91	12	9.90	55	1.92	20
阿根廷	15.84	0.45	0.97	13.96	130	2.59	36	9.54	62	1.03	40
智 利	15.61	0.44	0.67	89.13	32	1.78	41	9.80	57	1.89	21

续　表

国家和地区	贸易额 *trade*/百亿美元	占世界比重/%	净贸易额 *net*/百亿美元	金融水平 *fin level*	世界排名	人均资本存量 *phyper*/万美元	世界排名	受教育年限 *humper*/年	世界排名	人均自然资源 *natper*/万美元	世界排名
斯洛文尼亚	15.52	0.44	0.18	48.24	62	NA	NA	12.94	3	0.50	83
乌克兰	15.10	0.42	−1.42	56.49	54	0.82	60	11.18	30	0.69	62
葡萄牙	14.25	0.40	−2.33	193.55	5	4.65	29	7.62	92	0.42	96
以色列	14.13	0.40	−0.57	92.54	29	NA	NA	12.49	6	0.48	86
委内瑞拉	13.98	0.39	4.24	17.22	126	1.72	43	8.59	77	3.06	15
罗马尼亚	13.91	0.39	−1.37	NA	NA	0.79	62	10.74	41	NA	NA
哈萨克斯坦	12.61	0.35	5.01	34.87	85	0.90	57	11.27	27	NA	NA
阿尔及利亚	12.07	0.34	2.62	14.20	129	0.79	63	6.91	103	1.58	24
菲律宾	11.17	0.31	−1.57	29.79	95	0.35	80	8.47	79	0.35	104
哥伦比亚	11.16	0.31	0.23	42.00	73	NA	NA	9.32	65	0.76	56
秘　鲁	8.34	0.23	0.79	24.16	108	0.81	61	8.75	73	0.58	71
阿　曼	7.07	0.20	2.35	36.79	79	NA	NA	NA	NA	7.71	7
卡塔尔	NA	NA	NA	35.46	82.5	NA	NA	8.66	76	NA	NA

数据来源：作者根据原始数据计算整理得出，NA 表示数据缺失。

国家和地区的相关指标，其中金融发展水平指标选取了金融信贷规模 *credit* 值。本节从中选出贸易额前 5 名的国家进行描述分析。从表 3－4 可以看出，2011 年世界贸易额(*trade*)前 5 位的国家依次为美国、中国、德国、日本、法国，占世界贸易额的 36.8%。在这 5 个国家中，以 *credit* 的金融发展水平(*finlevel*)为指标，美国在全球排名第 7 位，德国排名第 25 位。日本的人均资本存量(*phyper*)排名世界第一，为人均 16.72 万美元；而中国排名为世界第 68 位，人均 0.67 万美元。表示人力资本水平的人均受教育年限(*humper*)指标，美国排名第 2 位，为 13.25 年；而中国只排在第 95 位，为 7.65 年。在人均自然资源(*natper*)方面，美国依然是资源丰富的国家，排名第 29 位，而日本排名仅为 123 位。

二、金融发展对贸易行业结构影响的回归分析

根据式(3.4)中解释变量和被解释变量的设定，可以计算出 2005—2011 年，52 个国家、27 个行业的样本统计指标，详见表 3－5。

表 3－5 主要变量的统计指标

变　量	样本量	均　值	标准差	最小值	最大值
ex	14 162	1.012	3.115	8.70×10^{-10}	75.24
rca	14 513	1.248	4.047	3.48×10^{-7}	181.0
credit	10 557	87.28	56.45	2.240	237.6
liquid	10 748	81.46	50.98	14.35	313.7
capital	10 731	76.04	72.86	0.670	569.5
value	10 731	69.76	91.47	0.010 0	726.5
turnover	10 731	82.58	62.21	0.350	393.3
bank	10 002	95.92	6.685	31.95	100
phyper	9 739	47 350	42 749	611.3	167 689

续　表

变　量	样本量	均　值	标准差	最小值	最大值
humper	6 912	9.844	2.015	5.310	13.51
natper	13 703	0.016 1	0.026 6	1.99×10^{-6}	0.213

数据来源：作者根据原始数据整理得出。

当式(3.4)的贸易结构为行业出口贸易份额(*ex*)时，回归结果见表3-6。从第(1)列的第一个解释变量回归结果可以看出，外部金融依赖度与信贷约束水平乘积[$findep\times\log(credit)$]的回归系数显著为正，这说明宽松的信贷约束会促进外部金融依赖度高的行业出口；第(1)列的第二个解释变量有形资产率与信贷约束水平乘积[$tangib\times\log(credit)$]的回归系数显著为负，这说明宽松的信贷约束会降低有形资产率高的行业出口。这两个变量的回归系数与预想的一致。

表3-6　金融发展对行业出口贸易结构的影响

	(1) *ex*	(2) *ex*	(3) *ex*	(4) *ex*	(5) *ex*	(6) *ex*
$findep\times\log(credit)$	0.857*** (5.63)					
$tangib\times\log(credit)$	−1.556*** (−3.85)					
$findep\times\log(liquid)$		2.073*** (10.07)				
$tangib\times\log(liquid)$		−2.896*** (−5.57)				
$findep\times\log(capital)$			1.440*** (10.12)			

续 表

	(1) *ex*	(2) *ex*	(3) *ex*	(4) *ex*	(5) *ex*	(6) *ex*
tangib × log(*capital*)			−1.632*** (−5.21)			
findep × log(*value*)				0.505*** (6.80)		
tangib × log(*value*)				−0.695*** (−4.01)		
findep × log(*turnover*)					0.344** (2.92)	
tangib × log(*turnover*)					−0.571* (−2.26)	
findep × log(*bank*)						6.104*** (4.59)
tangib × log(*bank*)						−9.237*** (−3.52)
phyin × log(*phyper*)	1.354 (1.17)	1.232 (1.18)	0.213 (0.22)	0.377 (0.37)	−0.125 (−0.13)	−0.265 (−0.32)
humin × log(*humper*)	2.394*** (3.37)	2.122** (3.20)	2.166** (3.15)	1.990** (2.88)	1.904** (2.74)	2.411*** (4.19)
natin × log(*natper*)	0.539*** (10.61)	0.455*** (9.05)	0.464*** (9.51)	0.507*** (10.45)	0.539*** (11.17)	0.479*** (9.68)
_*cons*	−1.486 (−1.19)	0.544 (0.41)	−0.723 (−0.59)	−1.523 (−1.27)	−1.016 (−0.82)	9.694* (2.18)
样本量	4 816	5 221	5 225	5 225	5 225	4 711
adj. R^2	0.226	0.254	0.255	0.247	0.240	0.244

注：括号内为 t 统计值，***、**、* 分别表示 1%、5%和 10%的显著水平。所有回归中都加入了时间固定效应和 ISIC 行业固定效应。

从第(1)列的回归结果可以看出，除了实物资本密度与人均实物资本交叉项［$phyin \times \log(phyper)$］回归不显著外，其余两个变量的交叉项回归系数都显著为正，这说明：人力资本密度(*humin*)高的行业在人均受教育年限(*humper*)长的国家出口量大；自然资源密度(*natin*)高的行业在人均自然资源(*natper*)丰富的国家出口量大。

第(2)—(6)列是金融发展水平变量分别采用流动性负债水平(*liquid*)、股票市场规模(*capital*)、股票市场交易额(*value*)、实体资本证券化规模(*turnover*)、银行系统效率(*bank*)对行业出口贸易份额(*ex*)进行回归的结果。从表 3-7 可以看出，外部金融依赖度与这几个金融发展水平指标乘积的回归结果都显著为正，有形资产率与这几个金融发展水平指标乘积的回归结果都显著为负，这说明金融发展会促进外部金融依赖度高的行业出口，这个结果很有稳健性。其余三个解释变量的回归结果与第(1)列的回归结论一致，都符合要素禀赋比较优势理论。

当式(3.4)的贸易结构为行业出口贸易比较优势(*rca*)时，回归结果见表 3-7。从第(1)—(6)列的回归结果可以看出，外部金融依赖度与 6 个金融发展水平乘积［$findep \times \log(finlevel)$］的回归系数都显著为正，这说明金融发展会促进外部金融依赖度高的行业形成比较优势；有形资产率与 6 个金融发展水平乘积［$tangib \times \log(finlevel)$］的回归系数都显著为负，这说明金融发展不利于有形资产率高的行业。这两个解释变量的回归结果与表 3-6 一致。

表 3-7　金融发展对行业贸易比较优势的影响

	(1) *rca*	(2) *rca*	(3) *rca*	(4) *rca*	(5) *rca*	(6) *rca*
$findep \times$ $\log(credit)$	0.785*** (4.34)					
$tangib \times$ $\log(credit)$	−4.720*** (−9.83)					

续　表

	(1) rca	(2) rca	(3) rca	(4) rca	(5) rca	(6) rca
findep × log(liquid)		0.689** (2.79)				
tangib × log(liquid)		−1.880** (−3.01)				
findep × log(capital)			0.225** (3.13)			
tangib × log(capital)			−0.311* (−1.96)			
findep × log(value)				0.176*** (4.72)		
tangib × log(value)				−0.263** (−3.02)		
findep × log(turnover)					0.287*** (4.88)	
tangib × log(turnover)					−0.369** (−2.92)	
findep × log(bank)						1.270 (0.64)
tangib × log(bank)						7.634 (1.94)
phyin × log(phyper)	−0.880 (−0.64)	−5.564*** (−4.44)	−1.010* (−2.03)	−0.806 (−1.59)	−0.906 (−1.83)	−7.944*** (−6.37)
humin × log(humper)	−2.836*** (−3.36)	−3.059*** (−3.84)	3.096*** (8.91)	3.074*** (8.85)	3.045*** (8.76)	−3.305*** (−3.83)
natin × log(natper)	0.248*** (4.10)	0.242*** (4.00)	0.177*** (7.17)	0.177*** (7.28)	0.187*** (7.76)	0.368*** (4.96)

续　表

	(1) *rca*	(2) *rca*	(3) *rca*	(4) *rca*	(5) *rca*	(6) *rca*
_cons	14.31*** (9.69)	13.34*** (8.28)	−2.913*** (−4.69)	−3.095*** (−5.15)	−2.825*** (−4.57)	−1.162 (−0.17)
样本量	4 816	5 221	5 225	5 225	5 225	4 711
adj. R^2	0.056	0.034	0.056	0.059	0.059	0.039

注：括号内为 t 统计值，***、**、* 分别表示 1%、5%和 10%的显著水平。所有回归中都加入了时间固定效应和 ISIC 行业固定效应。

从第(1)—(6)列对行业出口贸易比较优势(*rca*)的回归可以看出，第(2)、第(3)和第(6)列的实物资本密度与人均实物资本交叉项[$phyin \times \log(phyper)$]回归显著为负，这与比较优势理论的结果是不一致的，这有可能是贸易行业与工业行业存在数据匹配偏差造成的。其余两个变量的交叉项回归系数都显著为正，都符合要素禀赋比较优势理论。

三、金融发展对贸易行业失衡的影响分析

由于出口份额指标 *ex* 和标准比较优势指标 *rca* 只考虑了出口而没有考虑进口，因此用金融发展水平对其回归时会产生一定的偏差，特别是对进口额比较大的国家(Greenaway and Milner，1993)。根据一些学者对比较优势指标的设定(Webster and Gilroy，1995；Bao and Yang，2009)，本章实证检验金融发展对净出口(*net*)、净出口显示比较优势(*NETrca*)的影响，这两个被解释变量的公式为：

$$\text{净出口份额指标 } net_{ijt} = \frac{export_{ijt} - import_{ijt}}{GDP_{it}} \times 100\% \tag{3.7}$$

$$\text{净出口显示比较优势指标 } NETrca_{ijt} = \frac{export_{ijt} - import_{ijt}}{export_{ijt} + import_{ijt}} \tag{3.8}$$

这两个指标的数据来源依然是联合国 Comtrade 数据库和世界银行 WDI 数据库。利用式(3.4)对净出口份额(*net*)进行回归，结果详见表 3-8。从 6 个回归方程可以看出，外部金融依赖度与 6 个金融发展水平乘积[*findep*×log(*finlevel*)]的回归系数都显著为正，这说明金融发展会引起外部金融依赖度高的行业顺差；有形资产率与 6 个金融发展水平乘积[*tangib*×log(*finlevel*)]的回归系数都显著为负，这说明金融发展会引起有形资产率高的行业逆差。从这两个结论可以看出，考虑了进口变量以后，金融发展水平变量的回归结果依然与表 3-6 的结论一致。表 3-8 中人均实物资本(*phyper*)、人均人力资本(*humper*)、人均自然资源(*natper*)三个解释变量的交叉项回归结果都显著为正，完全符合要素禀赋比较优势理论。

表 3-8　金融发展对行业净出口贸易结构的影响

	(1) *net*	(2) *net*	(3) *net*	(4) *net*	(5) *net*	(6) *net*
findep× log(*credit*)	0.280*** (3.86)					
tangib× log(*credit*)	−0.915*** (−4.80)					
findep× log(*liquid*)		0.378*** (3.87)				
tangib× log(*liquid*)		−1.020*** (−4.11)				
findep× log(*capital*)			0.088 9 (1.36)			
tangib× log(*capital*)			−0.235 (−1.63)			

续　表

	(1) net	(2) net	(3) net	(4) net	(5) net	(6) net
findep × log(*value*)				0.110** (3.27)		
tangib × log(*value*)				−0.294*** (−3.68)		
findep × log(*turnover*)					0.221*** (4.13)	
tangib × log(*turnover*)					−0.486*** (−4.05)	
findep × log(*bank*)						2.229** (2.94)
tangib × log(*bank*)						−4.948*** (−3.31)
phyin × log(*phyper*)	1.568** (2.88)	1.256* (2.50)	0.813 (1.76)	1.131* (2.39)	1.077* (2.32)	0.715 (1.46)
humin × log(*humper*)	2.345*** (6.76)	2.041*** (6.24)	2.036*** (6.13)	2.005*** (6.05)	1.956*** (5.89)	2.329*** (6.75)
natin × log(*natper*)	0.0962*** (4.00)	0.0759** (3.13)	0.0975*** (4.21)	0.0915*** (4.00)	0.0996*** (4.40)	0.185*** (6.36)
_cons	−3.333*** (−5.58)	−2.541*** (−3.89)	−3.369*** (−5.76)	−3.505*** (−6.17)	−3.082*** (−5.25)	3.138 (1.23)
样本量	3792	4197	4227	4227	4227	3714
adj. R^2	0.023	0.016	0.011	0.016	0.017	0.026

注：括号内为 t 统计值，***、**、* 分别表示 1%、5%和 10%的显著水平。所有回归中都加入了时间固定效应和 ISIC 行业固定效应。

利用式(3.4)对净出口显示比较优势($NETrca$)进行回归,结果详见表3-9。从6个回归方程可以看出,外部金融依赖度与6个金融发展水平乘积[$findep \times \log(finlevel)$]的回归系数都显著为正;有形资产率与6个金融发展水平乘积[$tangib \times \log(finlevel)$]的回归系数都显著为负。从这两个结论可以看出,考虑了进口变量以后,金融发展对净出口显示比较优势($NETrca$)与标准显示比较优势(rca)回归结果一致,这说明表3-8的结论——金融发展水平的提高会形成外部金融依赖度高的行业顺差——有一定的稳健性。表3-9中人均实物资本($phyper$)、人均人力资本($humper$)、人均自然资源($natper$)三个解释变量的交叉项回归结果都显著为正,与前述的结论一样,都符合要素禀赋比较优势理论。

表3-9 金融发展对行业净出口比较优势的影响

	(1) $NETrca$	(2) $NETrca$	(3) $NETrca$	(4) $NETrca$	(5) $NETrca$	(6) $NETrca$
$findep \times \log(credit)$	0.217*** (9.65)					
$tangib \times \log(credit)$	−0.362*** (−6.13)					
$findep \times \log(liquid)$		0.276*** (9.07)				
$tangib \times \log(liquid)$		−0.291*** (−3.77)				
$findep \times \log(capital)$			0.0705*** (3.45)			
$tangib \times \log(capital)$			−0.0317 (−0.70)			
$findep \times \log(value)$				0.0698*** (6.63)		

续　表

	(1) NETrca	(2) NETrca	(3) NETrca	(4) NETrca	(5) NETrca	(6) NETrca
tangib × log(*value*)				−0.046 5 (−1.87)		
findep × log(*turnover*)					0.123*** (7.33)	
tangib × log(*turnover*)					−0.078 1* (−2.09)	
findep × log(*bank*)						1.463*** (6.11)
tangib × log(*bank*)						−2.885*** (−6.10)
phyin × log(*phyper*)	1.549*** (9.18)	1.355*** (8.67)	1.270*** (8.77)	1.305*** (8.81)	1.304*** (8.97)	1.215*** (7.85)
humin × log(*humper*)	1.099*** (10.23)	0.916*** (9.01)	1.174*** (11.29)	1.181*** (11.39)	1.172*** (11.30)	0.942*** (8.63)
natin × log(*natper*)	0.040 3*** (5.40)	0.031 8*** (4.21)	0.041 4*** (5.71)	0.040 0*** (5.59)	0.042 1*** (5.95)	0.048 5*** (5.28)
_cons	−2.457*** (−13.26)	−2.175*** (−10.70)	−2.891*** (−15.78)	−2.906*** (−16.36)	−2.866*** (−15.62)	1.647* (2.04)
样本量	3 792	4 197	4 227	4 227	4 227	3 714
adj. R^2	0.126	0.101	0.103	0.110	0.113	0.097

注：括号内为 t 统计值，***、**、* 分别表示 1%、5%和 10%的显著水平。所有回归中都加入了时间固定效应和 ISIC 行业固定效应。

四、金融发展对贸易行业失衡的影响分析

从表 3-9 中可以看出金融发展会引起金融依赖度高的行业顺差和有形资产率高的行业逆差，那金融发展对一国贸易不平衡的总体影响是什么呢？为了进一步验证金融发展与贸易不平衡的影响，本章利用国家层面指标进行面板回归分析，结果详见表 3-10。四个回归方程的被解释变量依次是商品净出口（*NET*）、货物净出口（*NETG*）、货物与服务净出口（*NETGS*）、经常账户净额（*CA*），这四个变量都是与 GDP 的相对值，数据来自联合国 Comtrade 数据库。主要解释变量是金融发展水平（*findep*），同样采用私人信贷占 GDP 的比重表示，数据来自贝克和德米尔古克-肯特(2013)。其他控制变量参考贝克(2002)、胡尔等(2006)、施炳展和齐俊妍(2011)等的做法，本章选取经济发展水平、经济增长率、全要素生产率、人口规模、金融开放度、资本存量、净贸易条件、人口抚养比、政府财政盈余作为其他控制变量。经济发展水平指标采用上一期的 2005 年不变价美元表示的人均产出 *GDPPER*；经济增长率指标表示为 *GROWTH*；人口规模指标表示为 *POP*。这三个指标的数据来源为世界银行 WDI 数据库，统计时间区间为 1960—2013 年。金融开放度指标表示为 *KAOPEN*，数据采用 Chin-Ito Index (2012)金融开放度数据库，统计时间区间为 1990—2011 年。全要素生产率表示为 *TFP*；资本存量指标表示为 *CAPITAL*，政府财政盈余指标表示为 *GOV*，这两个变量都是与 GDP 的相对值。这三个指标数据来自 Penn World Table (PWT) Version 8.0 数据库，统计时间区间为 1950—2011 年。净贸易条件指标表示为 *NETTOT*，是以 2000 年作为单位 1 的相对值；人口抚养比指标表示为 *RAISE*，是 1～15 岁以及 66 岁及以上人口与总人口的比值。这两个指标的数据来自 WDI 数据库，统计时间区间为 1960—2013 年。

从表 3-10 的四个回归方程可以看出，金融发展水平的回归系数都显著为负，这说明金融发展与一国净出口负相关，所以可以认为金融发展会降低一国的贸易盈余，甚至引起经常账户逆差。

表 3-10　金融发展对国家总体贸易的影响

	(1) *NET*	(2) *NETG*	(3) *NETGS*	(4) *CA*
findep	−0.083 3*** (−6.16)	−0.051 3** (−3.14)	−0.058 1** (−3.20)	−0.050 9** (−2.75)
GDPPER	0.090 4*** (6.60)	−0.063 4** (−2.78)	−0.040 7 (−1.60)	−0.054 8* (−2.12)
GROWTH	−0.168** (−2.86)	−0.145* (−2.31)	−0.146* (−2.09)	−0.122 (−1.71)
POP	−0.014 5 (−1.02)	−0.047 1 (−0.80)	−0.045 1 (−0.69)	−0.033 1 (−0.50)
TFP	−0.011 9 (−0.41)	−0.056 2 (−1.14)	−0.086 8 (−1.58)	−0.013 2 (−0.24)
*KAOPEN*1	−0.630 (−1.95)	−0.539 (−0.80)	−0.862 (−1.15)	−0.860 (−1.13)
*CAPITAL*1	−0.676 (−0.22)	6.310 (0.94)	7.046 (0.95)	8.973 (1.18)
*NETTOT*1	0.024 2 (1.67)	0.062 2** (2.84)	0.058 1* (2.39)	0.034 8 (1.40)
RAISE	−0.069 7 (−0.45)	0.838* (2.06)	1.053* (2.33)	1.662*** (3.61)
GOV	0.001 28 (0.02)	0.021 5 (0.36)	0.073 8 (1.12)	0.127 (1.88)
_cons	−0.099 5 (−1.50)	−0.197 (−1.21)	−0.262 (−1.44)	−0.474* (−2.56)
样本量	1 006	490	490	490
adj. R^2	0.490	0.280	0.371	0.392

注：括号内为 t 统计值，***、**、* 分别表示 1%、5%和 10%的显著水平。

第三节 结　论

本章把 635 个 SITC 四位分类贸易行业数据转换成 27 个 ISIC 三位分类工业部门数据，利用外部金融依赖度和有形资产率两个指标对中国进出口贸易结构和贸易失衡进行了实证分析。

根据最新的金融发展水平指标，中国在股票市场等直接融资领域相对落后；根据外部金融依赖度和有形资产率指标的值，可以看出中国贸易结构向金融密集型行业升级。近 10 年来，中国这 27 个行业大部分是贸易顺差，并且这种顺差还在扩大。根据反映行业特征的两个指标，可以看出中国贸易结构向金融密集型行业转移、向有形资产率低的行业转移。

把行业特征指标加权平均成中国进出口特征指数后，还可以看出：中国多年来两个维度表示的贸易结构中，都是进口特征指数高于出口特征指数(净特征指数小于 0)。出口贸易和进口贸易的外部金融依赖度指数都呈上升趋势；出口贸易的有形资产率指数上升，进口贸易的有形资产率指数基本不变。如果以外部金融依赖度指数的上升和有形资产率指数的下降作为贸易结构升级的标准，那么中国出口贸易结构在过去的 20 年间不断升级。

本章利用 2005—2011 年 52 个主要贸易国家和地区的行业面板数据回归分析金融发展、外部金融依赖度、有形资产率和贸易结构以及贸易失衡的关系。回归结果表明，金融发展水平会促进外部金融依赖度高的行业出口和比较优势，但是会降低有形资产率高的行业出口和比较优势。利用国家宏观面板数据回归结果发现，金融发展会降低一国的贸易盈余，甚至引起经常账户逆差。

第四章　金融发展、出口替代与贸易失衡[①]

从第一章绪论中可以看出，现有文献从金融的角度分析贸易失衡，主要强调金融的间接影响，即通过国际分工、剩余储蓄和货币体系引起贸易失衡。金融发展还会引起企业进入国际市场的成本发生变化，直接影响企业对外贸易行为。一个高效的金融系统可以降低企业对外贸易的成本，方便国家间的经济往来，吸引新企业加入国际贸易（Hur et al.，2006；Manova，2008）。事实上，金融发展还可以影响企业进入国际市场的方式。企业进入国际市场有两种方式：一种是常见的出口贸易，即在本国生产商品并出口；另一种就是对外直接投资（Outward Foreign Direct Investment，ODI），在海外建立分支企业，在当地生产商品并销售。当金融发展使 ODI 的成本低于出口成本时，企业就会利用 ODI 替代出口，企业在这两种方式之间的选择就会对一国贸易平衡账户产生影响。本章在异质模型基础上，引入外部金融

① 本章曾以《金融发展、出口替代与贸易失衡》为题，发表于《财贸研究》2017 年第 8 期，此次收录略有修改。

市场,分析融资成本在ODI替代出口贸易过程中的作用,进而检验金融发展与贸易失衡的关系(Helpman et al.,2004)。本章的结构安排如下:第一节是模型分析,建立异质企业模型从理论上分析ODI对出口的替代;第二节是实证分析,利用面板数据回归分析金融发展、ODI和贸易的关系;第三节总结本章;附录为补充说明。

第一节 模型分析

一、模型设定

本章在埃尔普曼(Helpman)异质企业模型的基础上,引入金融发展变量,分析金融发展水平对国际贸易的影响。假定每个企业通过生产率加以区分,生产异质产品,在国际市场上处于垄断竞争关系。国际市场上对每个垄断竞争厂商的需求函数为:

$$p_i=\left(\frac{\phi}{y_i}\right)^{\zeta} \tag{4.1}$$

式中,p_i 是企业 i 商品销售价格;ϕ 是市场规模,对垄断竞争厂商外生;$\frac{1}{\zeta}>1$ 表示不同企业产品之间的替代弹性;y_i 是企业 i 的生产函数。

每个异质企业 i 的生产率为自由分布的 a_i,分布范围为 $[a_L; a_H]$,$a_H>a_L>0$。根据埃尔普曼等(2004)对异质企业生产函数的设定,本章假定每个企业使用劳动力 l 作为唯一投入要素。为了表示简洁,后文中省掉了企业下标 i,企业的生产函数可以表示为:

$$y=al \tag{4.2}$$

根据进入成本的不同,企业可以选择出口、ODI两种方式进入国际市场。如果企业选择出口的方式进入国际市场,需要在海外建立销售渠道,固

定投资为 T^X；企业同时需要承担冰山成本(iceberg cost)，即商品销售价格的一部分用于支付国际运输、损耗等费用 $(1-\tau)p$，企业只能获得 τp，这里 $\tau<1$。如果企业选择 ODI 的方式进入国际市场，需要承担在海外建立分厂和销售渠道的费用，固定投资为 T^{ODI}，显然 $T^{ODI}>T^X$。

我们假定每个企业的固定投资都是通过金融市场融资获得的，每单位固定投资的融资成本为 γ，设定 $\gamma>0$。γ 为金融市场的交易费用，可以用其倒数 $\frac{1}{\gamma}$ 表示金融发展水平。γ 越小，表示金融市场交易费用越低，金融发展水平 $\frac{1}{\gamma}$ 越高。加上融资成本，企业需要承担的投资总成本为：

$$F^J=(1+\gamma)T^J \tag{4.3}$$

式中，$J=X$ 或者 $J=ODI$；用 J 作上标，表示公式对两类进入国外市场的企业都适应，下同。

根据前面设定的几个公式，我们可以得出出口企业的利润函数：

$$\pi^X=\max_l\left\{\tau\left(\frac{\phi}{al}\right)^{\zeta}al-wl-(1+\gamma)T^X\right\} \tag{4.4}$$

不失一般性，我们可以设定 $w=1$，根据利润最大化规则对劳动力 l 求导，可以算出：

$$\pi^X=\phi\tau^{\frac{1}{\zeta}}\zeta(1-\zeta)^{\frac{1-\zeta}{\zeta}}a^{\frac{1-\zeta}{\zeta}}-(1+\gamma)T^X \tag{4.5}$$

设定 $\pi^X=0$，我们可以得到企业出口的临界生产率 a^X，即当企业生产效率低于这个临界点时，出口利润小于 0：

$$a^{X\frac{1-\zeta}{\zeta}}=\frac{T^X}{\tau^{\frac{1}{\zeta}}\phi\zeta(1-\zeta)^{\frac{1-\zeta}{\zeta}}}(1+\gamma) \tag{4.6}$$

如果企业选择 ODI 进入国际市场，那么企业利润可以相似地表示为：

$$\pi^{ODI}=\max_l\left\{\left(\frac{\phi}{al}\right)^{\zeta}al-wl-(1+\gamma)T^{ODI}\right\} \tag{4.7}$$

通过对劳动力 l 求导，可以得到：

$$\pi^{ODI}=\phi\zeta(1-\zeta)^{\frac{1-\zeta}{\zeta}}a^{\frac{1-\zeta}{\zeta}}-(1+\gamma)T^{ODI} \tag{4.8}$$

采用出口企业临界点同样的算法，设定 $\pi^{ODI}=0$，获得企业 ODI 的临界生产率 a^{O}：

$$a^{O\frac{1-\zeta}{\zeta}}=\frac{T^{ODI}}{\phi\zeta(1-\zeta)^{\frac{1-\zeta}{\zeta}}}(1+\gamma) \tag{4.9}$$

尽管根据式(4.6)和式(4.9)的企业生产率临界点可以确定是否进入国际市场，但是要确定选择出口和 ODI 二者中的哪种方式，还需要进一步比较二者的利润。设定 $\pi^{ODI}=\pi^{X}$，可以获得出口替代的临界生产率 a^{ODI}：

$$a^{ODI\frac{1-\zeta}{\zeta}}=\frac{1+\gamma}{1-\tau^{\frac{1}{\zeta}}}\frac{T^{ODI}-T^{X}}{\phi\zeta(1-\zeta)^{\frac{1-\zeta}{\zeta}}} \tag{4.10}$$

根据埃尔普曼等(2007)对异质企业出口替代的实证检验结果，生产率临界值应该满足 $a^{ODI}>a^{X}$，即生产率更高的企业会选择 ODI 替代出口。这个设定可以推导出冰山成本和两种固定投资的关系：$T^{ODI}>\tau^{\frac{-1}{\zeta}}T^{X}$。企业两种利润函数和替代关系可以通过图 4-1 更清楚地表示。

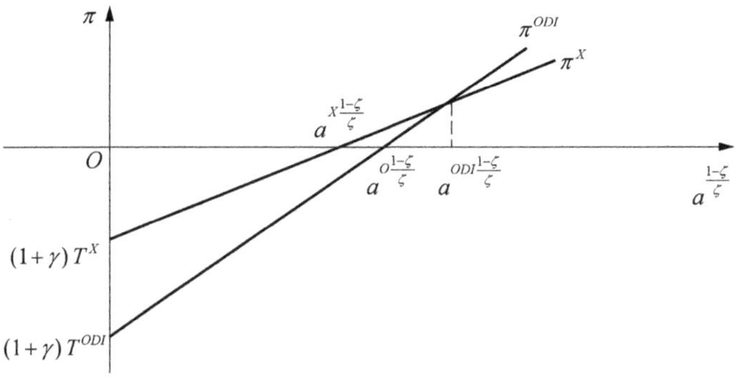

图 4-1　企业出口和 ODI 的利润曲线

在图 4-1 中,横轴表示企业生产率,纵轴表示企业利润。两条利润曲线分别来自利润函数式(4.5)和式(4.8)。ODI 利润曲线 π^{ODI} 的斜率为 $\phi\zeta(1-\zeta)^{\frac{1-\zeta}{\zeta}}$,出口利润曲线 π^{X} 的斜率为 $\phi\tau^{\frac{1}{\zeta}}\zeta(1-\zeta)^{\frac{1-\zeta}{\zeta}}$。因为 $\tau^{\frac{1}{\zeta}}<1$,所以曲线 π^{ODI} 要比 π^{X} 陡峭。假定企业生产率分布区域足够广泛,即 a^{X}, $a^{ODI} \in [a_L, a_H]$,根据生产率和进入市场的不同,企业行为可以细分为三类:当生产率水平很低,即 $a_L<a<a^{X}$ 时,企业只能在国内进行生产并在国内销售;当生产率水平中等,即 $a^{X}<a<a^{ODI}$ 时,企业在国内进行生产并出口至国外市场;当生产率水平较高,即 $a^{ODI}<a<a^{H}$ 时,企业通过 ODI 在国外生产和在国外市场销售。

通过对生产率临界式(4.6)和式(4.10)中金融发展水平 $\frac{1}{\gamma}$ 求导,我们可以获得金融发展对企业进入国外市场的影响:

$$\frac{da^{J\frac{1-\zeta}{\zeta}}}{d\,\frac{1}{\gamma}}<0,\quad J=X\text{ 或者 }J=ODI \tag{4.11}$$

式中,$\frac{1}{\gamma}$ 是融资成本的倒数,表示金融发展水平。上式表明,金融发展水平越高的国家,对进入国外市场的企业生产率要求越低。我们同样可以得到,国外市场规模 ϕ、冰山成本 $(1-\tau)$、固定投资规模 T^{J} 对企业生产率临界值的影响:

$$\frac{da^{J\frac{1-\zeta}{\zeta}}}{d\phi}<0,\quad \frac{da^{X\frac{1-\zeta}{\zeta}}}{d(1-\tau)}>0,\quad \frac{da^{J\frac{1-\zeta}{\zeta}}}{dT^{J}}>0 \tag{4.12}$$

从上式可以看出,国外市场的规模 ϕ 越大,对企业生产率要求越低,更多的企业进入国外市场可以获得利润;冰山成本 $(1-\tau)$ 和国外市场的固定投资 T^{J} 越大,对企业进入国外市场的生产率要求越高。

二、金融发展与出口替代

为了分析金融发展水平对企业行为的影响，本章采用生产率临界值式(4.6)和式(4.10)的反函数 $\frac{1}{\gamma}(a)$ 表示金融发展水平。根据企业进入国外市场对金融发展水平要求的不同，可以把金融发展水平分为四个节点：$\frac{1}{\gamma}(a_H^X)$、$\frac{1}{\gamma}(a_L^X)$、$\frac{1}{\gamma}(a_H^{ODI})$、$\frac{1}{\gamma}(a_L^{ODI})$。根据式(4.11)中 $\frac{1}{\gamma}$ 与 a 的正向关系，可知这四个节点的关系是 $\frac{1}{\gamma}(a_H^X) < \frac{1}{\gamma}(a_L^X)$ 和 $\frac{1}{\gamma}(a_H^{ODI}) < \frac{1}{\gamma}(a_L^{ODI})$，即生产率低的企业需要高的金融水平，才能通过出口或者 ODI 进入国际市场。接下来我们分析不同阶段的金融水平对出口贸易的影响。

当一国金融发展水平极低，即 $\frac{1}{\gamma} < \frac{1}{\gamma}(a_H^X)$ 时，没有企业能够进入国际市场，无论是出口还是 ODI，所以这个国家的出口额为 0①。当金融水平发展到低阶段，即 $\frac{1}{\gamma}(a_H^X) < \frac{1}{\gamma} < \frac{1}{\gamma}(a_H^{ODI})$ 时，生产率满足条件 $a \in [a^X, a_H]$ 的企业会出口，但是依然没有企业会 ODI。在这个阶段内，金融发展与出口正相关，金融发展会促进一国的出口，详见图 4-2。

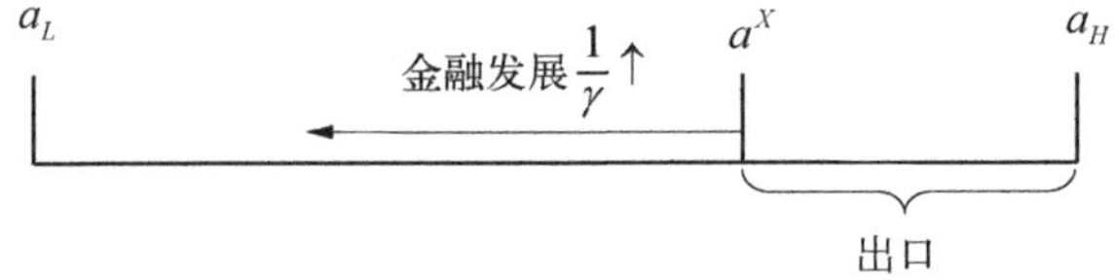

图 4-2　金融水平处于低阶段

在金融发展水平处于中等阶段时，情况复杂一些。根据前文的分析，中

① 即使生产率为 a_H 的企业出口利润也小于 0，那么生产率低的企业更不会出口，只能在国内生产和销售。

间阶段的金融发展水平是指 $\frac{1}{\gamma}$ 处于$\frac{1}{\gamma}(a_H^X)$ 与$\frac{1}{\gamma}(a_L^{ODI})$ 之间，这两个边界之间的大小对后文分析结果没有影响。此时，生产率低的企业，即 $a \in [a_L, a^X]$，不会进入国外市场；生产率满足条件 $a \in [a^X, a^{ODI}]$ 的企业会在国内生产并出口；生产率满足条件 $a \in [a^{ODI}, a_H]$ 的企业会 ODI，在国外建立生产企业并在当地销售，详见图 4 - 3。

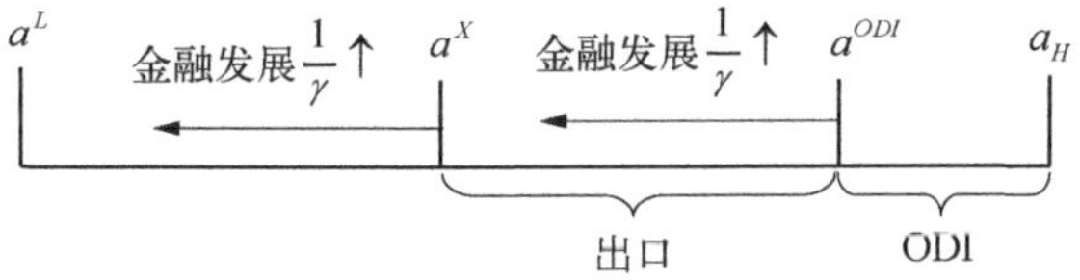

图 4 - 3　金融水平处于中等阶段

当金融水平处于中等阶段时，金融发展对出口同时有两方面作用：一方面会让一部分原来内销的企业改为出口国际市场，另一方面又会使一部分原来出口的企业改为 ODI。这种情况下需要更多的信息才能判断金融发展对一国出口的综合效应，比如知道企业生产率的分布函数。

我们假定企业生产率均匀分布，可以利用出口企业和 ODI 企业生产率之间的距离函数表示金融发展对出口的影响：

$$D = a^{ODI^{\frac{1-\zeta}{\zeta}}} - a^{X^{\frac{1-\zeta}{\zeta}}} = \left(\frac{\frac{T^{ODI}}{T^X} - 1}{1 - \tau^{\frac{1}{\zeta}}} - \frac{1}{\tau^{\frac{1}{\zeta}}} \right) \frac{T^X}{\phi\zeta(1-\zeta)^{\frac{1-\zeta}{\zeta}}}(1+\gamma) \tag{4.13}$$

根据前文对企业三种成本关系的设定（$T^{ODI} > \tau^{\frac{-1}{\zeta}} T^X$），利用式(4.13)对 $\frac{1}{\gamma}$ 求导，可得$\frac{dD}{d\frac{1}{\gamma}} < 0$，所以如果企业生产率均匀分布，金融水平处于中等阶段，那么金融发展会减少出口企业的数量。但是如果企业生产率分

布未知，那么金融发展的净影响也无法得到。

当一国金融发展水平处于高阶段，即 $\frac{1}{\gamma}(a_L^X) < \frac{1}{\gamma} < \frac{1}{\gamma}(a_L^{ODI})$ 时，生产率满足条件 $a \in [a_L, a^{ODI}]$ 的企业会出口；其余企业生产率 $a \in [a^{ODI}, a_H]$ 符合 ODI 条件，会在国外建立企业生产并销售。在这个阶段内，金融发展与出口负相关，金融发展会降低一国的出口量，详见图 4-4。

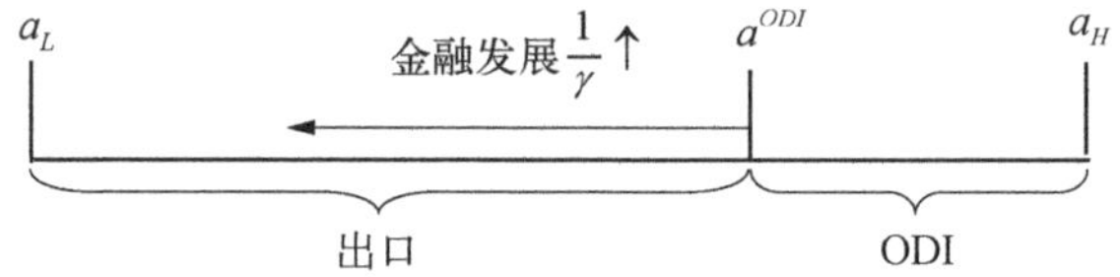

图 4-4　金融水平处于高阶段

当一国金融发展水平极高，即 $\frac{1}{\gamma} > \frac{1}{\gamma}(a_L^{ODI})$ 时，所有企业都会选择 ODI 的方式进入国外市场，国家出口额为 0，这与金融发展水平极低时所有企业都在国内生产销售时的出口额一样。

综上所述，剔除金融发展极低和极高两种情况，从中间三种情况中可以粗略判断金融发展与出口之间有倒 U 形关系。当一国金融水平处于低阶段时，金融发展会促进出口；当一国金融水平处于高阶段时，金融发展会让越来越多的企业用 ODI 替代出口，此时金融发展对出口有负的影响。

第二节　实证分析

一、实证模型设定与变量选取

在模型分析中，我们得出金融发展与出口贸易之间呈倒 U 形关系，下面用实证模型检验这个结论。在实际经济环境中，国际贸易除了受前文所说的金融水平影响外，还受到其他变量影响，加入其他控制变量后，本章的实证模型构建为：

$$T_{it} = c + \alpha_1 FIN_{it} + \alpha_2 FIN_{it} \times FIN_{it} + \beta CV_{it} + \varepsilon_{it} \tag{4.14}$$

式中，T_{it} 表示第 i 国第 t 年的贸易变量，根据研究目的可以是出口、进口、净出口等；c 表示常数项；FIN_{it} 表示金融水平，α_1 和 α_2 是金融水平 FIN_{it} 一次和二次项回归系数，检验 FIN_{it} 和 T_{it} 的倒 U 形关系；CV_{it} 表示影响贸易的其他控制变量，β 是对应控制变量的回归系数；ε_{it} 表示随机误差项。

在回归分析中，T 分别选取商品出口、进口、净出口和经常账户净额，这些变量的数据都取与 GDP 的比值。出口指标表示为 *ex*，进口指标表示为 *im*；净出口采用三个指标，商品净出口 *net*，货物净出口 *netg*，货物与服务净出口 *netgs*；经常账户净额表示为 *ca*。

参考贝克(2002)、胡尔等(2006)、施炳展和齐俊妍(2011)等的做法，金融发展水平指标 FIN 用私人信贷占 GDP 的比值 *fin* 表示。数据来自贝克和德米尔古克-肯特(2013)最新统计的各国金融发展数据库，统计时间区间为 1960—2011 年。

根据分析目的的不同，其他控制变量可以分为两组。参考贝克(2002)、胡尔等(2006)、施炳展和齐俊妍(2011)等的做法，如果被解释变量是出口或进口，本章选取经济发展水平、经济增长率、人口规模作为其他控制变量。经济发展水平指标采用上一期的以 2005 年不变价美元表示的人均产出 *gdpper*1；经济增长率指标表示为 *growth*；人口规模指标表示为 *pop*。这三个指标的数据来源为世界银行 WDI 数据库，统计时间区间为 1960—2013 年。如果被解释变量是净出口，控制变量还要加入：金融开放度、资本存量、净贸易条件、人口抚养比、政府财政盈余。金融开放度指标表示为 *kaopen*，数据采用 Chin-Ito Index(2012)金融开放度数据库，统计时间区间为 1990—2011 年。资本存量指标表示为 *capital*；政府财政盈余指标表示为 *gov*，是财政盈余与 GDP 的比值。这三个指标数据来自 Penn

World Table (PWT) Version 8.0 数据库，统计时间区间为 1950—2011 年。净贸易条件指标表示为 *nettot*，是以 2000 年作为单位 1 的相对数据值；人口抚养比指标表示为 *raise*，是 1～15 岁以及 66 岁以上人口与总人口的比值。这两个指标的数据来自 WDI 数据库，统计时间区间为 1960—2013 年。

由于数据的可获得性等原因，上述指标在 Chin-Ito、WDI、PWT 数据库中的统计年限从 20—60 年不等，样本国家和地区大约有 200 个，所以各个指标的样本数量会有差别。根据式(4.14)中解释变量和被解释变量的设定，可以计算出样本变量统计指标，详见表 4-1。

表 4-1　变量统计指标

指标	含　义	样本量	均　值	标准差	最小值	最大值
ex	商品出口	9 305	0.261	0.246	0.000 728	6.083
im	商品进口	9 310	0.334	0.255	0.012 8	5.004
net	商品净出口	9 292	−0.073 4	0.192	−1.899	2.300
netg	货物净出口	1 486	−0.085 9	0.201	−0.925	0.565
netgs	货物与服务净出口	1 486	−0.074 3	0.225	−2.027	0.610
ca	经常账户余额	1 486	−0.024 7	0.188	−0.654	2.913
fin	金融发展水平	5 786	0.391	0.377	0.000 100	2.846
*gdpper*1	上期人均GDP	9 221	0.913	1.481	0.005 00	15.88
growth	经济增长率	9 450	0.039 1	0.065 7	−0.640	1.898
pop	人口	12 824	0.704	2.011	4.28×10^{-5}	13.92
kaopen	金融账户开放度	3 699	0.002 45	0.015 7	−0.018 6	0.024 4

续　表

指标	含　义	样本量	均　值	标准差	最小值	最大值
capital	资本存量	7 527	0.000 633	0.002 59	4.16×10^{-8}	0.045 3
nettot	净贸易条件	4 423	1.114	0.406	0.212	7.211
raise	人口抚养比	11 836	0.414	0.067 5	0.142	0.551
gov	政府预算盈余	2 268	−0.016 0	0.071 6	−2.027	1.295

注：为了回归结果数据的清晰，表中指标单位都进行了处理，有的以万为单位，有的以百亿为单位。

二、进出口贸易与金融发展关系的回归分析

本章首先面板回归分析金融发展水平对商品出口贸易的影响，表4-2为回归结果。6个回归中，一次项回归系数都显著为正，二次项系数显著为负，这说明商品出口贸易与金融发展呈倒U形关系。这与模型分析中的结论相似。如果以最多控制变量的第(6)列一次项和二次项回归系数为标准，可以计算出金融发展的临界点。当金融发展水平为1.132时，金融发展对商品出口贸易的促进作用到达顶点，金融发展超过这个水平时会降低一国商品出口。以 $fin=1.132$ 作为样本分界线，对两边的样本分别进行回归，可以进一步检验金融发展对出口贸易的阶段性影响，结果见表4-2最后两列。当 $fin<1.132$ 时，商品出口与金融发展之间的回归系数为正数，说明金融发展促进出口贸易；当 $fin>1.132$ 时，商品出口与金融发展之间的回归系数为负数，说明金融发展减少出口贸易。

从其他控制变量的回归系数结果可以看出，经济发展水平滞后项(*gdpper*1)与商品出口贸易有正相关关系，说明经济发展会促进出口；经济增长率(*growth*)、人口规模(*pop*)与出口都呈正相关关系，说明这两个变量也会促进出口。

表 4-2　商品出口贸易与金融发展面板回归结果

	ex (1)	*ex* (2)	*ex* (3)	*ex* (4)	*ex* (5)	*ex* (6)	*ex* $fin<1.132$	*ex* $fin>1.132$
fin	0.064 7*** (7.01)	0.114*** (5.19)	0.079 4*** (3.35)	0.091 3*** (3.85)	0.081 7*** (3.43)	0.166*** (10.83)	0.096 0*** (8.96)	−0.140*** (−6.85)
fin^2		−0.026 4* (−2.47)	−0.036 3*** (−3.32)	−0.038 9*** (−3.56)	−0.036 4*** (−3.33)	−0.073 1*** (−11.11)		
*gdpper*1			0.043 2*** (6.63)	0.045 2*** (6.95)	0.045 4*** (6.99)	0.056 6*** (14.37)	0.057 0*** (13.89)	0.131*** (8.84)
growth				0.263*** (6.56)	0.258*** (6.43)	0.193*** (5.61)	0.204*** (6.06)	0.588*** (3.58)
pop					0.029 2*** (3.61)	0.019 2*** (4.14)	0.020 5*** (4.57)	−0.059 4 (−0.81)
ctfp						0.002 49 (0.24)	0.017 4 (1.75)	−0.672*** (−8.61)
_cons	0.238*** (57.57)	0.227*** (36.51)	0.207*** (30.11)	0.191*** (26.11)	0.184*** (24.36)	0.142*** (16.64)	0.146*** (18.97)	0.760*** (9.39)
样本量	5 537	5 537	5 360	5 358	5 358	3 640	3 345	295
R^2	0.009	0.010	0.019	0.027	0.030	0.165	0.178	0.367

注：括号内为 t 统计值，***、**、* 分别表示 1%、5%和 10%的显著水平，采用固定效应回归。

表 4-2 回归结果，只控制了国家效应，为了让出口贸易与金融发展呈倒 U 形关系的结论有一定的稳健性，需要进一步检验在国家效应和时间效应同时控制的情况下，这种关系是否成立，回归结果见表 4-3。从表 4-3 中可以看出，*fin* 一次项和二次项回归系数的符号和显著性与表 4-2 中第(6)列相同，只是此时的金融发展临界值变小为 $fin=0.858$，更多的国家变为金融发展引起进口下降。当金融发展水平为 0.858 时，金融发展对商品出口贸易的促进作用到达顶点，金融发展超过这个水平时会降低一国商品出口。以 $fin=0.858$ 作为样本分界线，分别对两边的样本进行回归，可以进一步检验金融发展对出口贸易的阶段性影响，结果见表 4-3 最后两列。当 $fin<0.858$ 时，商品出口与金融发展之间的回归系数为正数，说明金融发展促进出口贸易；当 $fin>0.858$ 时，商品出口与金融发展之间的回归系数为负数，说明金融发展阻碍出口贸易。

表 4-3　商品出口贸易与金融发展关系(控制国家效应和时间效应)

	ex (1) *all*	*ex* (2) $fin<0.858$	*ex* (3) $fin>0.858$
fin	0.077 5*** (4.96)	−0.005 99 (−0.50)	−0.127*** (−8.12)
fin^2	−0.045 8*** (−6.91)		
*gdpper*1	0.016 4*** (3.60)	0.010 0* (1.99)	0.073 4*** (3.77)
growth	0.086 3* (2.48)	0.081 8* (2.54)	0.532*** (3.42)
pop	−0.003 54 (−0.76)	−0.001 61 (−0.38)	0.009 91 (0.26)

续 表

	ex (1) *all*	*ex* (2) *fin*<0.858	*ex* (3) *fin*>0.858
ctfp	0.088 8*** (7.85)	0.103*** (9.60)	−0.383*** (−6.26)
_cons	0.120*** (7.52)	0.120*** (8.36)	0.646*** (7.14)
样本量	3 640	3 065	575
国家效应	Yes	Yes	Yes
时间效应	Yes	Yes	Yes
R^2	0.261	0.230	0.396

注：括号内为 t 统计值，***、**、*分别表示1%、5%和10%的显著水平，采用固定效应回归。

当被解释变量为商品进口时，金融发展与商品进口贸易之间也呈倒U形关系，回归结果详见表4-4。金融发展水平 *fin* 对进口贸易的五个回归方程中，一次项回归系数都显著为正，二次项系数显著为负。根据第(6)列回归系数，可以计算出金融发展对进口贸易影响的临界点1.374；以此作为样本分界线，对样本分别进行回归，当 $fin<1.374$ 时，商品进口与金融发展之间的回归系数为正数；当 $fin>1.374$ 时，商品进口与金融发展之间的回归系数为负数。

表4-4中金融发展水平对进口贸易影响的临界值要大于表4-2中金融发展水平对出口贸易影响的临界值。这说明金融发展对出口贸易和进口贸易影响不一致，这种不一致性会引起贸易不平衡。当金融水平在两个临界值之间，即 $1.132<fin<1.374$ 时，金融发展引起出口下降的同时，进口却不断增加，这时候就可能引起贸易逆差。

表 4-4　商品进口贸易与金融发展面板回归结果

	im (1)	im (2)	im (3)	im (4)	im (5)	im (6)	im $fin<1.374$	im $fin>1.374$
fin	0.049 5*** (5.06)	0.155*** (6.70)	0.183*** (7.23)	0.195*** (7.71)	0.184*** (7.26)	0.220*** (14.00)	0.129*** (12.70)	−0.080 7** (−2.82)
fin^2		−0.056 9*** (−5.03)	−0.056 2*** (−4.83)	−0.058 9*** (−5.07)	−0.056 1*** (−4.83)	−0.080 1*** (−11.82)		
$gdpper1$			−0.022 3** (−3.20)	−0.020 3** (−2.93)	−0.020 1** (−2.90)	0.008 23* (2.03)	0.002 08 (0.49)	0.183*** (7.99)
$growth$				0.267*** (6.25)	0.262*** (6.12)	0.320*** (9.03)	0.307*** (8.65)	1.189*** (5.41)
pop					0.031 8*** (3.70)	0.024 3*** (5.09)	0.024 5*** (5.17)	−0.237 (−1.41)
$ctfp$						−0.033 7** (−3.23)	−0.020 1 (−1.93)	−0.602*** (−5.44)
$\_cons$	0.325*** (74.08)	0.300*** (45.69)	0.308*** (41.96)	0.291*** (37.34)	0.283*** (35.22)	0.242*** (27.65)	0.257*** (31.92)	0.511*** (3.60)
样本量	5 537	5 537	5 360	5 358	5 358	3 640	3 461	179
R^2	0.005	0.009	0.011	0.019	0.021	0.105	0.098	0.411

注：括号内为 t 统计值，***、**、* 分别表示 1%、5%和 10%的显著水平，采用固定效应回归。

表 4－4 的回归结果只控制了国家效应，为了让进口贸易与金融发展呈倒 U 形关系的结论有一定的稳健性，需要进一步检验在国家效应和时间效应同时控制情况下，这种关系是否成立，回归结果见表 4－5。从表 4－5 中可以看出，*fin* 一次项和二次项回归系数的符号和显著性与表 4－4 中第(6)列相同，只是此时的金融发展临界值变小为 $fin=1.289$，更多的国家变为金融发展引起进口下降的群体中。当金融发展水平为 1.289 时，金融发展对商品进口贸易的促进作用到达顶点，金融发展超过这个水平时会降低一国商品进口。以 $fin=1.289$ 作为样本分界线，分别对两边的样本进行回归，可以进一步检验金融发展对进口贸易的阶段性影响，结果见表 4－5 最后两列。当 $fin<1.289$ 时，商品进口与金融发展之间的回归系数为正数，说明金融发展促进进口贸易；当 $fin>1.289$ 时，商品进口与金融发展之间的回归系数为负数，说明金融发展阻碍进口贸易。

表 4－5　商品进口贸易与金融发展关系(控制国家效应和时间效应)

	im (1) *all*	*im* (2) $fin<1.289$	*im* (3) $fin>1.289$
fin	0.134*** (8.36)	0.086 1*** (8.28)	−0.102*** (−3.45)
fin^2	−0.051 9*** (−7.64)		
*gdpper*1	−0.026 4*** (−5.66)	−0.037 3*** (−7.86)	0.303*** (6.87)
growth	0.270*** (7.57)	0.266*** (7.58)	1.479*** (4.85)
pop	0.003 77 (0.79)	0.001 55 (0.33)	−0.322* (−2.01)

续　表

	im (1) *all*	*im* (2) $fin<1.289$	*im* (3) $fin>1.289$
ctfp	0.016 0 (1.38)	0.038 2*** (3.33)	−0.646*** (−5.74)
_cons	0.216*** (13.19)	0.209*** (13.15)	0.536** (3.26)
样本量	3 640	3 434	206
国家效应	Yes	Yes	Yes
时间效应	Yes	Yes	Yes
R^2	0.213	0.218	0.574

注：括号内为 t 统计值，***、**、* 分别表示 1%、5%和 10%的显著水平，采用固定效应回归。

利用表 4－2 和表 4－4 中的回归结果，可以看出当被解释变量为商品出口时，金融发展与商品出口贸易之间呈倒 U 形关系，出口最大值时的金融发展水平为 $fin=1.132$；当被解释变量为商品进口时，金融发展与商品进口贸易之间也呈倒 U 形关系，进口最大值时的金融发展水平为 $fin=1.374$。据此可以给出金融发展水平与进出口贸易关系的曲线图，详见图 4－5。图 4－5 中进口贸易曲线在出口贸易曲线右边，这是由于金融发展对出口贸易和进口贸易影响不一致，金融发展水平对进口贸易影响的临界值要大于对出口贸易影响的临界值。这种不一致性会引起贸易不平衡，图 4－5 中同时给出了净出口贸易曲线。当金融水平在两个临界值之间，即 $1.132<fin<1.374$ 时，金融发展引起出口下降的同时，进口却不断增加，净出口贸易曲线有下降的趋势，甚至出现贸易逆差。

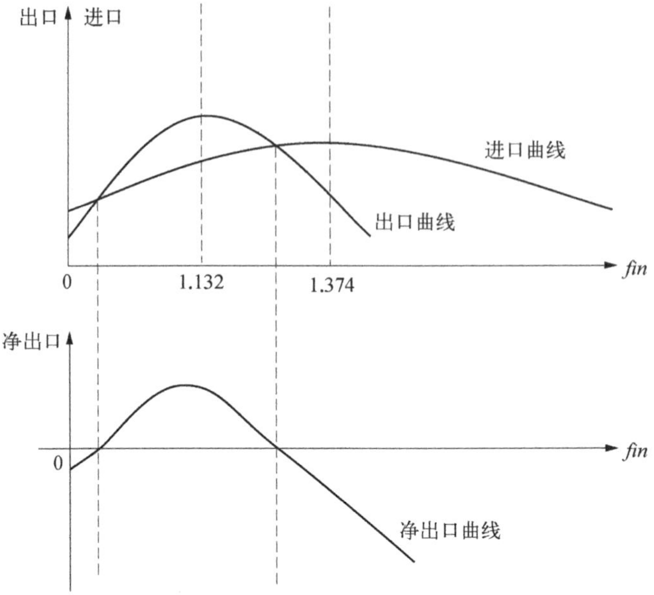

图 4-5 回归结果中进出口贸易与金融发展的关系

三、国际投资与进出口贸易关系的回归分析

在理论分析中，金融发展与出口贸易呈倒 U 形关系，是因为金融发展引起 ODI 对出口的替代，这就要求在统计上 ODI 与出口贸易负相关。为了检验这个观点，本章利用 ODI 对进出口贸易进行面板回归分析，并且根据表 4-2 和表 4-4 中两个金融水平临界点分组回归，结果见表 4-6。ODI 的数值为净对外投资与 GDP 的比值，用 *odi* 表示，数据来源为世界银行 WDI 数据库。从表 4-6 左半部分可以看出，如果对所有样本进行回归，ODI 对出口的回归系数显著为负，这说明 ODI 对出口贸易有替代作用；如果以金融水平 $fin < 1.132$ 的样本回归，回归系数并不显著，这说明在金融水平低的时候，ODI 对出口替代作用不显著；如果以金融水平 $fin > 1.132$ 的样本回归，回归系数显著为负，这说明在金融水平高的时候，ODI 对出口有替代作用。表 4-6 右半部分是 ODI 对进口回归结果，无论是总体样本还是分组样本，ODI 的回归系数都不显著，这说明 ODI 对进口没有影响。

表 4-6　ODI 对贸易影响回归结果

	ex *total*	*ex* *fin*<1.132	*ex* *fin*>1.132	*im* *total*	*im* *fin*<1.374	*im* *fin*>1.374
odi	−0.020 1** (−2.78)	−0.009 19 (−1.06)	−0.030 1** (−2.72)	−0.011 9 (−1.48)	−0.004 51 (−0.45)	0.000 307 (0.02)
*gdpper*1	−0.034 5 (−1.87)	−0.096 8*** (−3.87)	0.092 4*** (3.40)	0.027 0 (1.31)	−0.022 4 (−0.84)	0.179*** (5.68)
growth	0.250*** (4.75)	0.246*** (3.97)	0.591*** (6.01)	0.460*** (7.85)	0.332*** (4.75)	0.972*** (8.67)
pop	−0.048 0 (−1.01)	−0.028 5 (−0.57)	0.173 (0.74)	0.007 51 (0.14)	0.011 1 (0.20)	−0.088 1 (−0.33)
ctfp	−0.013 1 (−0.33)	0.017 5 (0.34)	−0.101 (−1.47)	−0.047 3 (−1.07)	−0.020 1 (−0.36)	−0.208* (−2.62)
_cons	0.436*** (10.30)	0.441*** (10.52)	0.088 7 (0.60)	0.381*** (8.07)	0.439*** (9.00)	0.017 0 (0.11)
样本量	662	474	188	662	513	149
R^2	0.075	0.105	0.234	0.106	0.064	0.419

注：括号内为 *t* 统计值，***、**、* 分别表示 1%、5%和 10%的显著水平，采用固定效应回归。

为了进一步检验 ODI 对出口的替代作用，表 4-7 中加入了 ODI 与金融发展水平的交叉项进行回归分析。第(1)—(3)列采用国家和年份的双固定效应进行面板回归，从结果可以看出 ODI 对出口的回归系数显著为负，这说明 ODI 对出口贸易有替代作用；交叉项 $odi \times fin$ 的回归系数也显著为负，说明随着金融发展水平的提高，ODI 对出口替代效应增强。第(4)—(6)列为国家固定效应面板回归结果，第(7)—(9)列为混合回归结果，这些实证结果中的 *odi* 系数以及交叉项 $odi \times fin$ 系数与双固定效应回归系数相似。这说明 *odi* 对出口的替代作用非常稳健。

表 4-7 ODI 对贸易影响回归结果(加入交叉项)

	ex (1)	*ex* (2)	*ex* (3)	*ex* (4)	*ex* (5)	*ex* (6)	*ex* (7)	*ex* (8)	*ex* (9)
odi	−0.022** (−3.26)	0.009 (0.64)	0.007 (0.45)	−0.020** (−2.78)	0.015 (0.97)	0.012 (0.75)	0.021 (0.96)	0.017 (1.10)	0.014 (0.92)
odi×*fin*		−0.025* (−2.31)	−0.022* (−2.02)		−0.028* (−2.51)	−0.025* (−2.17)		−0.029** (−2.58)	−0.027* (−2.31)
fin			−0.016 (−1.05)			−0.022 (−1.45)			−0.017 (−1.16)
*gdpper*1	−0.039* (−1.99)	−0.035 (−1.74)	−0.033 (−1.65)	−0.035 (−1.87)	−0.029 (−1.58)	−0.023 (−1.20)	0.002 (0.20)	0.005 (0.41)	0.010 (0.80)
*growth*1	−0.008 (−0.13)	0.018 (0.27)	0.016 (0.23)	0.250*** (4.75)	0.255*** (4.46)	0.245*** (4.27)	0.606* (2.50)	0.276*** (4.90)	0.268*** (4.72)
*pop*1	−0.042 (−0.90)	−0.022 (−0.49)	−0.023 (−0.49)	−0.048 (−1.01)	−0.040 (−0.86)	−0.034 (−0.73)	−0.018** (−3.24)	−0.022 (−1.60)	−0.021 (−1.53)
ctfp	−0.007 (−0.17)	−0.024 (−0.59)	−0.038 (−0.88)	−0.013 (−0.33)	−0.023 (−0.54)	−0.046 (−1.02)	0.155** (3.20)	0.007 (0.16)	−0.010 (−0.24)
_cons	0.446*** (10.71)	0.436*** (10.24)	0.453*** (9.93)	0.436*** (10.30)	0.428*** (9.92)	0.446*** (9.93)	0.237*** (9.04)	0.345*** (9.38)	0.359*** (9.25)
样本量	662	603	603	662	603	603	662	603	603
国家效应	Yes	Yes	Yes	Yes	Yes	Yes	No	No	No
时间效应	Yes	Yes	Yes	No	No	No	No	No	No
R^2	0.191	0.198	0.200	0.075	0.085	0.089	0.065	0.076	0.080

注：括号内为 *t* 统计值，***、**、* 分别表示 1%、5%和 10%的显著水平，采用固定效应回归。

四、金融发展与贸易失衡关系的回归分析

表 4-2 和表 4-4 主要检验了金融发展对进出口贸易的影响；表 4-6 检验了 ODI 对出口贸易的替代效应。但是这些结论并不能直接说明金融发展与净贸易额的关系，也无法说明金融发展是不是贸易收支不平衡的原因。本章用商品净贸易额与 GDP 的比值（*net*）作为被解释变量，解释变量除了表 4-2 中的 5 个外，还加入了分析国际收支失衡的 5 个常用控制变量：金融开放度（*kaopen*）、资本存量（*capital*）、净贸易条件（*nettot*）、人口抚养比（*raise*）、政府财政盈余（*gov*）。面板回归分析结果为表 4-8，从中可以看到 *fin* 的 10 个回归中，除了没有二次项的第一个回归外，其余 9 个的一次项回归系数都显著为负；二次项回归系数显著为正。从回归系数看，净出口与金融水平呈正 U 形关系，金融水平临界值为 2.352，但是 2011 年样本国家中只有塞浦路斯和冰岛的金融水平达到这个数值。所以根据实际经济情况和一次项回归系数，可以认为金融水平的提高会减少净出口，甚至引起逆差。

为了进一步验证金融发展与净出口负相关，本章选取了多个净出口相关指标进行稳健性检验。本章用金融发展水平分别对表 4-1 中的商品净出口（*net*）、货物净出口（*netg*）、货物与服务净出口（*netgs*）、经常账户净额（*ca*）4 个与国际收支相关的指标进行面板回归分析，结果见表 4-9。从表 4-9 中可以看到 8 个回归中，一次项回归系数都显著为负；二次项回归系数显著为正。从回归系数看，净出口与金融水平呈正 U 形关系。但是由于 8 个金融发展水平临界值都大于 2，在实际经济中只有少数几个国家在个别年份超过这个临界值，所以根据实际经济情况，可以认为金融水平的提高会降低国际收支。

表 4-8　商品净出口贸易与金融发展回归结果

	net (1)	*net* (2)	*net* (3)	*net* (4)	*net* (5)	*net* (6)	*net* (7)	*net* (8)	*net* (9)	*net* (10)
fin	0.015** (2.73)	−0.042** (−3.15)	−0.10*** (−7.50)	−0.10*** (−7.50)	−0.10*** (−7.39)	−0.06*** (−4.30)	−0.12*** (−6.62)	−0.12*** (−6.61)	−0.19*** (−8.16)	−0.19*** (−8.24)
fin^2		0.030*** (4.74)	0.020** (3.14)	0.020** (3.15)	0.020** (3.11)	0.007 (1.27)	0.025*** (3.56)	0.025*** (3.54)	0.040*** (4.80)	0.042*** (4.95)
*gdpper*1			0.066*** (17.31)	0.066*** (17.29)	0.066*** (17.29)	0.048*** (14.81)	0.053*** (7.49)	0.052*** (7.37)	0.073*** (6.54)	0.070*** (6.08)
growth				−0.004 2 (−0.18)	−0.003 7 (−0.16)	−0.13*** (−4.45)	−0.2*** (−5.26)	−0.21*** (−5.26)	−0.24*** (−5.67)	−0.25*** (−5.77)
pop					−0.002 6 (−0.56)	−0.005 1 (−1.32)	−0.001 4 (−0.14)	−0.002 1 (−0.17)	−0.002 2 (−0.18)	−0.005 6 (−0.45)
ctfp						0.036*** (4.30)	0.055*** (3.49)	0.055*** (3.49)	−0.017 (−0.89)	−0.007 3 (−0.35)
kaopen							−0.185 (−1.00)	−0.184 (−1.00)	−0.435 (−1.96)	−0.485* (−2.15)

续　表

	net (1)	*net* (2)	*net* (3)	*net* (4)	*net* (5)	*net* (6)	*net* (7)	*net* (8)	*net* (9)	*net* (10)
capital								0.102 (0.10)	0.536 (0.50)	0.461 (0.43)
nettot									0.026*** (3.36)	0.024** (3.02)
raise										−0.119 (−1.18)
_cons	−0.09*** (−34.7)	−0.07*** (−19.63)	−0.10*** (−25.12)	−0.10*** (−23.48)	−0.10*** (−22.56)	−0.10*** (−14.25)	−0.08*** (−6.90)	−0.08*** (−6.73)	−0.05** (−2.89)	−0.03 (−0.06)
样本量	5 537	5 537	5 360	5 358	5 358	3 640	1 994	1 994	1 628	1 628
R^2	0.001	0.006	0.059	0.059	0.059	0.093	0.068	0.068	0.086	0.087

注：括号内为 *t* 统计值，***、**、* 分别表示 1%、5%和 10%的显著水平，采用固定效应回归。

表 4-9　国际收支相关指标与金融发展面板回归结果

	net (1)	*netg* (2)	*netgs* (3)	*ca* (4)	*net* (5)	*netg* (6)	*netgs* (7)	*ca* (8)
fin	−0.184*** (−6.19)	−0.164*** (−3.78)	−0.172*** (−6.79)	−0.182*** (−3.69)	−0.171*** (−5.91)	−0.174*** (−3.87)	−0.177*** (−6.95)	−0.199*** (−3.92)
fin^2	0.039 1*** (3.79)	0.036 1** (2.80)	0.038 5*** (4.35)	0.042 0** (2.87)	0.041 2*** (4.23)	0.037 4** (2.84)	0.042 5*** (4.93)	0.045 0** (3.01)
*gdpper*1	0.092 2*** (6.78)	−0.058 3* (−2.57)	0.065 6*** (5.68)	−0.048 8 (−1.90)	0.067 9*** (4.49)	−0.050 4* (−2.01)	0.040 7** (3.08)	−0.053 0 (−1.87)
growth	−0.213*** (−3.58)	−0.184** (−2.89)	−0.189*** (−3.75)	−0.167* (−2.32)	−0.280*** (−4.43)	−0.169* (−2.21)	−0.257*** (−4.64)	−0.139 (−1.60)
pop	−0.011 3 (−0.80)	−0.048 2 (−0.82)	−0.012 6 (−1.05)	−0.034 3 (−0.52)	−0.055 0*** (−4.03)	−0.050 6 (−0.87)	−0.039 5*** (−3.31)	−0.028 7 (−0.43)
ctfp	0.003 41 (0.12)	−0.062 4 (−1.28)	0.019 0 (0.76)	−0.020 4 (−0.37)	0.081 2** (2.89)	−0.052 8 (−1.07)	0.070 7** (2.87)	−0.012 4 (−0.22)
kaopen	−0.435 (−1.34)	−0.762 (−1.13)	−0.814** (−2.96)	−1.119 (−1.47)	−1.342*** (−4.20)	−0.533 (−0.79)	−1.422*** (−5.10)	−0.969 (−1.26)

续 表

	net (1)	*netg* (2)	*netgs* (3)	*ca* (4)	*net* (5)	*netg* (6)	*netgs* (7)	*ca* (8)
capital	−1.182 (−0.38)	6.492 (0.98)	1.862 (0.71)	9.185 (1.22)	1.026 (0.34)	5.431 (0.76)	2.164 (0.82)	5.851 (0.73)
nettot	0.024 0 (1.67)	0.068 1** (3.12)	0.037 1** (3.02)	0.041 6 (1.68)	0.065 4*** (4.66)	0.066 3** (2.99)	0.062 0*** (5.02)	0.036 9 (1.47)
raise	−0.185 (−1.18)	0.537 (1.29)	−0.232 (−1.74)	1.312** (2.78)	0.843*** (4.38)	0.775 (1.72)	0.572*** (3.38)	1.655** (3.24)
gov	0.005 84 (0.10)	0.025 7 (0.44)	0.121* (2.38)	0.131* (1.97)	0.074 5 (1.26)	0.067 1 (1.08)	0.172*** (3.34)	0.169* (2.41)
_cons	−0.032 5 (−0.48)	−0.045 4 (−0.27)	0.022 0 (0.38)	−0.298 (−1.54)	−0.558*** (−6.85)	−0.143 (−0.81)	−0.351*** (−4.89)	−0.408* (−2.04)
样本量	1 006	490	1 003	490	1 006	490	1 003	490
国家效应	Yes	Yes	Yes	Yes	Yes	Yes	Yes	Yes
时间效应	No	No	No	No	Yes	Yes	Yes	Yes
R^2	0.104	0.098	0.127	0.110	0.251	0.128	0.223	0.138

注：括号内为 t 统计值，***、**、* 分别表示 1%、5%和 10%的显著水平，采用固定效应回归。

第三节 结　论

本章在异质企业模型基础上，分析金融发展对国际贸易的影响。金融发展水平会影响企业的融资成本，进而影响企业进入海外市场的方式。通过模型分析可知金融发展与出口贸易之间呈倒U形关系。当一国金融水平小于临界点时，金融发展会降低融资成本，促进出口贸易；当金融水平高于临界点时，金融发展会让企业用ODI替代出口，这时金融发展降低出口贸易。

本章利用国际面板数据回归分析金融发展、ODI和贸易的关系。金融发展水平变量采用私人信贷占GDP的比值表示。对商品出口贸易回归结果显示，金融发展水平一次项回归系数显著为正；二次项系数显著为负，这说明商品出口贸易与金融发展呈倒U形关系。这与模型分析中的结论相似。对商品进口贸易回归，也是一次项回归系数都显著为正，二次项系数显著为负。但是金融水平对进口贸易影响的临界值要大于对出口贸易影响的临界值。这种金融发展对进出口贸易影响的不一致性，会引起贸易不平衡。回归结果还表明在金融水平高的时候，ODI对出口有显著替代作用。

本章用商品净出口、货物净出口、货物与服务净出口、经常账户净额4个被解释变量分别与金融发展水平进行回归分析。结果表明回归系数显著为负，所以可以认为金融发展会降低一国的贸易盈余，甚至引起贸易逆差。

通过理论及实证分析可知，国家间金融发展水平的差距是贸易失衡的重要原因。美国作为世界金融中心，发达的金融市场让跨国企业的融资成本很低，有利于这些企业在国外建立分支机构，即ODI，这就会引起美国的出口下降和贸易逆差。但是中国作为新兴国家，金融市场处于起步阶段，虽然对企业出口有一定促进作用，但是不足以形成企业ODI的优势，所以会引起中国贸易顺差。综上所述，中美金融市场发展水平的差距是两国贸易失衡的一个重要原因。如果中美两国金融市场相互开放，让企业有相同的融资环境，有利于消减贸易不平衡。

附录：补充说明

一、本章理论分析补充说明

本章分为理论部分和实证部分。理论部分从模型上解释一国金融发展水平如何影响企业国际经济行为，即企业融资成本对出口和 ODI 的影响。本章的理论框架是建立在埃尔普曼(2004)New Trade Theory 的基础上的，只是加入了企业融资成本变量。New Trade Theory 引入 Fix Entry Cost 作为异质企业进入不同市场的门槛，生产效率高的企业选择出口，效率更高的企业选择 ODI，而低效率企业只能对国内销售。由于没有资本变量，大大简化了模型，因此埃尔普曼静态一般均衡能够求出解析解。

马诺娃(2013)在埃尔普曼模型的基础上，把企业融资行为和 Fix Entry Cost 结合起来。企业进行出口的固定成本，有一部分需要通过抵押进行外部融资。企业对外部融资偿还概率的高低，直接决定了企业融资的信贷约束，进而影响企业对外出口的 Cutoff Productivity。马诺娃利用各国金融发展水平和行业外部金融依赖度的乘积对行业出口变量进行面板回归，得出的结论是金融发展水平高的国家其外部金融依赖度高的行业出口比较多。

虽然马诺娃的论文思路严谨，但是其研究角度与本章还是有一定差别：

(1) 马诺娃分析的是行业出口，并不是一国整体出口。行业外部金融依赖度是外生变量，同一个行业在不同时间和国家是一样的。本章研究的是一国整体出口，所以不用考虑行业外部融资和内部融资的比例。当研究金融发展对国际分工的影响时，不同行业在国家间的分工会影响总体出口(作者的另一篇论文对此进行了分析)。

(2) 马诺娃的结论是金融发展会促进外部金融依赖度高的行业出口。本章引入 ODI 变量，当金融发展到一定程度时 ODI 对出口有替代作用。所以金融发展对出口的影响不是线性的。

钱尼(Chaney，2005)关于外部 Liquidity Constrains 对出口影响的模型，尽管比马诺娃的抵押贷款模型简单，但是钱尼模型中的解是一般均衡解(在开放经济模型中求得一般均衡解是非常复杂的事情)。得出的结论同样认为金融发展会给企业提供充裕的融资，有利于企业承担出口成本，促进出口。钱尼把进入外国市场的成本用外国劳动力工资表示，同时分析了汇率变化对企业出口的影响。钱尼模型与本章的区别是依然没有引入 ODI 对出口的替代效应。

把 New Trade Theory 和金融发展水平结合在一起的文献，还有贝尔图(Berthou，2008)、施炳展和齐俊妍(2011)等。他们加入了 ODI 对出口的替代效应，同时考虑了企业融资渠道，得出的结论是金融发展对出口贸易的影响是先增加后降低的关系。企业对外部融资渠道的依赖程度只是改变了每个行业出口的临界值，但是并没有改变金融发展与贸易之间的总体关系。

其他研究金融发展影响一国贸易的文献，比如鞠和魏(Ju and Wei，2011)、卡巴莱罗(Caballero，2008)，使用的模型框架并不是 New Trade Theory，而是标准的 H－O 模型或者 Lucas Tree 金融市场理论。

本章只是在埃尔普曼模型的基础上进行了细微修改，在企业进入外国市场的成本中引入融资利率变量作为反映一国金融发展水平的指标。本章之所以没有同时考虑融资渠道变量，是因为作者在初期构思论文模型的时候打算建立一般均衡框架，并且在生产函数中加入了资本变量 K。如果还要考虑到行业的融资渠道，会使模型变得极为复杂，很难求解，所以放弃了这个变量。

在最初论文构思中，在生产函数中加入资本变量 K 后，企业生产函数变为 $Y=AK^{\alpha}L^{1-\alpha}$，需求函数依然是垄断曲线 $p=\left(\frac{\phi}{Y}\right)^{\zeta}$，根据企业在国内外的生产和贸易行为，利润函数可以分为以下 4 种。

(1) 只在国内生产和销售的利润函数为:

$$\begin{aligned}\Pi_t^D &= \max_{K,L}\{pY - W_t L_{jt} - R^l K - R^l T^D\} \\ &= \max_{K,L}\{\phi^{\zeta}(AK_{jt}^{\alpha}L_{jt}^{1-\alpha})^{1-\zeta} - W_t L_{jt} - R^l K - R^l P^D\} \\ &= \phi\zeta(1-\zeta)^{\frac{1-\zeta}{\zeta}} A^{\frac{1-\zeta}{\zeta}} - R^l T^D \end{aligned} \tag{4.15}$$

(2) 在国内生产并出口的利润函数化简为:

$$\Pi_t^{DX} = \Pi^D + \Pi^X = \Pi^D + \phi^f \tau^{\frac{1}{\zeta}} \zeta(1-\zeta)^{\frac{1-\zeta}{\zeta}} A^{\frac{1-\zeta}{\zeta}} - R^l T^X \tag{4.16}$$

(3) 在国内生产并 ODI 的利润函数化简为:

$$\Pi^{DI} = \Pi^D + \Pi^I = \Pi^D + \phi^f \left(\frac{R^{l*}}{R^l}\right)^{\frac{\alpha(1-\zeta)}{\zeta}} \zeta(1-\zeta)^{\frac{(1-\zeta)}{\zeta}} A^{\frac{(1-\zeta)}{\zeta}} - R^l T^I \tag{4.17}$$

(4) 完全 ODI 并进口的利润函数化简为:

$$\Pi^{II} = (\phi\tau^{\frac{1}{\zeta}} + \phi^f)\zeta(1-\zeta)^{\frac{1-\zeta}{\zeta}} A^{\frac{1-\zeta}{\zeta}} \left(\frac{R^{*l}}{R^l}\right)^{\frac{\alpha(1-\zeta)}{\zeta}} - R^l T^I - R^l T^D \tag{4.18}$$

根据这 4 个利润函数,可以计算出融资利率 R 在不同区域对企业行为的影响,见图 4-6—图 4-8。

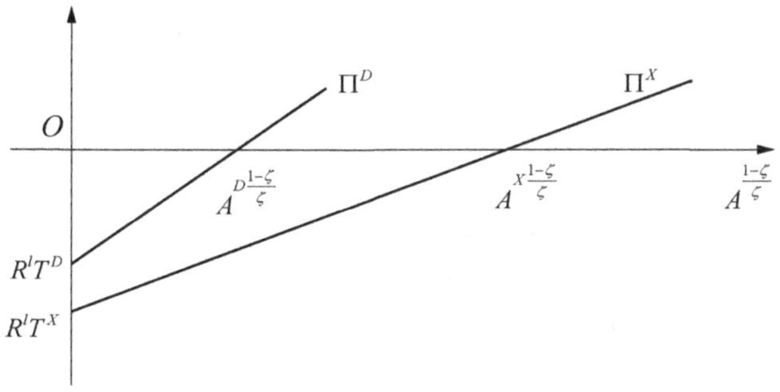

图 4-6 当融资利率 $r<r^I$ 时,国内销售和出口的关系

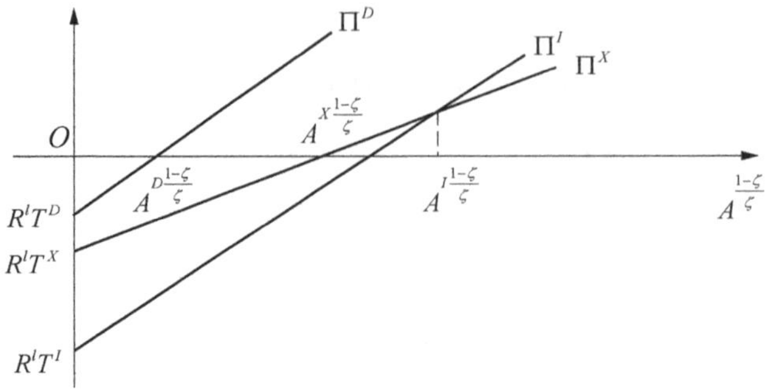

图 4－7　当融资利率 $r^I<r<r^{III}$ 时，国内销售、出口和 ODI 的关系

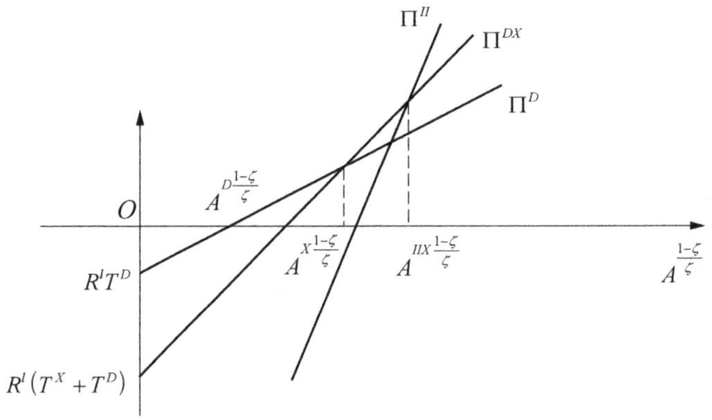

图 4－8　当融资利率 $r>r^{III}$ 时，国内销售、出口和完全 ODI 的关系

根据以上情形，可以把融资成本与本国企业和外国企业行为的关系总结在一张图(图 4－9)上。

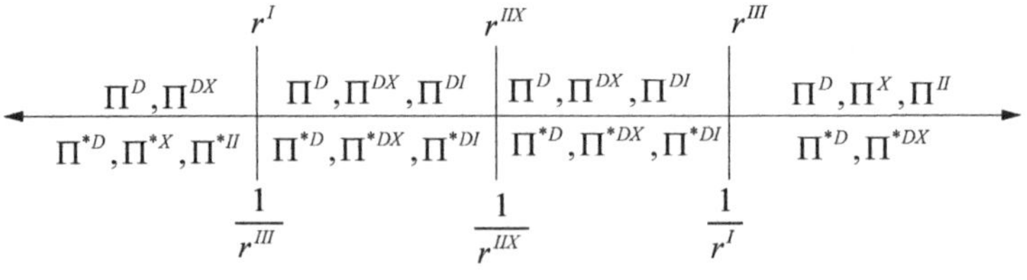

图 4－9　融资成本与本国企业和外国企业行为的关系

尽管模型已经做了最大简化，但是作者发现资本市场的均衡很难计算，进而市场企业数量及产品市场均衡也很难计算。作者尽了最大努力，依然无法得出开放经济的一般均衡值。由此可以看出，埃尔普曼把生产函数设置为只包含劳动形式的 $Y=AL$，有一定的道理。因为如果加入资本变量会牵涉到资本的国际流动和均衡，那么在垄断竞争模型中很难计算均衡解。

开始构思阶段，本章之所以加入资本变量 K，是因为作者一方面想把埃尔普曼的模型向前推进一步，另一方面考虑到金融发展应该跟企业资本有一定关系。但是从 4 种企业行为的利润函数中可以看出，企业资本变量 K 被化简掉了。作者试着采用埃尔普曼的生产函数 $Y=AL$ 计算，可以得出与前文一样的结论。所以最终作者放弃了资本变量，改用 $Y=AL$ 生产函数。

二、本章创新点补充说明

本章内容以及施炳展等(2011)，贝尔图(2008)、马诺娃(2013)等论文的理论框架都是建立在埃尔普曼(2004)New Trade Theory 的基础上的，只是加入了企业融资成本变量。企业融资成本变量的引入可以改变企业对外出口的 Cutoff Productivity，进而影响部门和国家的对外出口额。

1. 在模型结论上的区别

本章与施炳展等(2011)模型框架都来自埃尔普曼(2004)，施炳展等(2011)还采用了贝尔图(2008)的部门外部金融依赖度指标。但是在结论上，施炳展等(2011)有一个很严重的问题：模型分析金融发展对出口的影响，金融发展与出口呈倒 U 形关系，但是最终给出的结论却是金融发展与国际收支呈倒 U 形关系，这是不严谨的，因为没有考虑进口的影响。贝尔图(2008)、马诺娃(2013)等论文的结论也只是说明金融发展对出口的非线性影响。

本章理论部分的结论与贝尔图(2008)、马诺娃(2013)的结论相似：由于 ODI 的替代作用，金融发展与出口呈倒 U 形关系。只有当一国进口保持稳定时或者 ODI 对进出口的影响不一致时，贸易净额才有可能与金融发展水平呈倒 U 形关系，所以在实证分析中还需要进一步检验金融发展水平与进口的关系。

2. 分析思路上的区别

施炳展等（2011）直接实证分析贸易不平衡指标 $imbalance = \frac{EX - IM}{EX + IM}$ 和国际收支指标 $curr = \frac{CA}{GDP}$。这是由于其理论部分直接给出的结论就是金融发展与国际收支呈倒 U 形关系。本章对金融发展水平影响的研究，分为四个步骤进行分析，而施炳展等(2011)的实证部分只是本章的最后一个步骤，前三个步骤他们都没有涉及。本章实证分析步骤如下。

(1) 实证分析商品出口指标：

$$ex = \frac{goods\ export}{GDP} \tag{4.19}$$

(2) 实证分析商品进口指标：

$$im = \frac{goods\ import}{GDP} \tag{4.20}$$

通过面板回归 $ex = f(fin, cv) + \varepsilon$，$im = f(fin, cv) + \varepsilon$ 结果，发现他们的倒 U 形的顶点不同，国家和年份都取固定效应的情况下，商品出口与金融发展水平关系的顶点为 $fin = 0.858$，而商品进口与金融发展水平关系的顶点为 $fin = 1.298$。

(3) 为了给出上文实证结果的一个合理解释，本章根据理论分析中 ODI 对贸易的替代作用，分别实证分析了商品出口、商品进口与 ODI 的关系：

$$ex = f(odi, cv) + \varepsilon \tag{4.21}$$

$$im = f(odi, cv) + \varepsilon \tag{4.22}$$

结果表明 ODI 与商品出口指标 ex 有显著的负相关关系，而 ODI 与商品进口指标 im 没有显著关系。所以可以认为由于 ODI 的替代作用让金融发展对进出口贸易的影响产生不一致性。

(4) 最终分析外部不平衡与金融发展水平的关系：

$$imbalance = f(fin, cv) + \varepsilon \tag{4.23}$$

利用反映贸易不平衡的4个指标商品净出口 *net*、货物净出口 *netg*、货物与服务净出口 *netgs*、经常账户净额 *ca*，分别进行面板回归，才最终得出比较稳健的结论：金融发展与一国净贸易额呈倒U形关系。这与施炳展等(2011)从开始就检验金融发展与外部不平衡的关系，在分析思路上区别非常明显。

3. 研究方法上的区别

本章采用了多种回归方法，而施炳展等(2011)还是采取逐步加入解释变量回归的方式。本章剔除了一些极端样本，比如利比亚、巴哈马、东帝汶等国家。在面板回归中，本章对国家和年份分别采用固定效应回归。虽然施炳展等(2011)采用了更加复杂的工具变量、动态面板等回归方法，但是没有交代清楚具体采取何种固定效应。在参考相关文献的基础上，本章的解释变量和其他控制变量的选取也与施炳展等(2011)不同。

第五章　国际分工与外部失衡[①]

在第一章绪论中，有大量文献从国际分工的决定因素角度研究外部失衡问题，要素禀赋、贸易壁垒和金融发展水平都会影响国家间比较优势和贸易结构，最终引起资本要素的跨国流动和外部失衡。但是以上文献都假定初始比较优势为外生，即一国的比较优势在开始贸易时已经确定了，贸易壁垒的下降和金融发展水平的提高进一步让比较优势得到充分发挥。本章在新古典增长模型的基础上，建立中间品贸易模型，分析外生技术进步、金融市场发展水平、关税水平和劳动人口这四个外生变量对外部失衡的影响；同时，假定经济初始状态为封闭条件下的稳态均衡水平，国内外的稳态值完全相同，比较优势和国际分工为内生变量。本章的结构安排如下：第一节是模型分析，建立小国经济中间品贸易模型，从理论上分析四个外生变量对外部失衡的影响；第二节是数值模拟，通过对模型中参数取值，模拟分析四个外生变量对外部失衡的影响程度；第三节是实证分析，利用面板数据实证检验

① 本章曾以《国际分工与外部失衡》为题，发表于《财贸研究》2018 年第 10 期，此次收录略有修改。

它们之间关系;第四节总结本章;附录是补充说明。

第一节　模 型 分 析

本节建立无限期两部门一般均衡模型,分析动态均衡条件下各种因素对比较优势和外部失衡的影响。在动态一般均衡模型中,资本禀赋变为内生,不再是国际分工的影响因素,模型引入了中间品技术水平、金融中介发展水平和贸易关税壁垒等外生变量。

一、模型设定

1. 消费与投资

可以设经济主体为无限期代表性家庭,效用函数为 $U(C_s)$,其中 C_s 是时期 s 对最终产品的消费量;效用函数满足标准的凹函数性质,即 $U'(C_s) > 0$ 且 $U''(C_s) \leqslant 0$。代表性家庭的无限期终身效用可表示为 $U = \sum_{s=t}^{\infty} \theta_s U(C_s)$,其中 θ_s 是从第 s 期到第 0 期的主观贴现率。

$$\theta_{t+1} = \beta \left(\frac{\widetilde{C}_t}{\bar{C}} \right)^{-\psi} \theta_t \tag{5.1}$$

式中,$\bar{C}$ 是初始消费稳态,$\widetilde{C}$ 是新消费稳态。这两个变量的引入,是为了说明主观贴现率受到前期和当期稳态水平的影响,并且为求解开放条件下的消费水平提供帮助(Ju et al.,2011)。为了便于分析不同环境下外生经济变量的影响结果,本章的 $\bar{C}$ 采用封闭经济的稳态值。

最终产品由两种中间品加工而成,家庭可以将劳动力供给在任何一个部门进行生产活动。为了简化,本章假定劳动者可以在两部门自由流动,所以两部门的均衡工资在调整过程中一直相等,都为 w_t。家庭储蓄可以以两种形式持有:本国实物资本 K_t 和以国际债券 B_t 形式持有的境外资产。同样为了简化，本章假定实物资本 K_t 可以在两部门自由流动；但是国际债券的变动需要支付调整成本 $\frac{\varphi}{2}(B_t-\bar{B})^2$，其中 $\bar{B}$ 外生的初始境外资产稳态；当初始状态为封闭经济时，$\bar{B}=0$[①]；φ 是境外资产调整成本系数。所以家庭的预算约束和资本积累方程为：

$$p_t\left[C_t+\frac{\varphi}{2}(B_{t+1}-\bar{B})^2\right]+I_t+B_{t+1}=w_tL_t+r_tK_t+(1+r_b)B_t+tr_t \tag{5.2}$$

$$K_{t+1}=(1-\delta)K_t+I_t \tag{5.3}$$

式中，p_t 表示最终产品在时期 t 的价格；I_t 表示家庭在时期 t 的投资水平；L_t 表示劳动力数量；r_t 为家庭在时期 t 获得的实物资本收益率；r_b 表示国际债券收益率，本章假定其外生并且保持不变；tr_t 表示进口产品的关税收入；δ 是实物资本折旧率，且 $0<\delta<1$。

2. 企业生产

最终产品的生产函数设定为：

$$D_t=G(D_{1t},\ D_{2t})=\frac{1}{\omega^{\omega}(1-\omega)^{1-\omega}}D_{1t}^{\omega}D_{2t}^{1-\omega} \tag{5.4}$$

式中，$D_{it}(i=1,\ 2)$ 表示在生产最终产品 D_t 中所使用的中间产品 i 的数量；$0<\omega<1$，表示中间产品 D_{1t} 的份额。

中间产品的生产函数设定为：

$$X_{it}=f_i(A_{it}L_{it},\ Z_{it})=\frac{1}{\alpha_i^{\alpha_i}(1-\alpha_i)^{1-\alpha_i}}Z_{it}^{\alpha_i}(A_{it}L_{it})^{1-\alpha_i} \tag{5.5}$$

式中，$Z_{it}(i=1,\ 2)$ 表示在生产中间产品 X_{it} 中所使用的资本数量；α 表

① 引入国际债券的调整成本有利于在后文中计算境外资产的稳态值，并且保证其有唯一的解析解。

示资本份额，本章假定第一类中间品为劳动密集型产品，第二类中间品为资本密集型产品，即 $0<\alpha_1<\alpha_2<1$；A_{it} 表示第 i 部门技术水平，L_{it} 表示 i 部门使用的劳动力，$A_{it}L_{it}$ 表示有效劳动。

3. 一般均衡

在一般均衡条件下，消费者终身效用最大化，生产企业利润最大化，并且要素市场和商品市场都要出清。假定市场中有 L_t 个单位标准劳动，劳动力市场出清条件是完全就业，劳动力总数应与两个行业的就业人数相等：

$$L_t = L_{1t} + L_{2t} \tag{5.6}$$

在资本市场上，为了反映一国金融发展水平对宏观经济的影响，本章引入金融中介组织。家庭的资本投资只能通过类似于银行的金融中介组织进行。金融中介通过吸收家庭实物资本 K_t 和金融发展水平 A_{3t}，形成资本市场上的实物资本总供给 Z_t，所以资本市场的资本供给总量可以表示为：

$$Z_t = A_{3t}K_t \tag{5.7}$$

根据金融中介提供的实物资本，中间品的生产函数可以整理为：

$$X_{it} = f_i(A_{it}L_{it},\ K_{it}) = \frac{A_{3t}^{\alpha_i}A_{it}^{1-\alpha_i}}{\alpha_i^{\alpha_i}(1-\alpha_i)^{1-\alpha_i}}K_{it}^{\alpha_i}L_i^{1-\alpha_i} = E_{it}K_{it}^{\alpha_i}L_i^{1-\alpha_i} \tag{5.8}$$

式中，$E_{it} = \dfrac{A_{3t}^{\alpha_i}A_{it}^{1-\alpha_i}}{\alpha_i^{\alpha_i}(1-\alpha_i)^{1-\alpha_i}}$；$K_{it}$ 表示家庭通过金融中介投入在 i 部门的资本量；A_{3t} 表示一国金融发展水平。

在一般均衡条件下，实物资本市场同样要出清。实物资本总供给应该与两部门企业中使用的实物资本数量相等：

$$Z_t = Z_{1t} + Z_{2t} \tag{5.9}$$

在开放经济中，假定本模型是小国经济模型，本国是价格的接受者，所以贸易品的定价采用外生国际价格。本国的宏观经济变量对贸易品价格不

产生影响,对国际债券的利率也不产生影响。中间品净出口额加上国际债券利息收入等于国际收支:

$$CA_t = p_1^*(X_{t1} - D_{t1}) + p_2^*(X_{t2} - D_{t2}) + r^* B_t \tag{5.10}$$

二、稳态均衡分析

1. 初始经济状态——封闭经济稳态均衡

根据主观贴现率公式,可知开放条件下的消费水平受到初始封闭稳态的影响,所以需要首先分析初始封闭状态的相关变量。本部分利用家庭跨期最优化和企业最优化条件,计算封闭经济中最终产品的消费、各个部门的就业和产出等重要经济变量。

在封闭经济条件下,中间品的生产量和使用量相等,$X_{it} = D_{it}$;国际收支为零,$CA_t = 0$;并且境外金融资产等于零,$\bar{B} = 0$。在封闭条件下,最终产品的价格可以外生设定为单位1,所以家庭预算约束简化为:

$$C_t + I_t = w_t L_t + r_t K_t \tag{5.11}$$

利用家庭效用函数和预算约束条件,可以构建Bellman方程:

$$\begin{aligned} V(K_t) = \max\{U(C_t) + \beta V(K_{t+1}) + \Omega_t\{C_t + I_t - w_t L_t - r_t K_t\} \\ + \Lambda_t[K_{t+1} - (1-\delta)K_t - I_t]\} \end{aligned} \tag{5.12}$$

式中,$V(K_t)$是价值方程;Ω_t和Λ_t是Lagrange系数。根据广义包络条件和最优化一阶条件,可以计算出家庭的跨期最优方程:

$$U'(C_t) + \Omega_t = 0 \tag{5.13}$$

$$\Omega_t = \Lambda_t \tag{5.14}$$

$$\Lambda_t = \beta[\Omega_{t+1} r_{t+1} + \Lambda_{t+1}(1-\delta)] \tag{5.15}$$

所以,稳态时家庭获得的净利率水平为:

$$r=\frac{1}{\beta}-1+\delta \tag{5.16}$$

根据变形后的中间品生产函数式(5.8)，分别对资本和劳动求导，可以计算出中间品价格和要素价格的关系：

$$p_{it}=\left(\frac{r_t}{A_{3t}}\right)^{\alpha_i}\left(\frac{w_t}{A_{it}}\right)^{1-\alpha_i} \tag{5.17}$$

根据最终产品利润最大化原则，可以求出最终产品和中间产品的价格关系，$p_t=p_{1t}^{\omega}p_{2t}^{1-\omega}$。由于在封闭经济中可以设定最终产品价格 $p_t=1$，结合式(5.17)可以计算出工资水平：

$$w_t^{(1-\alpha_1)\omega+(1-\alpha_2)(1-\omega)}=\left(\frac{r_t}{A_{3t}}\right)^{-[\alpha_1\omega+\alpha_2(1-\omega)]}\left(\frac{A_{2t}}{A_{1t}}\right)^{(1-\alpha_2)(1-\omega)} \tag{5.18}$$

对中间品企业的资本量求导，可以得出行业人均资本量 k_{it} 和利率水平 r_t、价格水平之间 p_{it} 的关系：

$$k_{it}^{\alpha_i-1}=K_{it}^{\alpha_i-1}L_{it}^{\alpha_i-1}=\frac{r_t}{p_{it}\alpha_iE_i} \tag{5.19}$$

在封闭条件下，中间品的产出和需求相等，根据人均产出的定义可得 $L_{it}x_{it}=X_{it}=D_{it}$；同时最终产品利润最大化可以求出：

$$D_{1t}=\omega\left(\frac{p_{2t}}{p_{1t}}\right)^{1-\omega}D_t,\quad D_{2t}=\frac{(1-\omega)p_{1t}^{\omega}}{p_{2t}^{\omega}}D_t \tag{5.20}$$

利用上式可以计算出：

$$\frac{p_{1t}L_{1t}x_{1t}}{p_{2t}L_{2t}x_{2t}}=\frac{p_{1t}X_{1t}}{p_{2t}X_{2t}}=\frac{p_{1t}D_{1t}}{p_{2t}D_{2t}}=\frac{\omega p_tD_t}{(1-\omega)p_tD_t}=\frac{\omega}{(1-\omega)} \tag{5.21}$$

根据中间品的价格和人均产出公式，代入上述方程，得出两部门中间品生产中所使用的劳动量相对值：

$$\frac{L_{1t}}{L_{2t}}=\frac{\omega}{(1-\omega)}\frac{(1-\alpha_2)}{(1-\alpha_1)} \tag{5.22}$$

从上式可以看出，两部门劳动力就业相对数量与技术水平、金融发展水平和劳动力总量没有关系。在劳动力总量 $L_t=L_{1t}+L_{2t}$ 已知情况下，可以求出各行业就业人数。

根据以上方程可以求出初始稳态时消费水平 $\bar{C}=wL+r(k_1L_1+k_2L_2)$，这为在开放条件下计算各种稳态值提供基础。

2. 新经济状态——开放经济稳态均衡

在开放经济条件下，中间品参加国际贸易，由于本国是价格的接受者，因此最终产品的价格 p_t 也由国际市场决定。同时假定初始状态为封闭经济，所以 $\bar{B}=0$。利用家庭效用函数和预算约束条件，可以构建 Bellman 方程：

$$V(K_t,B_t)=\max\left\{\begin{aligned}&U(C_t)+\beta V(K_{t+1},B_{t+1})\\&+\Omega_t\Big\{p_t\Big[C_i+\frac{\varphi}{2}(B_{t+1}-0)^2\Big]+B_{t+1}+I_t-w_tL_t\\&-r_tK_t-(1+r_b)B_t-tr_t\Big\}\\&+\Lambda_t[k_{t+1}-(1-\delta)K_t-I_t]\end{aligned}\right\} \tag{5.23}$$

式中，$V(K_t,B_t)$ 是价值方程，Ω_t 和 Λ_t 是 Lagrange 系数。根据广义包络条件和最优化一阶条件，可以计算出家庭的跨期最优方程：

$$U'(C_t)+\Omega_t p_t=0 \tag{5.24}$$

$$\Omega_t=\Lambda_t \tag{5.25}$$

$$\Lambda_t=\beta[\Omega_{t+1}r_{t+1}+\Lambda_{t+1}(1-\delta)] \tag{5.26}$$

$$\Omega_t[p_t\phi(B_{t+1}-0)+1]=\beta\Omega_{t+1}(1+r_b) \tag{5.27}$$

通过化简，可得开放经济下家庭稳态消费：

$$\tilde{C} = \bar{C}[\beta(r+1-\delta)]^{\frac{1}{\psi}} \tag{5.28}$$

由于 $0<\delta<1$ 且 $\psi>0$，所以在封闭经济稳态消费 $\bar{C}$ 已知情况下，家庭稳态消费水平与利率水平 r 有正相关关系。当利率水平高时，家庭稳态消费水平也高。

从家庭跨期最优还可以得出其境外资产方程：

$$B = \frac{1}{\varphi}\frac{1}{p}\left[\frac{r_b - r + \delta}{r+(1-\delta)}\right] \tag{5.29}$$

从式(5.29)可以看出，假定国外债券利率 r_b、资本折旧率 δ 外生，跨期最优化条件下家庭境外资产量的符号取决于本国资本的边际生产率 r。当 $r<r_b+\delta$ 时，本国持有正的境外资产；当 $r>r_b+\delta$ 时，本国对外负债。

由于利率 r 是内生变量，所以需要求出在开放经济条件下利率的决定因素。假定本国对中间产品收取的税率为 τ_{it}，那么本国中间品和最终品的价格分别为：

$$p_{it} = (1+\tau_{it})p_i^* \tag{5.30}$$

$$p = p_1^{\omega}p_2^{1-\omega} = (1+\tau_1)^{\omega}(1+\tau_2)^{1-\omega}p_1^{*\omega}p_2^{*1-\omega} \tag{5.31}$$

式中，p_i^* 国际市场中间品价格，在这里可以假定为外生且固定不变。根据中间品企业的利润最大化方程，利用上式可以计算出国内的工资水平和利率水平：

$$w_t = (1+\tau_{1t})^{\frac{\alpha_2}{\alpha_2-\alpha_1}}(1+\tau_{2t})^{\frac{-\alpha_1}{\alpha_2-\alpha_1}}A_{1t}^{\frac{(1-\alpha_1)\alpha_2}{\alpha_2-\alpha_1}}A_{2t}^{-\frac{\alpha_1(1-\alpha_1)}{\alpha_2-\alpha_1}}p_{1t}^{*\frac{\alpha_2}{\alpha_2-\alpha_1}}p_{2t}^{*\frac{-\alpha_1}{\alpha_2-\alpha_1}} \tag{5.32}$$

$$r_t = (1+\tau_{1t})^{-\frac{1-\alpha_2}{\alpha_2-\alpha_1}}(1+\tau_{2t})^{\frac{1-\alpha_1}{\alpha_2-\alpha_1}}A_{1t}^{-\frac{(1-\alpha_1)(1-\alpha_2)}{\alpha_2-\alpha_1}}A_{2t}^{\frac{(1-\alpha_1)(1-\alpha_2)}{\alpha_2-\alpha_1}}A_{3t}p_{1t}^{*-\frac{1-\alpha_2}{\alpha_2-\alpha_1}}p_{2t}^{*\frac{1-\alpha_1}{\alpha_2-\alpha_1}} \tag{5.33}$$

从以上公式可以看出，在开放经济条件下，两部门的技术水平 A_i、金融发展水平 A_3、劳动力数量 L_t 与工资 w_t、利率 r_t、稳态时的消费 $\widetilde{C}$、境外资产 B 的关系。根据 $0<\alpha_1<\alpha_2<1$，结合式(5.28)、式(5.29)、式(5.32)、式(5.33)可以看出：

$$\frac{\partial w_t}{\partial A_{1t}}>0,\quad \frac{\partial w_t}{\partial A_{2t}}<0,\quad \frac{\partial w_t}{\partial A_{3t}}=0,\quad \frac{\partial w_t}{\partial L_t}=0$$

$$\frac{\partial r_t}{\partial A_{1t}}<0,\quad \frac{\partial r_t}{\partial A_{2t}}>0,\quad \frac{\partial r_t}{\partial A_{3t}}>0,\quad \frac{\partial r_t}{\partial L_t}=0$$

$$\frac{\partial \widetilde{C}}{\partial A_1}<0,\quad \frac{\partial \widetilde{C}}{\partial A_2}>0,\quad \frac{\partial \widetilde{C}}{\partial A_3}>0,\quad \frac{\partial \widetilde{C}}{\partial L}=0$$

$$\frac{\partial B}{\partial A_1}>0,\quad \frac{\partial B}{\partial A_2}<0,\quad \frac{\partial B}{\partial A_3}<0,\quad \frac{\partial B}{\partial L}=0$$

可以得出结论：劳动密集型部门的技术进步会提高工资水平，降低利率水平，降低消费水平并且增加境外资产，引起经常账户顺差；资本密集型部门的技术进步会降低工资水平，提高利率水平，提高消费水平并且减少境外资产，引起经常账户逆差；金融发展水平的提高对工资没有影响，但是会提高利率水平和消费水平，减少境外资产并且引起经常账户逆差；劳动力数量的增加对工资水平、利率水平、消费水平和境外资产都不产生影响。

由于是对进口品征收关税，所以在不确定贸易结构的情况下，必有一类产品的关税率为 0。如果劳动密集型中间品的生产小于使用，即 $NET_{1t}=X_{1t}-D_{1t}<0$，这类中间品进口，对其征收关税，$\tau_1>0$。根据比较优势原则，资本密集型中间品出口，本国对其不征收关税，所以税率 $\tau_2=0$。此时工资、利率、消费和境外资产与税率的关系为：

$$\frac{\partial w}{\partial \tau_1}>0,\quad \frac{\partial r}{\partial \tau_1}<0,\quad \frac{\partial \widetilde{C}}{\partial \tau_1}<0,\quad \frac{\partial B}{\partial \tau_1}>0$$

所以可以得出结论：如果本国进口劳动密集型产品，关税水平的提高会保护劳动者，提高工资，但是消费水平下降，利率降低，资本外流。

为了进一步分析技术水平 A_i、金融发展水平 A_3、劳动力数量 L 和税率 τ_i 对宏观经济和产业部门的影响，首先需要确定贸易结构与这几个变量之间的关系。根据部门利润最大化原则和稳态时 $K=\frac{I}{\delta}$，可以求出部门产出与社会总投资之间的关系：

$$P_1X_1=\frac{rK-\alpha_2(wL+rK)}{\alpha_1-\alpha_2}=\frac{\alpha_2wL-(1-\alpha_2)\frac{r}{\delta}I}{\alpha_2-\alpha_1} \tag{5.34}$$

$$P_2X_2=\frac{\alpha_1(wL+rK)-rK}{\alpha_1-\alpha_2}=\frac{-\alpha_1wL+(1-\alpha_1)\frac{r}{\delta}I}{\alpha_2-\alpha_1} \tag{5.35}$$

根据式(5.10)和稳态时国际收支 $CA=0$，可得：

$$\begin{aligned}\frac{p_1}{1+\tau_1}X_1+\frac{p_2}{1+\tau_2}X_2+r_bB&=\frac{p_1}{1+\tau_1}D_1+\frac{p_2}{1+\tau_2}D_2\\&=\left(\frac{\omega}{1+\tau_1}+\frac{1-\omega}{1+\tau_2}\right)pD\end{aligned} \tag{5.36}$$

把部门生产函数 p_iX_i 和社会总支出 pD 代入上述方程，可以计算出稳态时社会总投资：

$$I=\frac{\dfrac{\frac{1}{1+\tau_1}\alpha_2-\frac{1}{1+\tau_2}\alpha_1}{\alpha_2-\alpha_1}wL+r^*B-\left(\frac{\omega}{1+\tau_1}+\frac{1-\omega}{1+\tau_2}\right)p\left(C+\frac{\phi}{2}B^2\right)}{\dfrac{\frac{1}{1+\tau_1}(1-\alpha_2)-\frac{1}{1+\tau_2}(1-\alpha_1)}{\alpha_2-\alpha_1}\dfrac{r}{\delta}+\left(\frac{\omega}{1+\tau_1}+\frac{1-\omega}{1+\tau_2}\right)} \tag{5.37}$$

利用此投资变量 I，可以计算出中间品产出 p_iX_i、中间品需求 p_iD_i 以及中间品贸易结构。由于上述变量的公式过于复杂，无法直接得出部门技术水平 A_i、金融发展水平 A_3、劳动力数量 L 和税率 τ_i 对产业结构、贸易结构、外部失衡等变量的影响，本章采用数值模拟的方式进行分析。

第二节 数值模拟

本部分模拟中间品技术水平、金融发展水平、劳动人口、关税壁垒的变化对部门和宏观经济以及贸易结构、外部失衡等变量的影响。模型中的相关系数来自文献中的标准取值；本国初始数值和世界外生变量值都来自封闭经济模型的初始均衡稳态值。为了对比分析，本部分同时给出了封闭经济和开放经济两种情况下的模拟结果。

一、模拟参数和初始值的设定

本章模型中的几个参数采用文献中的常用数值(详见 Ju et al.，2011)，同时可以设定这些参数国内外相同。我们设定跨期稳态折现率系数 $\beta=0.99$，主观贴现率系数 $\psi=0.1$；境外资产调整成本系数 $\varphi=0.0007$；资本折旧率 $\delta=0.025$；最终产品生产中使用的中间品比例系数 $\omega=0.5$；两部门中间品生产中使用的要素比例系数 α_1 和 α_2 分别为 0.32 和 0.68，所以第二类中间品是资本密集型产品。

假定世界经济与本国的初始封闭状态相同，那么国际债券的利率和中间品世界市场的价格可以通过计算本国在封闭经济时的相关稳态值获得。根据前一部分中的封闭经济中的跨期最优方程和稳态折现率系数 β，可以计算出实际利率 $r=0.0351$。本章把实际利率扣除资本折旧率的净值作为国际债券的利率，所以 $r_b=0.01$。假定初始封闭状态本国两部门中间品的生产技术水平都为单位 1，同时设最终产品的价格也为 1，求出的两类中间品价格 3.339 5 和 0.299 4 作为世界价格 p_1^* 和 p_2^*。同时，还可以求出初始封闭经济的人均稳态消费水平 $\bar{C}/L=36.69$。本章数值模拟的相关参数和初始值见表 5-1。

表 5-1　数值模拟参数和初始值

参　数	含　　义	数　值
β	稳态折现率	0.99
ψ	主观贴现率系数	0.1
φ	境外资产调整成本系数	0.000 7
δ	资本折旧率	0.025
ω	最终产品生产中使用的中间产品比例系数	0.5
r_b	国际债券的利率	0.01
α_1	第一类中间品生产中使用的要素比例系数	0.32
α_2	第二类中间品生产中使用的要素比例系数	0.68
p_1^*	第一类中间品世界价格	3.339 5
p_2^*	第二类中间品世界价格	0.299 4
$A_{1t=0}$	第一类中间品生产技术初始水平	1
$A_{2t=0}$	第二类中间品生产技术初始水平	1
$A_{3t=0}$	金融发展水平初始值	1
$\tau_{1,t=0}$	第一类中间品国际贸易初始税率	0
$\tau_{2,t=0}$	第二类中间品国际贸易初始税率	0
$\bar{C}/L$	封闭经济人均消费初始稳态	36.69
$L_{t=0}$	劳动力初始规模	1

数据来源：相关文献和自行计算。

二、模拟结果分析

首先模拟分析中间品技术进步的影响。由于两部门的技术进步对经济影响有一定的对称性，所以本章只选择资本密集型行业技术 A_2 进行模拟分析，结果详见图 5－1。实线为海关税率为 0 时的开放经济中经济变量的变化，虚线为封闭经济中经济变量的变化。从图 5－1 可以看出，假定技术 A_2 从初始值 1 提高到 2，在开放经济中，中间品价格完全由世界市场决定，两个行业的中间品价格都不会随着本国技术的变化而变化；更多的劳动力流向资本密集型部门；劳动密集型部门的产出下降，资本密集型部门产出上升；劳动密集型部门出现贸易逆差，资本密集型部门出现贸易顺差；消费水平上

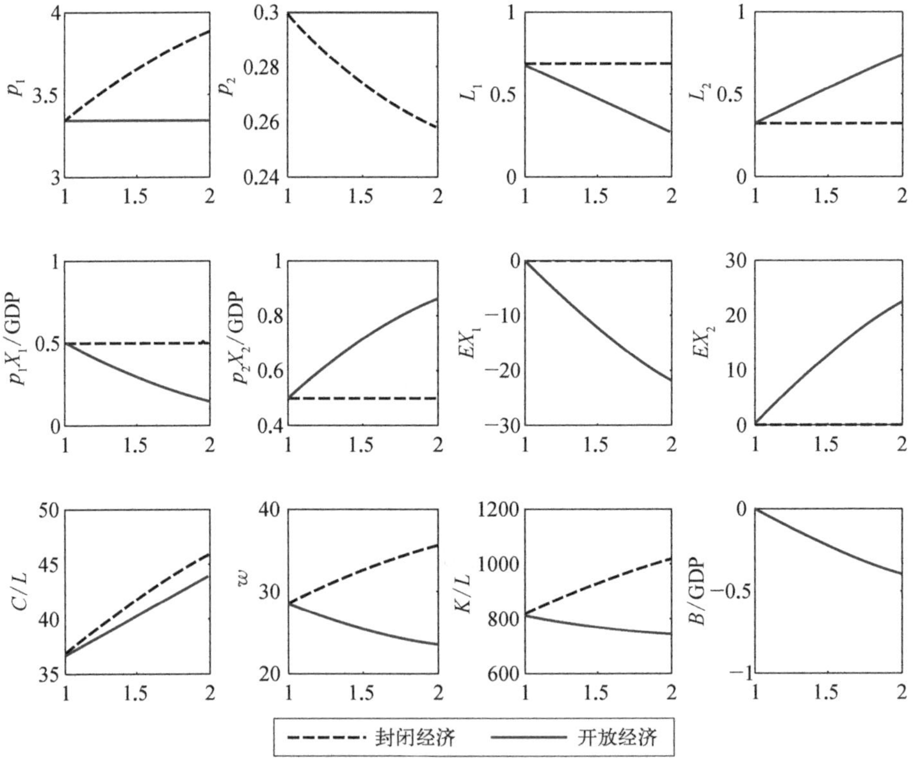

图 5－1　资本密集型部门技术进步对经济变量影响

升，但是工资下降，人均资本也下降；资本密集型部门技术进步会引起外部失衡，产生负的境外资产。

接着我们分析金融发展水平 A_3 变化的影响，模拟结果详见图 5-2。假定金融发展水平 A_3 从初始值 1 提高到 2，在开放经济中，中间品价格依然没有变化；金融发展对两部门中间品就业和产值的影响不是线性的，劳动密集型部门的就业和产值都是先上升后下降，而资本密集型部门的就业、产值都是先下降后上升；金融发展会引起劳动密集型部门贸易先顺差后逆差，资本密集型部门贸易先逆差后顺差；消费水平随着金融发展而上升，但是工资保持不变；人均资本积累不断下降；非常重要的结论是金融发展引起负的境外资产，并且这种失衡程度要比资本密集型部门技术进步引起的还要大。

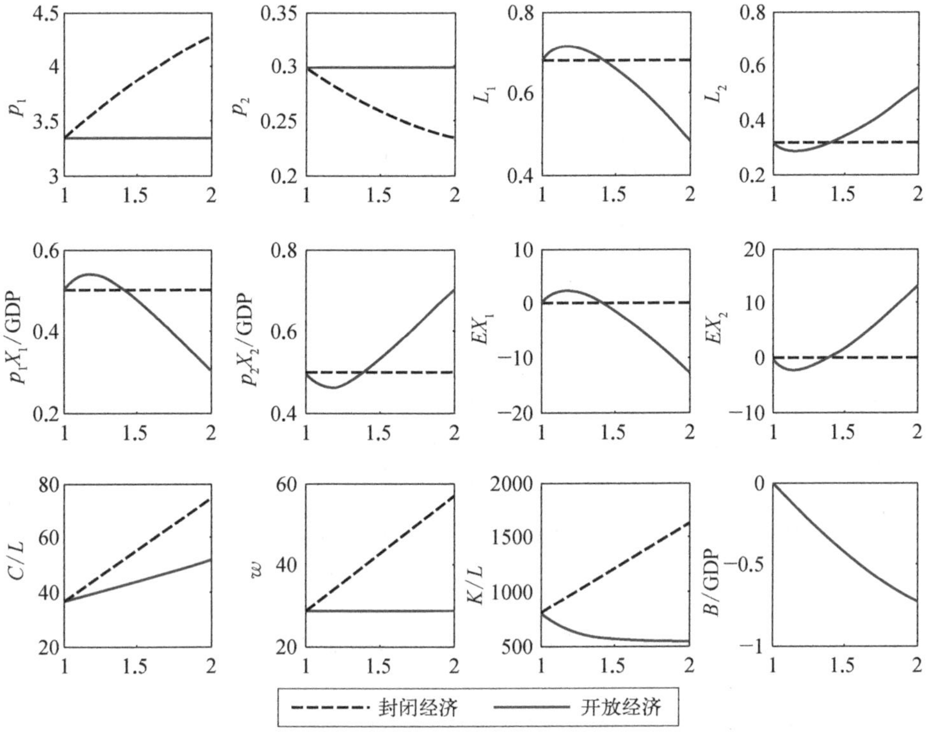

图 5-2　金融发展水平进步对经济变量影响

当劳动力 L 从初始值 1 增加到 2 时，各个经济变量变化的模拟结果见图 5－3。从中可以看出，在开放经济和封闭经济中，劳动力总量的变化对大部分经济变量没有影响。中间品价格水平、部门产值、人均消费、工资水平、人均资本存量不随劳动力数量的变化而变化，只是两部门的劳动力就业同比例增加。由于世界经济的数据来自本国封闭经济均衡稳态值，并且劳动力供给的变化不会改变价格水平和利率水平，因此开放经济会保持与封闭经济相同的稳态均衡值，两部门对外贸易额都为零，境外资产也为零。

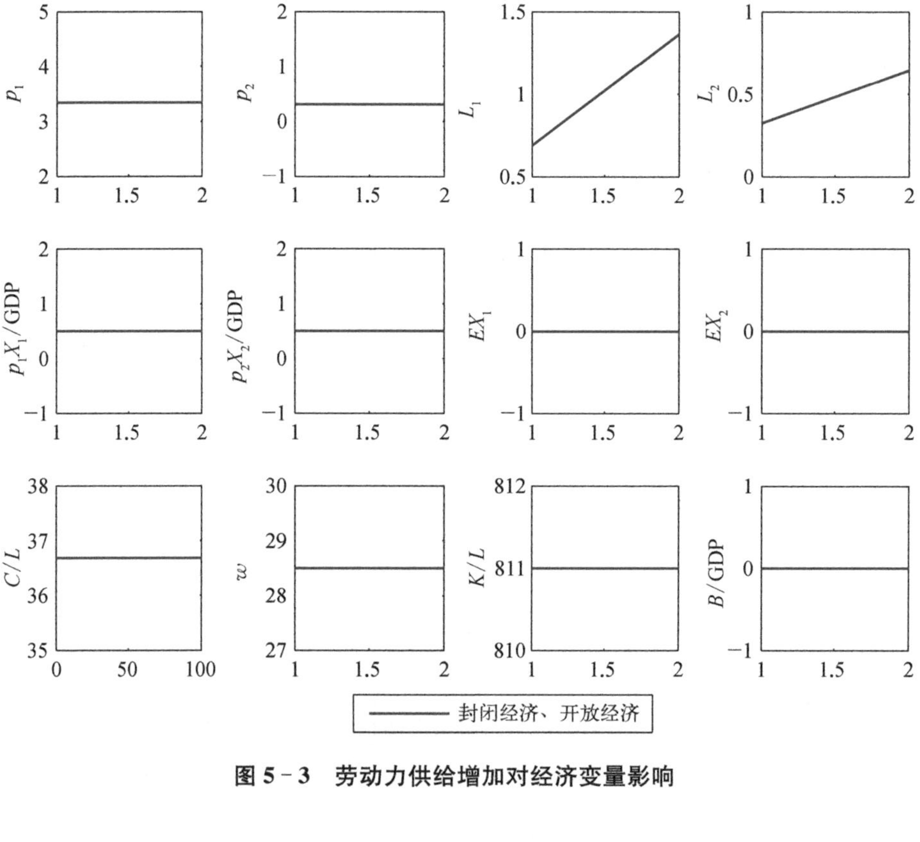

图 5－3　劳动力供给增加对经济变量影响

最后我们分析贸易关税壁垒 τ_i 对经济的影响。通过上文分析可知，资本密集型部门技术进步会引起劳动密集型中间品进口和资本密集型中间品出口，本章假定本国在资本密集型部门有比较优势，所以进口劳动密集型产品并对其进行征收关税。设 $A_2=2$，贸易关税壁垒 τ_2 从 0 上升为 20%，各个经济变量的变化见图 5-4。从图 5-4 可以看出，随着劳动密集型产品进口关税的提高，其在国内的销售价格也上升；本国资本密集型产品的价格不受影响；进口关税保护了国内劳动密集型部门，就业人数和产值增加；资本密集型部门的就业和产值都减少；劳动密集型部门的贸易逆差得到缓解，但是资本密集型部门的比较优势受到削减，顺差减少。劳动密集型产品关税壁垒提高了工资，但是人均消费和资本下降；外部不平衡降低，对外负债不断减少。所以关税壁垒是影响外部不平衡的重要因素，关税壁垒越高，外部不平衡越低。当自由贸易时，贸易双方的比较优势得到充分体现，很容易引起外部不平衡。

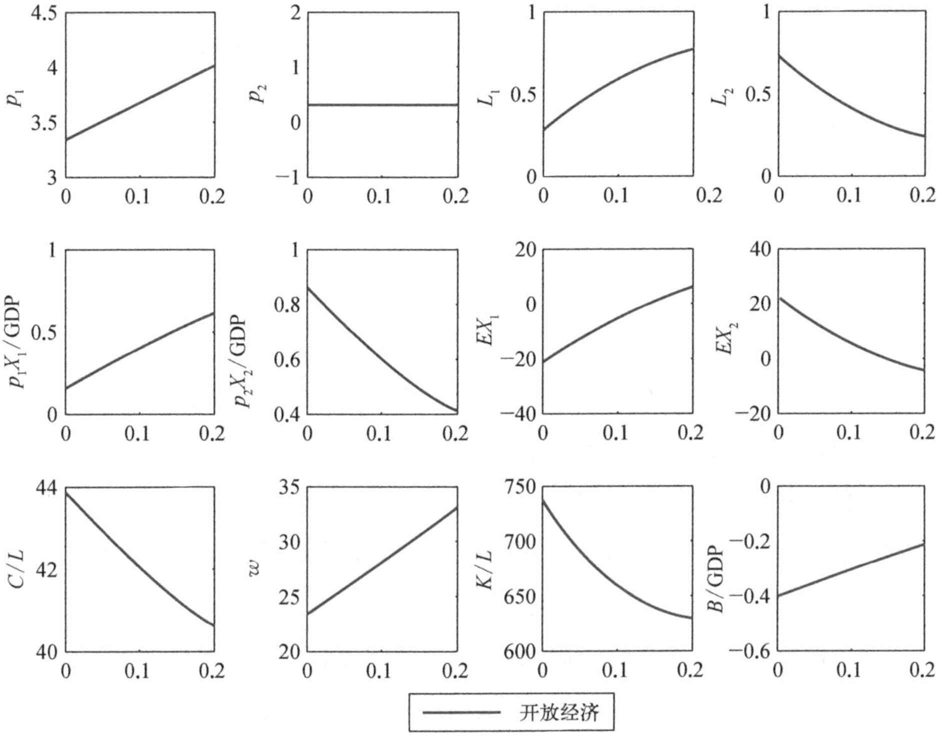

图 5-4　关税壁垒的提高对经济变量影响

第三节 实证分析

在理论分析中，我们得出在动态一般均衡框架下，国际分工与外部失衡之间的关系：当本国出口资本密集型产品时容易引起境外资产下降，甚至为负，本节对这个结论进行实证检验。在本章的一般均衡模型中，决定贸易结构的外生变量为中间品技术水平、金融发展水平、劳动力数量、贸易关税壁垒，所以实证检验主要从这几个角度进行分析。根据前文的理论分析和实证数据的可得性，本章的实证分析由两部分组成：首先实证检验贸易结构、金融发展、劳动力数量等变量对外部失衡的影响，其次检验全球贸易自由化对外部经济失衡的影响。

检验贸易结构、金融发展、劳动力数量对外部失衡影响的模型构建为：

$$netfag_{it} = c + \alpha_1 structure_{it} + \alpha_2 finance_{it} + \alpha_3 labor_{it} + \beta cv_{it} + \varepsilon_{it} \tag{5.38}$$

式中，$netfag_{it}$ 表示外部失衡变量，c 表示常数项，$structure_{it}$ 表示贸易结构变量，$finance_{it}$ 表示金融发展水平，$labor_{it}$ 表示劳动力数量，cv_{it} 表示其他控制变量，ε_{it} 表示随机误差项，α 和 β 是回归系数。

外部失衡变量 $netfag_{it}$ 采用一国净外部资产与 GDP 的比值表示，数据来源于世界银行的 WDI 数据库。贸易结构变量 $structure_{it}$ 参考金（Jin，2012）的计算方法，采用一国出口商品中资本含量回归系数表示。NBER 制造业数据库提供了 5 个年份企业调研数据，详细给出了各个行业的产值、雇用人数、资本存量、工资等行业特征指标值。把这些指标值与联合国 Comtrade 行业贸易数据结合起来，利用各国的行业横截面数据进行回归，行业资本密度变量的回归系数就是国家出口贸易整体资本结构，也就是本章的 *structure* 值（详见本章附录）。金融发展水平变量 $finance_{it}$ 参考贝克

(2002)、胡尔等(2006)等的做法，采用私人信贷占 GDP 的比重表示，数据来自贝克和德米尔古克-肯特(2013)最新统计的各国金融发展数据。劳动力数量 $labor_{it}$ 数据来自 WDI 数据库，单位为亿人。

其他控制变量 cv_{it} 参考贝克(2002)、胡尔等(2006)、施炳展和齐俊妍(2011)、金(2012)等的做法，选取经济发展水平、经济开放度、经济增长率和人口增长率作为其他控制变量。经济发展水平变量 $gdpper_{it}$ 采用 2005 年不变价美元表示的人均 GDP 表示，单位为万美元；经济开放度变量 $open_{it}$，采用贸易额占 GDP 的比值表示；经济增长率指标表示为 $ggrowth_{it}$；人口增长率指标表示为 $pgrowth_{it}$。这 4 个变量的数据来源为世界银行 WDI 数据库。根据回归方程(5.38)中解释变量和被解释变量的设定，可以计算出变量的统计值，详见表 5－2。

表 5－2　回归方程变量统计值

变　量	样本数	均　值	标准差	最小值	最大值
netfag	7 224	0.139	0.695	－14.31	23.09
structure	558	1.813	5.107	－12.02	19.22
finance	5 846	0.388	0.377	0.000 100	2.846
labor	4 509	0.167	0.660	0.000 321	7.933
gdpper	8 337	0.915	1.526	0.005 00	15.88
open	7 907	0.781	0.509	0.003 09	5.317
ggrowth	8 385	3.947	6.897	－64.05	189.8
pgrowth	11 512	1.859	1.662	－7.597	19.60

本章用贸易结构、金融发展水平和劳动力等变量对境外资产分别进行面板回归，固定效应回归结果见表 5－3。从回归结果第(1)列可以看出贸易结构变量 *structure* 的回归系数显著为－0.015 2，说明出口商品中资本含量

越高，越容易引起境外资产下降和国际收支逆差。这与前文的模型分析和数值模拟结果一致。其他控制变量中，人均 GDP 的回归系数显著为正，说明经济水平有利于一国境外资产的积累和国际收支顺差。从回归结果的第(2)列可以看出金融发展水平变量 *finance* 的回归系数显著为−0.332，说明金融发展水平与贸易结构对外部失衡有相似的影响，都是数值越高，越容易引起境外资产下降和国际收支逆差，这也与理论分析的结论一致。其他控制变量中，人均 GDP 和贸易开放度的回归系数显著为正。从回归结果的第(3)列可以看出劳动力数量 *labor* 的回归系数虽然为 0.067 5，但是不显著，这说明劳动力数量对外部失衡没有显著影响。在模型分析和数值模拟中，劳动力的增加同样对外部失衡没有影响，所以实证分析与前文的分析结论一致。其他控制变量中，人均 GDP 和贸易开放度的回归系数依然显著为正。当把贸易结构变量 *structure*、金融发展水平变量 *finance*、劳动力数量 *labor* 这 3 个变量放入同一个方程回归时，由于它们之间有一定的共线性，所以它们对外部失衡的影响会发生变化。从回归结果第(4)列可以看出，这三个控制变量只有贸易结构指数的回归结果显著为负，其余两个变量回归结果不显著。

表 5-3　固定效应面板回归结果

	(1) *netfag*	(2) *netfag*	(3) *netfag*	(4) *netfag*
structure	−0.015 2* (−2.20)			−0.007 15* (−2.04)
finance		−0.332*** (−12.23)		0.036 2 (0.69)
labor			0.067 5 (0.64)	0.157 (1.35)
gdpper	0.188* (2.47)	0.295*** (21.88)	0.462*** (17.66)	0.053 2 (1.23)

续　表

	(1) *netfag*	(2) *netfag*	(3) *netfag*	(4) *netfag*
open	0.073 4 (0.57)	0.407*** (16.71)	0.386*** (10.87)	0.413*** (6.91)
ggrowth	0.856 (1.88)	−0.142 (−1.58)	−0.028 2 (−0.23)	0.342 (1.66)
pgrowth	−0.028 1 (−1.21)	0.005 55 (0.84)	−0.020 7** (−2.64)	−0.013 5 (−1.45)
_cons	−0.082 7 (−0.77)	−0.292*** (−12.80)	−0.539*** (−13.77)	−0.239*** (−4.58)
回归方式	fe	fe	fe	fe
样本数	519	5 208	3 680	395
adj. R^2	0.221 7	0.245 6	0.196 9	0.216 8

为了进一步检验外部失衡与贸易结构、金融发展水平和劳动力等变量的关系，本章还对实证方程(5.38)进行了随机效应面板回归，结果见表5-4。从回归结果第(1)—(3)列可以看出三个控制变量的随机效应回归系数符号和显著性与固定效应回归系数符号和显著性完全一致，这表明*structure*、*finance*、*labor*对外部失衡的影响有一定的稳健性。但是由于共线性的影响，在第(4)列回归结果中3个变量的随机效应回归系数都不显著，这与固定效应回归结果不同。

表5-4　随机效应面板回归结果

	(1) *netfag*	(2) *netfag*	(3) *netfag*	(4) *netfag*
structure	−0.013 8* (−2.10)			−0.006 03 (−1.67)

续 表

	(1) *netfag*	(2) *netfag*	(3) *netfag*	(4) *netfag*
finance		−0.324*** (−12.10)		−0.017 3 (−0.33)
labor			0.072 0 (1.20)	0.050 3 (0.56)
gdpper	0.229*** (4.93)	0.286*** (22.27)	0.351*** (16.65)	0.128*** (3.45)
open	0.304** (3.03)	0.410*** (17.53)	0.424*** (12.69)	0.437*** (7.74)
ggrowth	0.745 (1.63)	−0.144 (−1.60)	−0.058 8 (−0.48)	0.242 (1.14)
pgrowth	−0.012 7 (−0.56)	0.003 87 (0.61)	−0.015 7* (−2.04)	−0.012 3 (−1.26)
_cons	−0.270* (−2.21)	−0.274*** (−6.07)	−0.472*** (−8.06)	−0.243* (−2.53)
回归方式	re	re	re	re
样本数	519	5 208	3 680	395
adj. R^2	0.294 9	0.247 5	0.216 2	0.317 0

在理论分析中，贸易关税壁垒的下降会放大外部不平衡，即当本国有正的境外资产时，贸易壁垒的下降会提高境外资产额；当本国有负的境外资产时，贸易壁垒的下降会增加境外负债。本节利用 WDI 中的贸易壁垒相关数据，对这个结论进行实证检验。首先根据 WTO 的成立时间，以 1995 年为分界，产生虚拟变量 *dummy*95。1995 年及以后的年份取值为 1，1995 年之前的年份取值为 0。以各国外部净资产与 GDP 比值的绝对值（$absnetfag_{it}$）作为被解释变量，回归结果见表 5 - 5 第（1）列，*dummy*95 的回归系数显著为

0.084 6，这说明 WTO 的成立降低了国家间贸易壁垒，加剧了外部经济失衡。如果以各国货物与服务贸易净值与 GDP 的比值（$absnetgsg_{it}$）作为被解释变量，回归结果见表 5－5 第（2）列，*dummy*95 的回归系数显著为 1.682，这从另一个角度说明 WTO 的成立扩大了外部经济失衡。

表 5－5　贸易壁垒效应回归结果

	(1) *absnetfag*	(2) *absnetgsg*	(3) *absnetfag*	(4) *absnetgsg*
*dummy*95	0.084 6*** (6.98)	1.682*** (6.19)		
tariff			−0.034 8*** (−10.84)	−0.592*** (−4.34)
_cons	0.174*** (22.69)	11.05*** (65.04)	0.570*** (20.52)	18.86*** (15.96)
样本数	7 224	7 971	2 787	2 986
adj. R^2	0.009 0	0.050 8	0.008 3	0.024 8

当反映贸易壁垒的解释变量为贸易税率 $tariff_{it}$ 时，利用其对外部失衡变量 $absnetfag_{it}$ 和 $absnetgsg_{it}$ 进行回归，结果见表 5－5。从中可以看出关税 $tariff_{it}$ 的回归结果都显著为负，说明贸易关税的下降会加剧各国外部不平衡，进一步验证了贸易自由化会引起外部经济失衡。

第四节　结论及政策建议

本章通过无限期两部门一般均衡模型分析部门技术水平、金融发展水平、劳动力数量和贸易关税壁垒 4 个外生变量对国际分工和外部失衡的影响。模型分析结果表明在开放经济中，资本密集型部门的技术进步、金融发展水平的提高都会促进资本密集型产品生产和出口，引起境外负债的增加，但是劳动力供给的增加对国际分工和外部失衡没有影响。如果一国出口资本密集型产品而进口劳动密集型产品时，对进口产品征税会缓解这种失衡，同时会保护本国劳动密集型产品，但是消费水平和社会福利会降低。通过从现有文献和实际经济数据中获得模型参数，本章对影响国际分工的这几个变量进行模拟分析，结论与模型分析结果一致；利用国际面板数据，实证分析结果进一步验证了上述结论。

从本章的研究结果可以看出，外部失衡是国际分工后资本在国际范围内最优配置的结果。中美两国的外部失衡特征非常符合本章的研究结论。中国作为最大的顺差国，在国际市场中的比较优势为劳动密集型商品，加工贸易企业的出口是中国顺差的重要来源；而美国的金融市场非常发达，吸引国际金融资本流入，形成国际收支逆差。这种国际收支失衡在中国加入WTO以后，进一步扩大。因此，只要允许商品和资本在中美之间自由流动，当中国比较优势为劳动密集型产业和美国比较优势为资本密集型产业的现状不发生改变时，中美贸易失衡状况就会继续存在。

附录：补充说明

一、本章设定的中间品和产业部门的关系

本章在理论分析部分引入中间品是遵循国际贸易模型的常用表述。在模型推导过程中，首先通过最终产品的利润最大化求得两种中间品的最优比例和要素使用情况；效用函数只考虑最终产品的跨期消费问题。这种分两步计算的方法，便于计算跨期均衡最优解。当然，有的文献直接把中间品替换成产业部门，效用函数中的消费品就有两种，跨期最优和产品组合最优同时计算，推导过程复杂一些。其实这两种方法的计算结果是一样的，由于本章同时考虑了金融发展水平和贸易壁垒，因此选择分步计算更清晰一些。本章分析的重点是国际分工与外部失衡问题，在实证分析中中间品部门等

同于产业部门，所以实证分析中可以从出口产业数据计算国家整体贸易中的资本结构，进而反映国际分工。

二、两个核心变量的说明，尤其是国际分工变量

外部失衡可以用贸易失衡、经常账户失衡和境外资产变动等变量表示。由于牵涉到资本流动问题，所以贸易失衡不太全面，而经常账户统计年份有限，样本数量太少，所以本章最终选择了境外资产变动变量作为反映外部失衡的指标。

国际分工变量情况比较复杂。本章并没有直接使用某个行业在出口贸易中的占比表示，而是借鉴金刻羽(2012)发表于国际顶级期刊 *American Economics Review* 的论文中的方法，通过综合所有行业资本特征，计算出一国整体出口贸易的资本含量系数，反映国际分工。金刻羽在本论文修改稿附录中给出了计算细节。具体方法如下：

首先，把工业行业与贸易行业对接。NBER Manufacturing Industry Productivity 数据库提供了 1989、1993、1996、2002、2005 年 5 个年份的微观企业调研数据，按 SIC 编码进行行业分类，共分为 459 个工业行业。这个数据库详细提供了工业行业特征指标，比如各个行业的雇用人数、工资、产值、资本存量、折旧率、TFP 等，所以可以利用此数据库对出口贸易的行业资本状况进行计算。常用的联合国 Comtrade 贸易数据库按照 SITC 编码对行业进行分类，需要利用穆恩德尔(2009)提供的 SITC 和 SIC 对照表，把 Comtrade 贸易数据与 NBER Manufacturing Industry Productivity 工业行业特征数据结合起来。这样就可以计算出贸易行业的要素密度特征，为后面计算一国整体贸易资本结构提供基础。

其次，计算贸易行业要素密度特征。利用 SITC 贸易数据和 NBER 提供的行业调研数据对贸易行业指标进行计算，用 i 表示国家，j 表示行业(SIC)，ex_{ij} 表示国家 i 行业 j 的出口额。可以计算出国家 i 行业 j 的行业出口占世界比重：

$$share_{ij}=\frac{ex_{ij}}{\sum_{i=1}^{154}ex_{ij}};\quad meanshare_i=\frac{share_{ij}}{j} \tag{5.39}$$

国家 i 行业 j 的比较优势：

$$rca_{ij}=\frac{share_{ij}}{meanshare_i} \tag{5.40}$$

设 $sumwage_{ij}$ 为行业工资总额，$addedvalue_{ij}$ 为行业创造的产值，$workers_{ij}$ 为行业生产工人数量，$employment_{ij}$ 为行业全体雇员数量，可以计算出国家 i 行业 j 的资本支出比例：

$$capitalpay_{ij}=1-\frac{sumwage_{ij}}{addedvalue_i} \tag{5.41}$$

国家 i 行业 j 的工程师工资支出比例：

$$engineerpay_{ij}=\left(1-\frac{workers_{ij}}{employment_{ij}}\right)\times\frac{sumwage_{ij}}{addedvalue_{ij}} \tag{5.42}$$

最后，对国家整体出口贸易资本结构测算。根据上面计算出的行业统计指标，利用每个国家的行业横截面数据进行回归分析：

$$rca_{ij}=a_i+\beta_{i1}capitalpay_{ij}+\beta_{i2}engineerpay_{ij}+\varepsilon_{ij} \tag{5.43}$$

参照金刻羽(2012)的设定，可以把回归系数 β_{i1} 作为衡量国家 i 出口贸易整体资本含量的指标。β_{i1} 就是本章实证部分的 *structure*，可以根据不同年份的数据回归出不同年份国家 i 的 *structure* 值。

利用上述方法计算出的国家整体出口贸易资本结构，建立在微观企业调研数据的基础上，比人为设定某个行业为资本密集型行业并用其贸易占比反映国际分工更加客观。

三、回归模型选取

本章建立在微观数据基础上的计算方法可以在很大程度上避免内生性

问题，使本章的实证分析更加有说服力。本章采用的贸易结构数据来源于各个国家每年行业横截面回归系数，而外部失衡与贸易结构的关系是用宏观国家面板数据进行回归，数据源有一定的独立性，所以内生性问题大大降低。本章其他控制变量的选取，都是现有文献中的常用变量。同时，本章面板回归分析采用了固定效应和随机效应两种方法，回归结果有一定的稳健性。在回归分析外部失衡与贸易壁垒的关系时，分别采用 WTO 时间节点和关税两个变量分别回归，结果都显著，这说明贸易壁垒与外部失衡的关系也有一定的稳健性。

第六章　金融约束、资本流动与国际收支

有一类文献认为国家之间金融市场发展不一致，储蓄和投资在全球范围内匹配会引起外部经济失衡(Dollarand Kraay，2000；Bernanke，2005；Caballero et al.，2008；Mendoza et al.，2009；Song et al.，2011)。发展中国家经济增长、金融发展滞后、人口年龄结构失衡、社会保障缺失等造成其储蓄偏高，但是发展中国家落后的金融系统无法把储蓄有效转化为投资，形成了所谓储蓄“消化不良”；金融发达国家通过金融市场的国际整合，可以向国外借贷，引起储蓄下降。发达国家完善且深化的金融系统吸引发展中国家提供大量廉价的资本进入金融发达国家，从而引起长期的外部经济失衡。

现有文献对于引起外部失衡的资本流动方式并没有细分，本章在现有文献的基础上，对资本跨国流动分三种情况进行分析：借贷资本流动、股权资本流动和两种资本同时流动。本章建立 OLG 模型，分析动态均衡条件下金融约束对资本流动方式和国际收支的影响，并利用国际面板数据，实证模型检验金融约束与资本流动方式、国际收支的关系。本章的结构安排如下：

第一节是模型分析，在 OLG 模型中引入金融约束变量从理论上分析金融约束与资本流动方式、国际收支的关系；第二节是实证分析，利用面板数据实证检验模型分析中的结论和各个变量之间的关系；第三节总结本章；附录推导了金融资本和股权资本跨国流动公式。

第一节　模型分析

本部分建立 OLG(Overlapping Generation Model)模型，分析动态均衡条件下金融约束对资本流动方式和国际收支的影响。在 OLG 模型中引入金融约束变量，由于企业投资受到金融约束的限制，因此资本市场上的储蓄行为和资本跨国流动，都会随着金融约束规模的变化而变化，进而影响国际收支。

一、基本模型的设定

1. 生产函数

企业生产函数为标准的 Cobb-Douglas 生产函数，所使用两种投入要素，分别为资本 K 和劳动 L。生产函数的具体形式为：

$$Y_t = \left(\frac{K_t}{\alpha}\right)^{\alpha}\left(\frac{L_t}{1-\alpha}\right)^{1-\alpha}, \quad 其中\ 0 < \alpha < 1 \tag{6.1}$$

企业的利润函数为：

$$\pi_t = Y_t - R_t^k K_t - w_t L_t \tag{6.2}$$

式中，R^k 表示资本收益，w 表示劳动的价格。

利润函数 π 分别对生产中使用的资本和劳动求导，得出企业利润最大化条件：

$$\frac{\partial \pi_t}{\partial K_t}=\frac{\partial Y_t}{\partial K_t}-R_t^k=0; \quad \frac{\partial \pi_t}{\partial L_t}=\frac{\partial Y_t}{\partial L_t}-w_t=0$$

对上述两式化简后，可以得出变量之间的关系为：

$$\frac{\alpha}{\alpha}\left(\frac{K_t}{\alpha}\right)^{\alpha-1}\left(\frac{L_t}{1-\alpha}\right)^{1-\alpha}=R_t^k \quad \left(\frac{K_t}{\alpha}\right)^{-1}Y_t=R_t^k \tag{6.3}$$

$$\left(\frac{K_t}{\alpha}\right)^{\alpha}\left(\frac{L_t}{1-\alpha}\right)^{-\alpha}\frac{1-\alpha}{1-\alpha}=w_t \quad \left(\frac{L_t}{1-\alpha}\right)^{-1}Y_t=w_t \tag{6.4}$$

本章所涉及的经济中的个体行为，依据标准的OLG模型设定。每个人的生命周期为两期：第一期利用劳动资源禀赋，获取劳动收入，但是不消费；第二期只消费，不劳动。本章设定经济体中的劳动人口总数和结构不随时间而变化。为了简化起见，劳动人口总数恒为1，即 $L=1$。所以式(6.3)和式(6.4)可以化简为：

$$R_t^k K_t=\frac{\alpha}{1-\alpha}w_t L_t \equiv \rho w_t, \quad 其中\ \rho \equiv \frac{\alpha}{1-\alpha} \tag{6.5}$$

2. 信贷市场

在资本市场上，因为假定第一期不消费，工人和企业家的工资收入全部用于企业家投资 i_t。本章假定劳动人口由企业家和工人两部分组成，分别占人口总数的 η 和 $1-\eta$，资本市场上的均衡条件为企业家的借贷总额等于工人的工资总收入：

$$\eta z_t=\eta(i_t-w_t)=(1-\eta)w_t \tag{6.6}$$

式中，$z_t=(i_t-w_t)$ 表示企业家借贷额；企业家人口占总人口的比重，满足条件 $0<\eta<1$。

同时假定没有资本折旧，所以社会投资总额 I_t 和下一期的资本存量 K_{t+1} 为：

$$w_t=\eta i_t \equiv I_t \equiv K_{t+1} \tag{6.7}$$

企业家作为企业所有人，其股权收入为企业家工资投入带来的收益；企业家股权收益率可以表示为：

$$R_t^e \equiv \frac{R_t^k i_t - R_t^w z_t}{w_t} \tag{6.8}$$

式中，R_t^w 表示从工人借贷资本的利率。结合式(6.7)，股权收益率化简为：

$$R_t^e = \frac{(R_t^k - R_t)\dfrac{1}{\eta}w_t + R_t^w w_t}{w_t} = R_t^w + \frac{1}{\eta}(R_t^k - R_t^w) \tag{6.9}$$

上式可以变形为：

$$R_t^e - R_t^k = (R_t^k - R_t^w)\left(\frac{1}{\eta} - 1\right)$$

$$R_t^e - R_t^w = \frac{1}{\eta}(R_{t+1}^k - R_t^w) \tag{6.10}$$

因为参数 $\frac{1}{\eta} > 1$，所以股权收益率 R_t^e 与资本收益率 R_t^k、借贷利率 R_t^w 的关系可以等价于资本收益率 R_t^k 与借贷利率 R_t^w 的关系，即：

$$\text{当 } R_t^k > R_t^w \text{ 时，} \quad R_t^e > R_t^k > R_t^w$$

$$\text{当 } R_t^k \leqslant R_t^w \text{ 时，} \quad R_t^e \leqslant R_t^k \leqslant R_t^w$$

根据现实经济情况，可以认为资本收益率 R_t^k 应该不小于借贷利率 R_t^w，以及股权收益率 R_t^e 不小于工人借贷利率 R_t^w 时，企业家才有把自己的工资作为投资的动力，资本市场才能达到均衡，所以本章假定 $R_t^k \geqslant R_t^w$。

假定资本市场的借贷行为受到约束，企业家的借款成本不可以超过其投资收益的一部分，即：

$$R_t^w z_t \leqslant \theta R_{t+1}^k i_t$$

θ 表示金融约束系数；$R_t^w z_t$ 为企业家向工人借贷所要支付的成本；$R_{t+1}^k i_t$ 为企业家的投资收益。θ 值越大，表示金融信贷越放松，企业家金融杠杆越大；反之，企业家所受到的金融约束越强。

由于本章假定 $R_t^e \geqslant R_t^k \geqslant R_t^w$，所以金融约束满足边界条件：

$$R_t^w z_t = R_t^w (i_t - w_t) = \theta i_t R_{t+1}^k \tag{6.11}$$

根据式(6.7)，可以得出借贷利率和资本收益率之间的关系：

$$R_t^w = \frac{\theta}{1-\eta} R_{t+1}^k \tag{6.12}$$

因为本章资本市场的均衡条件要求 $R_t^k > R_t^w$，所以可以得出金融约束参数需要满足的条件：

$$\theta < 1 - \eta$$

3. 稳态均衡

根据生产函数和市场均衡条件，可以计算出经济体各个变量的稳态均衡值。结合式(6.4)和式(6.7)：

$$\begin{cases} w_{t+1} = \left(\dfrac{L_{t+1}}{1-\alpha}\right)^{-1} Y_{t+1} = \left(\dfrac{1-\alpha}{\alpha}\right)^{\alpha} (K_{t+1})^{\alpha} \\ K_{t+1} = I_t \equiv \eta i_t = w_t \end{cases} \tag{6.13}$$

可以得出工资跨期均衡路径：

$$w_{t+1} = \left(\frac{w_t}{\rho}\right)^{\alpha} \tag{6.14}$$

所以封闭经济稳态时的投资和工资水平为：

$$\bar{K}_A = \bar{I}_A = \bar{w}_A = \left(\frac{1}{\rho}\right)^{\rho} = \rho^{-\rho} \tag{6.15}$$

由于稳态时 $K_A = w_A$，所以根据式(6.5)可以求出资本收益率为：

$$\bar{R}_A^k = \rho \tag{6.16}$$

利用金融市场的约束条件式(6.11)，可以推导出公式：

$$R_t^w = \frac{\theta i_t R_{t+1}^k}{i_t - w_t} \tag{6.17}$$

由于式(6.7)中给出了企业家投资和工资的关系 $w_t = \eta i_t$，代入上式即可求出储蓄收益率的稳态均衡水平：

$$\bar{R}_A^w = \frac{\theta}{1-\eta}\rho \tag{6.18}$$

稳态时的股权收益率，可以利用资本收益率和借贷利率的稳态值计算得出。根据式(6.9)中股权收益率 R_t^e 的表达式，把 $\bar{R}_A^k$ 和 $\bar{R}_A^w$ 代入，可以计算出 R_t^e 的稳态值：

$$\bar{R}_A^e = \frac{(1-\theta)}{\eta}\rho \tag{6.19}$$

根据企业家和工人第二期的消费水平还可以看出金融约束对社会福利的影响。企业家的第二期消费收入来源于股权收入，而工人的第二期消费收入来源于借贷利息收入，他们的消费约束条件分别表示为：

$$c_{t+1}^e = R_{t+1}^k i_t - R_t z_t$$

$$c_{t+1}^w = w_t R_t^w$$

c_{t+1}^e 表示企业家在第二期的消费额，c_{t+1}^w 表示工人在第二期的消费额。把各个变量的稳态值代入可得：

$$\bar{c}^e = \bar{R}_A^k \bar{i} - \bar{R}_A^w \bar{z} = \rho\frac{\rho^{-\rho}}{\eta} - \frac{\theta}{1-\eta}\rho \times \left(\frac{w}{\eta} - w\right) = \frac{\rho^{1-\rho}}{\eta} - \frac{\theta}{\eta}\rho^{-\rho} = \frac{\rho-\theta}{\eta\rho^{\rho}}$$

$$\bar{c}^w = \bar{w}\bar{R}_A^w = \rho^{-\rho}\frac{\theta}{1-\eta}\rho = \rho^{1-\rho}\frac{\theta}{1-\eta} \tag{6.20}$$

从上式可以看出，金融约束系数 θ 值越大，借贷利率越高，对企业家的第二期消费越不利，降低企业家的福利；但是金融约束系数 θ 值越大，工人第二期的借贷利息收入越高，促进工人福利。

二、资本跨国流动

本章的基本模型为封闭经济，接下来分析当资本可以跨国流动时，金融约束对各个经济变量的影响。假定本国为小国经济体，世界经济体的经济均衡值不受本国经济影响。同时，本章以基本模型的稳态均衡值作为世界经济水平。为了简化起见，本章对资本跨国流动分三种情况进行分析：借贷资本流动、股权资本流动和两种资本同时流动。

1. 借贷资本跨国流动

本章把第 t 期借贷资本跨国流动量设为 B_t，当 $B_t>0$ 时表示资本流出，当 $B_t<0$ 时表示资本流入。借贷市场均衡方程可以修改为：

$$(1-\eta)w_t=\eta(i_t-w_t)+B_t \tag{6.21}$$

从式(6.21)可以看出工人的储蓄有一部分转化为对国外借贷。上式可以化简为：

$$K_{t+1}+B_t=I_t+B_t=\eta i_t+B_t=w_t \tag{6.22}$$

参照基本模型中的劳动力最优化式(6.4)，可以计算出借贷资本跨国流动情况下的工资跨期关系：

$$w_{t+1}=\left(\frac{w_t-B_t}{\rho}\right)^{\alpha} \tag{6.23}$$

借贷资本可以跨国流动的情况下，国内的借贷利率等于国际借贷利率，所以 $R_t^w=R_t^{w^*}$。虽然企业可以在国际金融市场进行借贷，但是依然假定企业借贷受到金融约束，结合式(6.22)可以得出企业借贷约束等式：

$$R^{w^*}z_t=R^{w^*}(i_t-w_t)=R^{w^*}(i_t-\eta i_t-B_t)=\theta i_tR_{t+1}^k \tag{6.24}$$

利用企业利润最优化式(6.3)、式(6.4)和金融约束式(6.24)，可以计算出跨国借贷资本流动稳态均衡数值：

$$B^{\alpha-1}=(R^{w^*}-R^{w^*}\eta-\theta\rho)^{\alpha-1}\frac{R^{w^*}}{(R^{w^*}\eta+\theta\rho)^{\alpha}}\left(\frac{1-\alpha}{\alpha}\right)^{-\alpha} \quad (6.25)$$

参照封闭经济中借贷利率的稳态均衡值式(6.16)，可以计算出国际市场上的借贷利率：

$$\bar{R}^{w^*}=\frac{\theta^*\rho}{1-\eta} \quad (6.26)$$

当国际金融约束小于国内水平时，即 $\theta<\theta^*$，可以看出国际借贷利率高于国内借贷利率：

$$\bar{R}^{w^*}=\frac{\theta^*\rho}{1-\eta}>\bar{R}_A^w=\frac{\theta\rho}{1-\eta}$$

利用国内外利率关系，可以看出式(6.19)中的跨国借贷资本稳态均衡值 $\bar{B}>0$，所以工人一部分储蓄会进入国际金融市场，借贷给外国企业进行投资。

2. 股权资本跨国流动

本章把第 t 期股权资本跨国流动量设为 Ω_t，当 $\Omega_t>0$ 时表示股权资本流出(ODI)，当 $\Omega_t<0$ 时表示股权资本流入(FDI)。借贷市场均衡方程可以修改为：

$$(1-\eta)w_t=\eta(i_t-w_t)+\Omega_t \quad (6.27)$$

从式(6.27)可以看出企业家会把一部分借贷资本转化为国外投资。上式可以化简为：

$$K_{t+1}+\Omega_t=I_t+\Omega_t\equiv\eta i_t+\Omega_t=w_t \quad (6.28)$$

参照基本模型中的劳动力最优化式(6.4)，可以计算出股权资本跨国流动情况下的工资跨期关系：

$$w_{t+1}=\left(\frac{w_t-\Omega_t}{\rho}\right)^{\alpha} \tag{6.29}$$

在股权资本可以跨国流动的情况下，国内的股权等于国际股权收益率，所以 $R_t^e=R_t^{e^*}$。虽然企业可以在国际金融市场进行借贷，但是依然假定企业借贷受到金融约束，结合式(6.28)可以得出企业借贷约束等式：

$$R_t^w z_t=R_t^w\left(i_t+\frac{\Omega_t}{\eta}-w_t\right)=\theta i_t R_{t+1}^k \tag{6.30}$$

参照借贷资本跨国流动的条件下计算借贷资本流动量的方法，可以计算出股权资本跨国流动稳态均衡值表达式：

$$\bar{\Omega}=(\theta-\theta^*)\left(\frac{1-\alpha}{\alpha}\right)^{\alpha}(\eta i)^{\alpha} \tag{6.31}$$

式(6.31)只给出了股权资本跨国流动稳态值 $\bar{\Omega}$ 的表达式，还需要进一步判断其是大于0还是小于0。假定当国际金融约束小于国内金融约束时，即 $\theta<\theta^*$，可以看出股权资本跨国流动稳态值 $\bar{\Omega}<0$。所以当国内金融约束严格时，会有一部分国际金融资本以FDI的形式流入国内。

3. 金融资本和股权资本跨国流动

当借贷资本和股权资本都可以跨国流动时，国内外的借贷利率和股权收益率相等：$R_t^w=R_t^{w^*}$，$R_t^e=R_t^{e^*}$。设第 t 期借贷资本和股权资本跨国流动量分别为 B_t 和 Ω_t，资本市场均衡方程可以修改为：

$$(1-\eta)w_t=\eta(i_t-w_t)+B_t+\Omega_t \tag{6.32}$$

从式(6.32)可以看出工人的储蓄有一部分直接转化为对国外企业的借贷，另一部分通过本国企业家转化为国外股权。上式可以化简为：

$$K_{t+1}+B_t+\Omega_t=I_t+B_t+\Omega_t\equiv\eta i_t+B_t+\Omega_t=w_t \tag{6.33}$$

参照基本模型中的劳动力最优化式(6.4)，可以计算出两种资本跨国流动情况下的工资跨期关系：

$$w_{t+1}=\left(\frac{1-\alpha}{\alpha}\right)^{\alpha}(w_t-B_t-\Omega_t)^{\alpha} \tag{6.34}$$

在借贷资本和股权资本都可以跨国流动的情况下，同样假定企业借贷受到金融约束。企业借贷约束等式与只有借贷资本流动的情况下的等式相同：

$$R_t^w z_t=R_t\left(i_t+\frac{\Omega_t}{\eta}-w_t\right)=\theta i_t R_{t+1}^k \tag{6.35}$$

当有两种形式的资本跨国流动时，计算稳态均衡变得复杂很多。假定当国际金融约束小于国内金融约束，即 $\theta<\theta^*$，利用企业利润最大化条件和金融约束方程，依然可以判断两种资本流动的方向：

$$\bar{B}>0,\quad \bar{\Omega}<0,\quad \bar{B}+\bar{\Omega}>0$$

证明过程详见本章附录。

由于在初始状态本国经济为封闭经济，没有资本跨国流动，所以境外借贷资本、股权资本和国际收支都为 0，即 $\bar{B}_A=\bar{\Omega}_A=\bar{B}_A+\bar{\Omega}_A=CA_A=0$。当国内金融约束比国际市场严格时，经济体从封闭经济转变为开放经济，会引起借贷资本外流和股权资本内流，并且净值大于 0，所以必然引起国际收支顺差，即 $CA>0$。

三、模型拓展分析

基本模型中，假定企业家和工人的第一期工资收入全部用于储蓄和投资，所以第二期的资本存量为外生。基本模型省略了经济主体跨期效用最优化决策，虽然可以简化运算，但是模型设定与实际经济情况有一定距离，并且资本收益率无法深入分析。所以本部分在原有模型的基础上，引入跨期效用函数,把经济主体的储蓄行为内生化。

设定经济主体的 CES 效用函数为 OLG 型:

$$u_t = \frac{c_t^{1-\frac{1}{\varepsilon}} - 1}{1 - \frac{1}{\varepsilon}} + \beta \frac{c_{t+1}^{1-\frac{1}{\varepsilon}} - 1}{1 - \frac{1}{\varepsilon}} \tag{6.36}$$

式中,β 表示主观贴现率,ε 为消费跨期替代弹性。

企业家和工人只有第一期获得工资收入,第二期只消费不生产,所以他们的跨期约束分别为:

$$c_t^e + \frac{c_{t+1}^e}{1+R_t^e} = w_t; \quad c_t^w + \frac{c_{t+1}^w}{1+R_t^w} = w_t \tag{6.37}$$

根据效用函数和预算约束可以计算出企业家和工人的储蓄分别为:

$$s_t^e = \frac{w}{1+\beta^{-\varepsilon}(1+R_t^e)^{1-\varepsilon}}; \quad s_t^w = \frac{w}{1+\beta^{-\varepsilon}(1+R_t^w)^{1-\varepsilon}} \tag{6.38}$$

由于企业家和工人的储蓄为内生,因此信贷市场均衡方程修改为:

$$\eta(i_t - s_t^e) = (1-\eta)s_t^w \tag{6.39}$$

与上一节一样,资本当期被折旧完,当期的投资即为下一期的资本。根据上式,计算出本期投资、下一期资本存量方程为:

$$\begin{aligned} K_{t+1} &= I_t \equiv \eta i_t = \eta s_t^e + (1+\eta)s_t^w \\ &= w\left[\frac{\eta}{1+\beta^{-\varepsilon}(1+R_{t+1}^e)^{1-\varepsilon}} + \frac{(1-\eta)}{1+\beta^{-\varepsilon}(1+R_t^w)^{1-\varepsilon}}\right] \\ &= w(\Theta^e + \Theta^w) = w\Theta \end{aligned} \tag{6.40}$$

式中,Θ^e、Θ^w、Θ 分别表示企业家、工人和全体储蓄系数。

企业家利用其储蓄作为资本投资获得股权收益。企业家股权收益率可以表示为:

$$R_t^e = \frac{R_{t+1}^k i_t - R_t^w z_t}{s^e} \tag{6.41}$$

把资本市场方程(6.40)代入上式，通过化简，企业家股权收益率可以用储蓄系数表示：

$$R_t^e = \frac{R_{t+1}^k i_t - R_t^w (i - s^e)}{s^e} = \frac{(R_{t+1}^k - R_t^w)[\eta s_t^e + (1-\eta) s_t^w]}{\eta s^e} + R_t^w$$
$$= R_{t+1}^k + (R_{t+1}^k - R_t^w) \frac{(1-\eta) s_t^w}{\eta s^e} = R_{t+1}^k + (R_{t+1}^k - R_t^w) \frac{\Theta^w}{\Theta^e} \tag{6.42}$$

如果信贷约束条件得到满足，那么企业家的预算约束方程为：

$$R_t^w z_t = R^t (i_t - s_t^e) = R_t^w \left[i_t - \frac{w}{1 + \beta^{-\varepsilon} (1 + R_t^e)^{1-\varepsilon}} = \theta i_t R_{t+1}^k \right] \tag{6.43}$$

利用式(6.40)可以把式(6.43)化简为：

$$R_t^w = \theta R_{t+1}^k \frac{\Theta}{\Theta^w} \tag{6.44}$$

根据生产函数和市场均衡条件，可以计算出经济体各个变量的稳态均衡值。结合式(6.4)和式(6.40)，可以得出工资跨期均衡路径：

$$w_{t+1} = \left(\frac{w_t \Theta}{\rho} \right)^{\alpha} \tag{6.45}$$

所以封闭经济稳态时的投资水平和投资收益率分别为：

$$\bar{K}_A = \bar{I}_A = \bar{w}_A \bar{\Theta} = \left(\frac{\bar{\Theta}}{\rho} \right)^{\rho} \bar{\Theta}$$

$$\bar{R}_A^k = \frac{\rho}{\bar{\Theta}} \tag{6.46}$$

利用金融市场的约束条件式(6.43)和式(6.46)，可以推导出工人储蓄利率公式：

$$\bar{R}_A^w = \frac{\theta\rho}{\bar{\Theta}^w} \tag{6.47}$$

从式(6.47)可以看出金融约束的降低，即 θ 值变大，会引起稳态值 $\bar{R}_A^w$ $\bar{\Theta}^w$ 的上升。由于工人储蓄收益率 R^w 和储蓄系数 Θ^w 是正相关关系，所以降低金融约束会提高工人储蓄利率，也就是 R^w 值上升，这对工人是有利的。

稳态时的股权收益率，可以利用资本收益率和借贷利率的稳态值计算得出。根据式(6.42)中股权收益率 R_t^e 的表达式，把 $\bar{R}_A^k$ 和 $\bar{R}_A^w$ 代入，可以计算出 R_t^e 的稳态值：

$$\bar{R}_e = \frac{\rho(1-\theta)}{\bar{\Theta}^e} \tag{6.48}$$

从式(6.48)可以看出金融约束的降低，即 θ 值变大，会引起稳态值 $\bar{R}^e$ $\bar{\Theta}^e$ 的下降。由于股权收益率 R^e 和企业家储蓄系数 Θ^e 是正相关关系，所以降低金融约束会降低企业家股权收益率，也就是 R^e 值下降，这对企业家是不利的。

要满足信贷约束条件，需要在稳态时企业家的股权收益率大于工人存款收益率，即 $\bar{R}_A^e > \bar{R}_A^w$，只有这样企业家才能有动力进行股权投资。根据式(6.47)和式(6.48)，可以推导出金融约束条件为：

$$\theta < 1-\eta$$

这与第一节中的储蓄外生条件下的金融约束条件相同。所以储蓄内生化分析，对金融约束条件没有影响。

根据式(6.47)和式(6.48)，还可以计算出实物资本投资收益率与工人储蓄收益率、股权收益率之间的关系：

$$\bar{R}^k = \frac{\rho}{\bar{\Theta}^e + \bar{\Theta}^w} = \frac{\rho}{\frac{\rho(1-\theta)}{\bar{R}^e} + \frac{\theta\rho}{\bar{R}^w}} = \frac{1}{\frac{(1-\theta)}{\bar{R}^e} + \frac{\theta}{\bar{R}^w}} \tag{6.49}$$

从实物资本收益率 $\bar{R}^k$ 公式可以看出金融约束 θ 值的变化对其影响是无法直接确定的，需要对模型中的参数进行赋值模拟分析。

第二节　实 证 分 析

一、实证模型设定与变量选取

在模型分析中，我们得出金融约束对工人储蓄利率、实际资本收益率、股权收益率以及国际收支都有影响的结论，下面用实证模型检验这个结论。在实际经济环境中，利率和国际收支除了受前文所说的金融约束影响外，还受到其他变量影响，加入其他控制变量后，本章的实证模型构建为：

$$R_{it} = c_1 + \alpha_1 FIN_{it} + \beta_1 CV_{1it} + \varsigma_{1it} \tag{6.50}$$

$$CA_{it} = c_2 + \alpha_2 FIN_{it} + \beta_2 CV_{2it} + \varsigma_{2it} \tag{6.51}$$

式中，R 表示利率变量，根据研究目的，可以是实际利率、投资收益率、股票收益率等；CA 表示国际收支变量；c_1 和 c_2 表示常数项；FIN 表示金融约束变量，α_1 和 α_2 是金融约束变量 FIN 的回归系数；CV 表示影响利率和国际收支的其他控制变量，β 是对应控制变量的回归系数；ς 表示随机误差项；i 和 t 分别表示数据样本的国家和年份。

利率变量 R 的选取。在回归分析中，R 分别选取实际利率和投资收益率。实际利率的数据直接来源于世界银行的 WDI 数据库。投资收益率具体公式为：

$$R = \frac{1-\alpha(t)}{P_K(t)K(t)/P_Y(t)Y(t)} + [\hat{P}_K(t) - \hat{P}_Y(t)] - \delta(t) \tag{6.52}$$

式中，R 表示投资收益率，$\alpha(t)$ 表示劳动收入占 GDP 的份额，$P_K(t)K(t)$ 表示名义资本存量，$P_Y(t)Y(t)$ 表示名义 GDP，$\hat{P}_K(t)$ 和 $\hat{P}_Y(t)$ 分别表示资本和一般物价水平的变化率，$\delta(t)$ 表示资本折旧率(Bai et al.，2006)。根据上式，要计算出各国投资收益率 R 值，需要知道以下几个变量：劳动收入占 GDP 的份额、资本存量、资本价格变化率、通货膨胀率和资本折旧率。但是由于各国的资本价格变化率、通货膨胀率和资本折旧率数据不全，本章假定这三个变量在各国为同样的常数，进而简化为 0。所以投资收益率 R 值可以简化为：

$$R=\frac{1-\alpha(t)}{P_K(t)K(t)/P_Y(t)Y(t)} \tag{6.53}$$

式中，劳动份额 $\alpha(t)$ 和名义产值 $P_Y(t)Y(t)$ 数据来源于 WDI 数据库；资本存量 $P_K(t)K(t)$ 采用贝勒曼和韦塞尔霍夫特(2014)数据计算得到。

国际收支变量 CA 的选取。国际收支可以采用经常账户净额 CA、商品净出口 NET、货物净出口 NETG、货物与服务净出口 NETGS 等几个变量表示。[①] 为了结论的稳健性，可以把上述变量都代入式(6.19)进行回归分析。这几个因变量都取与 GDP 的比值，数据来源于世界银行的 WDI 数据库。金融发展水平变量 FIN 的选取与第四章相同，用私人信贷占 GDP 的比值表示，FIN 值越大，说明金融约束越小。

根据上述变量设置的定义和数据来源，表 6-1 计算出了 2011 年世界排名前 50 位经济体的几个相关变量指标。从表 6-1 中可以看出 2011 年经济总量前三位的美国、日本、中国表现出明显的差异。首先是人均 GDP 差距明显，中国人均 GDP 不到美国和日本的 1/10；其次是中国人均资本水平也很低，而日本人均资本水平很高，排名世界第一。在利率方面，中国的资本收益率很高，接近日本和美国的 2 倍，而实际利率却低于 0，在全球排名仅为 105 位；在国际收支方面，中国和日本都为顺差，而美国为逆差；在私人信贷方面，中国的私人信贷规模不如美国和日本，这说明中国的金融约束比较强。

① 商品净出口 *NET* 指标中的商品指的是 merchandise，数据来源于国民收入账户；货物净出口 *NETG* 指标中的货物指的是 goods，数据来自国际收支账户。这两个指标的数值非常接近，只是由于统计来源的不同会有细微差别。在表 6-1 中，两个指标数值统计差别的另外一个原因是有的国家只有其中一个指标数据。

表 6 - 1　2011 年 GDP 总量排名前五十位国家和地区相关变量值

国家和地区	人均GDP/美元	排名	人均资本/美元	排名	劳动收入占比	排名	资本收益率/%	排名	实际利率/%	排名	国际收支占 GDP 百分比/%	排名	私人信贷占 GDP 百分比/%	排名
美　国	44 342	11	99 335	9	0.62	29	16.87	70	1.16	94	−2.95	85	187.70	7
日　本	36 203	20	167 155	1	0.52	68	10.31	85	3.42	73	2.14	35	177.65	9
中　国	3 122	101	6 708	68	0.42	97	27.05	25	−1.15	105	1.86	36	121.49	18
德　国	38 470	16	93 239	11	0.61	36	16.13	73	NA	NA	6.05	22	103.80	25
英　国	39 809	15	73 724	21	0.63	23	19.83	54	−1.59	107	−1.26	59	191.54	6
法　国	35 772	22	77 918	19	0.63	26	17.14	68	NA	NA	−1.72	64	113.60	20
意大利	30 915	24	72 529	22	0.55	56	19.12	57	3.08	76	−2.89	81	121.76	17
印　度	1 086	137	1 976	86	0.49	77	28.25	22	1.50	89	−3.33	89	47.15	65
加拿大	37 021	18	78 410	17	0.58	44	19.70	55	−0.23	100	−2.76	79	NA	NA
西班牙	25 937	27	58 562	24	0.65	16	15.48	75	NA	NA	−3.61	91	207.84	3
韩　国	22 884	31	51 987	25	0.55	57	20.01	50	4.11	64	1.55	37	98.43	27
巴　西	5 721	75	11 963	50	0.56	53	21.16	43	34.51	2	−2.12	70	63.45	49

续　表

国家和地区	人均GDP/美元	排名	人均资本/美元	排名	劳动收入占比	排名	资本收益率/%	排名	实际利率/%	排名	国际收支占GDP百分比/%	排名	私人信贷占GDP百分比/%	排名
墨西哥	8 308	58	17 695	42	0.37	108	29.78	15	−0.35	101	−1.09	57	24.03	109
俄罗斯	6 632	64	14 546	46	0.62	31	17.34	65	−6.43	117	5.11	29	41.66	74
澳大利亚	36 504	19	88 241	13	0.57	46	17.70	62	1.46	91	−3.21	87	129.24	14
荷　兰	44 195	12	87 300	14	0.61	35	19.63	56	1.86	86	8.44	19	198.20	4
土耳其	8 413	57	13 857	47	0.35	111	39.25	7	NA	NA	−9.69	122	43.17	71
沙特阿拉伯	17 051	38	NA	NA	0.32	115	NA	NA	NA	NA	23.68	6	52.44	57
瑞　士	58 534	5	139 760	3	0.70	7	12.57	83	2.51	82	5.67	26	167.05	11
瑞　典	45 727	10	94 382	10	0.64	19	17.64	63	NA	NA	5.83	23	NA	NA
比利时	37 920	17	85 379	16	0.62	32	16.89	69	NA	NA	−1.03	55	92.28	30
印度尼西亚	1 651	126	2 894	82	0.47	84	30.43	14	4.01	66	0.20	48	28.27	98
波　兰	10 420	53	15 752	44	0.56	50	28.97	19	NA	NA	−4.91	97	NA	NA
奥地利	41 120	13	100 907	8	0.61	37	16.02	74	NA	NA	1.54	38	117.79	19
挪　威	64 613	3	133 015	4	0.54	62	22.53	38	NA	NA	13.54	10	NA	NA

续　表

国家和地区	人均GDP/美元	排名	人均资本/美元	排名	劳动收入占比	排名	资本收益率/%	排名	实际利率/%	排名	国际收支占GDP百分比/%	排名	私人信贷占GDP百分比/%	排名
阿根廷	NA	NA	25 900	36	0.43	92	17.25	66	−2.66	110	−0.41	50	13.96	130
南　非	5 821	73	NA	NA	0.52	69	NA	NA	2.95	78	−2.35	73	141.52	12
丹　麦	48 144	7	101 730	7	0.69	8	14.54	77	NA	NA	5.82	24	NA	NA
伊　朗	3 314	98	8 340	59	0.26	121	29.43	18	−11.69	125	NA	NA	NA	NA
中国香港	32 608	23	106 034	6	0.53	66	14.51	78	1.03	95	5.56	27	186.24	8
希　腊	20 007	34	48 102	27	0.52	70	20.07	48	NA	NA	−9.90	124	123.56	16
芬　兰	40 530	14	89 100	12	0.61	39	17.95	60	NA	NA	−0.62	53	93.85	28
爱尔兰	47 538	8	78 125	18	0.53	65	28.63	21	NA	NA	1.19	41	209.04	2
阿联酋	23 907	29	NA	NA	NA	NA	NA	NA	NA	NA	NA	NA	60.78	50
泰　国	3 158	100	9 533	56	0.40	103	20.00	51	2.58	79	2.58	32	130.87	13
葡萄牙	18 917	37	46 462	29	0.67	14	13.58	80	NA	NA	−6.86	103	193.55	5
哥伦比亚	4 141	88	NA	NA	0.48	82	NA	NA	4.21	62	−2.90	82	42.00	73
马来西亚	6 535	65	13 801	48	0.53	64	22.19	39	−0.61	103	11.57	15	106.40	24

续　表

国家和地区	人均GDP/美元	排名	人均资本/美元	排名	劳动收入占比	排名	资本收益率/%	排名	实际利率/%	排名	国际收支占GDP百分比/%	排名	私人信贷占GDP百分比/%	排名
新加坡	36 103	21	85 719	15	0.44	91	23.61	35	4.52	60	22.84	7	106.91	23
以色列	23 754	30	NA	NA	0.56	51	NA	NA	3.99	68	1.52	40	92.54	29
委内瑞拉	6 164	71	17 178	43	0.36	109	23.01	36	−8.58	121	7.71	20	17.22	126
尼日利亚	1 016	141	NA	NA	0.40	104	NA	NA	5.94	41	3.05	30	22.91	114
捷　克	14 897	42	29 444	33	0.57	47	21.94	40	5.95	39	−2.69	78	NA	NA
智　利	9 030	56	17 802	41	0.45	90	28.07	23	5.52	48	−1.22	58	89.13	32
菲律宾	1 430	130	3 534	80	0.41	98	23.83	34	2.54	81	2.52	33	29.79	95
巴基斯坦	755	151	1 366	91	NA	NA	NA	NA	−4.37	116	−1.05	56	18.05	123
新西兰	28 147	26	47 792	28	0.51	71	28.92	20	4.24	61	−2.93	84	NA	NA
埃　及	1 551	127	4 702	73	0.35	112	21.33	42	−0.56	102	−2.32	72	30.37	91.5
阿尔及利亚	3 172	99	7 882	63	NA	NA	NA	NA	−8.31	120	8.88	18	14.20	129
罗马尼亚	5 793	74	7 915	62	0.53	67	34.66	9	7.91	27	−4.56	95	NA	NA

数据来源：作者根据原始数据计算整理得出，NA表示数据缺失。

表 6－1 给出了 2011 年经济总量排名前五十位经济体的相关变量值。本章从中选出中国、美国、日本、印度四个国家作为代表，分析它们几十年来相关变量的变化情况。从人均 GDP 指标上看，中、印与美、日之间差距显著，中、印属于发展中国家的水平，而美、日属于发达国家的水平。从人均资本存量指标看，四个国家的特征与人均 GDP 相似，依然是美、日领先，但是日本的人均资本也大大超过美国的水平。从劳动收入占比指标看，四个国家的劳动收入占比都有下降趋势；中、印的劳动收入占比明显低于美、日两国。从资本收益率指标看，四个国家的资本收益率保持稳定的水平；中、印的资本收益率很高，日本的资本收益率最低。从实际利率指标看，四个国家资本收益率比较接近，总体上中国的资本收益率偏低。从国际收支占 GDP 百分比看，中国和日本长期保持顺差，而印度和美国一直逆差。从私人信贷占 GDP 百分比指标看，中国和印度金融约束比较明显，美国和日本金融约束小。

其他控制变量 CV 的选取。参考贝克(2002)、胡尔等(2006)、施炳展和齐俊妍(2011)等的做法，本章选取经济发展水平、经济增长率、净贸易条件、人口抚养比、资本存量作为其他控制变量。经济发展水平指标采用上一期的 2005 年不变价美元表示的人均产出 $gdpper1$，单位为万美元；经济增长率指标表示为 $growth$；净贸易条件指标表示为 $nettot$，是以 2000 年作为单位 1 的相对数据值；人口抚养比指标表示为 $raise$，是 1～15 岁和 66 岁及以上人口与总人口的比值。这四个指标的数据来自 WDI 数据库，统计时间区间为 1960—2013 年。资本存量指标表示为 $capital$，数据来源与表 6－1 相同，都采用贝勒曼和韦塞尔霍夫特(2014)数据计算得到，单位为十亿美元。

由于数据的可获得性等原因，上述指标在 WDI 等数据库中的统计年限从 20～60 年不等，样本国家和地区大约有 200 个，所以各个指标的样本数量会有差别。根据回归方程式(6.50)和式(6.51)中解释变量和被解释变量的设定，可以计算出样本变量统计值，详见表 6－2。

表 6－2　变量统计值

指　标	含　义	样本量	均　值	标准差	最小值	最大值
R-real	实际利率	2 172	6.060	12.04	−97.81	93.94
R-k	资本收益率	2 172	22.35	9.613	2.030	85.05
CA	经常账户余额	456	−0.854	9.628	−26.21	43.28
FIN	金融发展水平	1 980	0.573	0.454	0.0112	2.728
*gdpper*1	上期人均 GDP（万美元）	2 168	1.315	1.440	0.020 6	6.780
growth	经济增长率	2 172	3.925	4.264	−22.93	34.50
raise	人口抚养比	2 172	0.369	0.060 7	0.198	0.530
nettot	净贸易条件	1 468	1.064	0.278	0.510	3.576
capital	资本存量（十亿美元）	2 172	0.001 67	0.004 49	2.46×10^{-6}	0.045 3

二、回归结果分析

本部分首先面板回归分析金融约束对利率的影响，表 6－3 为回归结果。第(1)—(3)列是对实际利率的回归结果，除了第(3)列以外，其他两列金融约束变量 *FIN* 的回归系数显著为正，这说明私人信贷规模越大，实际利率越高，这与第二部分理论模型研究结论相符。第(4)—(6)列是对资本收益率的回归结果，金融约束变量 *FIN* 的回归系数都显著为负，这说明私人信贷规模越大，资本收益率越低，这也与第一节模型分析结论相符。

根据金融约束变量 *FIN* 在这两个利率回归方程的回归系数，可以判断出金融约束越严重的国家，会引起低的实际利率和高的资本收益率。当资本可以跨国流动时，金融资本就会向实际利率高的国家流动，而实体资本，即 FDI，就会向资本收益率高的国家流动。这与第一节模型分析的结论完全一致。在中美国家之间就表现为中国持有大量的美国国债，而又同时吸引大量的美国 FDI 进入中国。

表 6-3　利率水平与金融约束面板回归结果

	(1) *R-real*	(2) *R-real*	(3) *R-real*	(4) *R-k*	(5) *R-k*	(6) *R-k*
FIN	4.433** (3.11)	7.491*** (3.72)	3.745 (1.61)	−1.867*** (−3.84)	−1.871*** (−3.62)	−2.757*** (−5.31)
growth	0.100* (2.46)	0.103* (2.19)	0.009 99 (0.19)	0.108*** (4.73)	0.24 8*** (12.23)	0.196*** (9.19)
*gdpper*1	−1.907* (−2.43)	−3.808* (−2.46)	−3.616 (−1.69)	2.260*** (9.53)	1.095** (2.64)	0.816 (1.59)
raise	−7.761 (−0.82)			11.23** (3.25)		
*nettot*1		−7.239*** (−7.49)	−4.162** (−3.10)		1.237*** (3.66)	4.640*** (10.23)
*capital*1			−174.6 (−0.99)			137.7*** (3.62)
_cons	9.010* (2.25)	14.14*** (9.14)	13.85*** (6.65)	16.01*** (11.14)	20.81*** (36.72)	17.69*** (24.29)
样本量	3 587	2 515	1 892	2 662	1 656	1 305
R^2	0.005	0.032	0.009	0.044	0.112	0.192

注：括号内为 t 统计值，***、** 和 * 分别表示 1%、5%和 10%的显著水平，采用固定效应回归。

从其他控制变量的回归系数可以看出，经济发展水平滞后项（*gdpper*1）的回归系数与金融约束的回归系数性质相反，与实际利率负相关，而与资本收益率正相关。经济增长率（*growth*）与两种利率都是正相关。

为了检验回归方程(6.18)在表 6-3 中回归结论的稳健性，本部分对国家进行分类回归。根据 WDI 对国家的分类，本部分把国家分为高收入国家和中低收入国家，分别对两类经济体进行分类回归分析，详见表 6-4 和表

6-5。表6-4是对高收入国家进行回归，第(1)—(3)列是对实际利率的回归结果，三列金融约束变量 *FIN* 的回归系数都显著为正，这说明高收入国家的私人信贷规模越大，实际利率越高，这与表6-3的结论一致。第(4)—(6)列是对资本收益率的回归结果，第(4)和(6)列回归系数为负，而第(5)列回归系数为正，这三列都不显著，这说明私人信贷规模对高收入国家的资本收益率没有影响，这与表6-3不一致。

表6-4　高收入国家的利率水平与金融约束面板回归结果

	(1) *R-real*	(2) *R-real*	(3) *R-real*	(4) *R-k*	(5) *R-k*	(6) *R-k*
FIN	12.84*** (4.44)	11.54*** (4.15)	8.223* (2.49)	−1.341 (−1.04)	0.903 (0.96)	−1.211 (−1.16)
growth	0.232** (3.29)	0.253*** (3.40)	−0.050 9 (−0.60)	0.038 6 (1.22)	0.221*** (8.99)	0.192*** (7.18)
*gdpper*1	−9.614 (−1.49)	−8.687 (−1.44)	−26.60*** (−3.62)	0.249 (0.08)	1.196 (0.64)	4.412* (2.15)
raise	20.53 (1.22)			1.031 (0.17)		
nettot		−6.727*** (−5.40)	−1.720 (−1.04)		1.010** (2.65)	4.554*** (8.41)
capital			−90.89 (−0.49)			152.6** (3.20)
_cons	−4.377 (−0.53)	11.65*** (6.10)	15.05*** (6.37)	24.04*** (7.80)	21.16*** (34.89)	17.41*** (23.26)
样本量	1 861	1 523	1 113	1 392	1 103	816
R^2	0.016	0.039	0.017	0.003	0.078	0.205

注：括号内为 t 统计值，***、** 和 * 分别表示1%、5%和10%的显著水平，采用固定效应回归。

表 6－5 是对中低收入国家的回归结果。第(1)—(3)列是对实际利率进行回归，三列金融约束变量 *FIN* 的回归系数都显著为正，这说明中低收入国家的私人信贷规模越大，实际利率越高，这与表 6－3 和表 6－4 的结论一致。第(4)—(6)列是对资本收益率进行回归，三列回归结果都显著为负，这说明私人信贷规模对中低收入国家的资本收益率有负的影响，这与表 6－3 结论一致。

表 6－5　中低收入国家的利率水平与金融约束面板回归结果

	(1) *R-real*	(2) *R-real*	(3) *R-real*	(4) *R-k*	(5) *R-k*	(6) *R-k*
FIN	2.799** (2.92)	5.823** (3.20)	6.151** (2.92)	−1.494*** (−3.82)	−3.951*** (−8.32)	−3.278*** (−8.13)
growth	0.085 4* (2.51)	0.121** (2.92)	0.143** (3.07)	0.317*** (9.90)	0.385*** (12.17)	0.299*** (10.26)
*gdpper*1	−1.432** (−2.80)	−3.159** (−3.25)	−0.985 (−0.64)	2.991*** (15.83)	2.184*** (6.59)	1.302*** (3.44)
raise	−20.62* (−2.03)			56.74*** (10.30)		
nettot		−8.944*** (−5.67)	−10.35*** (−5.41)		4.041*** (4.01)	2.830*** (3.48)
capital			−422.1 (−1.79)			−21.38 (−0.44)
_cons	12.56** (3.19)	15.90*** (5.52)	13.26*** (3.37)	−6.178** (−2.94)	13.88*** (8.73)	16.94*** (11.46)
样本量	1 208	522	445	1 177	465	411
R^2	0.015	0.109	0.117	0.244	0.417	0.426

注：括号内为 *t* 统计值，***、** 和 * 分别表示 1%、5%和 10%的显著水平，采用固定效应回归。

根据表 6－3、表 6－4、表 6－5 的回归结果，可以认为金融约束越强，实际利率越低，而资本收益率越高，佐证了第一节模型分析结果。

在理论分析中，我们还得出结论：金融资本与实体资本的双向流动净额并不等于零，金融约束会引起国际收支失衡。当金融约束高于世界水平时，金融资本外流，而 FDI 内流，并且净额大于零，即国际收支顺差；当金融约束低于世界水平时，金融资本内流，而 FDI 外流，并且净额小于零，即国际收支逆差。

本部分利用面板回归分析金融约束对国际收支的影响，表 6－6 为回归结果。从第(1)—(3)列国际收支 *CA* 回归结果可以看出，金融约束变量 *FIN* 的回归系数显著为负，这说明私人信贷规模越大，金融发展水平越高，越容易引起国际收支逆差。这个实证结果与第一节模型分析结论相符。理论和实证结果在中、美两国间的表现为中国的金融发展滞后，私人信贷规模较小，所以中国对美国表现出持续的国际收支顺差。

表 6－6　国际收支与金融约束面板回归结果

	(1) *CA*	(2) *CA*	(3) *CA*
FIN	−6.110*** (−3.69)	−6.773*** (−4.23)	−6.791*** (−4.14)
growth	−0.037 5 (−0.74)	−0.009 95 (−0.20)	−0.074 4 (−1.40)
*gdpper*1	−0.852 (−0.38)	−2.164 (−1.00)	−8.039** (−3.08)
raise	54.14* (2.13)		
*nettot*1		2.202 (1.53)	2.134 (1.40)

续　表

	(1) *CA*	(2) *CA*	(3) *CA*
capital			−31.59 (−0.13)
_cons	−18.83 (−1.83)	0.281 (0.10)	6.546* (2.07)
N	1 029	1 038	927
R^2	0.030	0.027	0.042

注：括号内为 *t* 统计值，***、** 和 * 分别表示 1%、5%和 10%的显著水平，采用固定效应回归。

为了检验回归方程(6.19)在表 6－6 中回归结论的稳健性，本节对国家进行分类回归。根据 WDI 对国家的分类，本节把国家分为高收入国家和中低收入国家，分别对两类经济体进行分类回归分析，详见表 6－7 和表 6－8。表 6－7 是对高收入国家进行回归，从第(1)—(3)列回归结果可以看出，三列金融约束变量 *FIN* 的回归系数都显著为负，这说明高收入国家的私人信贷规模越大，越容易逆差，这与表 6－6 的结论一致。

表 6－7　高收入国家的国际收支与金融约束面板回归结果

	(1) *CA*	(2) *CA*	(3) *CA*
FIN	−10.34* (−2.41)	−10.37** (−2.69)	−12.14** (−2.92)
growth	−0.229** (−3.21)	−0.218** (−3.10)	−0.174* (−2.38)
*gdpper*1	−32.38*** (−3.48)	−36.25*** (−4.13)	−27.19** (−2.68)

续 表

	(1) CA	(2) CA	(3) CA
raise	12.25 (0.30)		
nettot		3.377 (1.74)	2.829 (1.35)
capital			−14.56 (−0.05)
_cons	6.043 (0.35)	8.029* (2.45)	6.683 (1.90)
N	578	580	504
R^2	0.066	0.070	0.067

注：括号内为 *t* 统计值，*** 、** 和 * 分别表示 1%、5%和 10%的显著水平，采用固定效应回归。

表 6-8 是对中低收入国家的回归结果。从第(1)—(3)列回归结果可以看出，三列金融约束变量 *FIN* 的回归系数都显著为负，这说明中低收入国家的私人信贷规模扩大，也容易引起国际收支逆差，这与表 6-7 和表 6-8 的结论一致。

表 6-8　中低收入国家的国际收支与金融约束面板回归结果

	(1) CA	(2) CA	(3) CA
FIN	−3.657** (−2.64)	−3.823** (−2.82)	−4.156** (−2.62)
growth	0.145* (2.04)	0.136* (1.98)	−0.073 7 (−0.97)

续　表

	(1) CA	(2) CA	(3) CA
*gdpper*1	1.563 (0.88)	0.678 (0.40)	−7.364*** (−3.69)
raise	37.03 (1.17)		
nettot		8.418*** (3.64)	9.839*** (4.25)
capital			1 125.9 (1.97)
_cons	−9.566 (−0.75)	−4.549 (−0.81)	15.05* (2.40)
N	292	299	275
R^2	0.065	0.110	0.170

注：括号内为 t 统计值，***、** 和 * 分别表示 1%、5%和 10%的显著水平，采用固定效应回归。

根据表 6－6、表 6－7、表 6－8 的回归结果，可以认为金融约束强，私人信贷规模越低，会引起一个国际收支顺差，佐证了第一节模型分析结果。

第三节　结论及政策建议

本章建立 OLG 模型，分析动态均衡条件下金融约束对资本流动方式和国际收支的影响。本章对资本跨国流动分三种情况进行分析：借贷资本流动、股权资本流动和两种资本同时流动。假定本国的金融约束大于国际金融约束，当只有金融资本可以跨国流动时，一部分储蓄会进入国际金融市场，引起国际收支顺差；当只有股权资本可以跨国流动时，国际金融资本以FDI的形式流入国内；当金融资本和股权资本都可以跨国流动时，借贷资本外流，股权资本内流，并且净值大于0，国际收支顺差。

在模型分析中，我们得出金融约束对利率及国际收支都有影响的结论，本章利用国际面板数据，实证模型检验这个结论。根据金融约束变量的回归系数，可以判断出金融约束越严重的国家，越会引起低的实际利率、高的资本收益率。当资本可以跨国流动时，金融资本就会向实际利率高的国家流动，而实体资本，即FDI，就会向资本收益率高的国家流动，两种资本双向流动的净值表现为国际收支顺差。实证检验的结果与第一节模型分析的结论完全一致。

从本章的研究结论可以推断出，中国持有大量的美国国债，而又同时吸引大量的美国FDI进入中国，是由于两国的金融发展水平不同造成的。由于中国金融约束强于美国，因此企业得不到充分的融资，储蓄有一部分表现为国际收支顺差。只有加快中国的金融发展水平，为企业提供充足的融资，才会降低中美之间的国际收支失衡。

附录：金融资本和股权资本跨国流动公式推导

本章第一节中的第3点，假定金融资本和股权资本都可以跨国流动。根据要素市场跨期均衡和效用跨期最优条件，可以给出多个约束方程。

劳动市场上的跨期最优均衡条件：

$$w_{t+1}=\left(\frac{1-\alpha}{\alpha}\right)^{\alpha}(w_t-B_t-\Omega_t)^{\alpha} \tag{6.54}$$

资本市场上的跨期最优均衡条件：

$$\eta i_t+B_t+\Omega_t=w_t \tag{6.55}$$

生产厂商最优化条件：

$$R_{t+1}^{k}\eta i_t=\rho w_{t+1} \tag{6.56}$$

预算约束条件：

$$R_t^w\left(i_t+\frac{\Omega_t}{\eta}-w_t\right)=\theta i_t R_{t+1}^{k} \tag{6.57}$$

资本市场利率均等化条件：

$$R_t^e\equiv\frac{(R_{t+1}^{k}-R_t)i_t+R_t^wR_tw_t+(R_{t+1}^{k^*}-R_t^w)\dfrac{\Omega_t}{\eta}}{w_t} \tag{6.58}$$

利用式(6.55)和式(6.56)可以消掉投资变量 i_t，两式化简为：

$$\frac{\rho w_{t+1}}{R_{t+1}^{k}}+B_t+\Omega_t=w_t \tag{6.59}$$

利用式(6.56)和式(6.57)可以消掉投资变量 i_t，两式化简为：

$$R_t^w\left(\frac{\rho w_{t+1}}{R_{t+1}^{k}\eta}+\frac{\Omega_t}{\eta}-w_t\right)=\theta\frac{\rho w_{t+1}}{R_{t+1}^{k}\eta}R_{t+1}^{k} \tag{6.60}$$

利用式(6.56)和式(6.58)可以消掉投资变量 i_t，两式化简为：

$$R_t^e\equiv\frac{(R_{t+1}^{k}-R_t^w)\dfrac{\rho w_{t+1}}{R_{t+1}^{k}\eta}+R_t^w w_t+(R_{t+1}^{k^*}-R_t)\dfrac{\Omega_t}{\eta}}{w_t} \tag{6.61}$$

利用这三个化简后的式子和式(6.1)可以得出：

$$R_t^e=\frac{\rho w_{t+1}+R_{t+1}^{k^*}\Omega_t-\theta\rho w_{t+1}}{\eta w_t}=\frac{(1-\theta)\rho}{\eta}+\frac{R_{t+1}^{k^*}\Omega}{\eta w}$$

$$w=\frac{R^{k^*}\Omega}{\eta R^e-(1-\theta)\rho}$$

$$\frac{R_{t+1}^{k^*}\Omega_t}{\eta R_t^e-(1-\theta)\rho}=\left(\frac{1-\alpha}{\alpha}\right)^{\alpha}\left(\frac{R_{t+1}^{k^*}\Omega_t}{\eta R_t^e-(1-\theta)\rho}-B_t-\Omega_t\right)^{\alpha} \quad (6.62)$$

可以计算出跨国股权资本额：

$$\Omega=\frac{\eta R_t^{e^*}-(1-\theta)\rho}{R^{k^*}}\left(\frac{1-\alpha}{\alpha}\right)^{\alpha}\left(\frac{R_{t+1}^{k^*}\Omega_t}{\eta R_t^e-(1-\theta)\rho}-B_t-\Omega_t\right)^{\alpha} \quad (6.63)$$

资本市场 $\eta i_t+B_t+\Omega_t=w_t$，根据工资方程代入可得：

$$\begin{aligned}\Omega&=\frac{\eta R_t^{e^*}-(1-\theta)\rho}{R^{k^*}}\left(\frac{1-\alpha}{\alpha}\right)^{\alpha}\left(\frac{R_{t+1}^{k^*}\Omega_t}{\eta R_t^e-(1-\theta)\rho}-B_t-\Omega_t\right)^{\alpha}\\&=\frac{\eta R_t^{e^*}-(1-\theta)\rho}{R^{k^*}}\left(\frac{1-\alpha}{\alpha}\right)^{\alpha}(\eta i)^{\alpha}\end{aligned} \quad (6.64)$$

由于 $\bar{R}_A^e=\frac{(1-\theta)}{n}\rho$，$\bar{R}_A^k=\rho$，$\eta i=\frac{\Omega}{\theta-\theta^*}-B-\Omega$，代入跨国股权资本额，得：

$$\Omega=(\theta-\theta^*)\rho^{-\alpha}(\eta i)^{\alpha} \quad (6.65)$$

由于 $\theta<\theta^*$，我们可以得出结论 $\Omega<0$，所以当本国金融发展水平相对滞后时，会引起股权资本的流入。

下面我们继续推导金融资本的跨国流动方向。依然使用上文中的五个市场跨期最优化约束条件。利用式(6.54)和式(6.55)可以消掉 $B_t+\Omega_t$，两式化简为：

$$\rho^{\alpha}w=(\eta i)^{\alpha}\Rightarrow w=\left(\frac{\eta i}{\rho}\right)^{\alpha} \quad (6.66)$$

此式与式(6.56)相结合，可以消掉工资变量 w，得出化简式：

$$R^{k}\eta i=\rho\frac{(\eta i)^{\alpha}}{\rho^{\alpha}}\Rightarrow i=\frac{\rho R^{k^{\frac{1}{\alpha-1}}}}{\eta} \tag{6.67}$$

利用上述结果与式(6.57)相结合，可以消掉工资变量 w，得出化简式：

$$R^{w}\left(\frac{\rho R^{k^{\frac{1}{\alpha-1}}}}{\eta}+\frac{\Omega}{\eta}-R^{k-\rho}\right)=\theta\frac{\rho R^{k^{\frac{1}{\alpha-1}}}}{\eta}R^{k} \tag{6.68}$$

利用上述结果与式(6.58)相结合，可以消掉工资变量 w，得出化简式：

$$R^{e}\equiv\frac{(R^{k}-R)\dfrac{\rho R^{k^{\frac{1}{\alpha-1}}}}{\eta}+RR^{k-\rho}+(R^{k^{*}}-R)\dfrac{\Omega}{\eta}}{R^{k-\rho}} \tag{6.69}$$

此式可化简为：

$$\eta R^{e}=(R^{k}-R^{w})\rho R^{k-1}+\eta R^{w}+(R^{k^{*}}-R^{w})\left(\frac{\theta\rho}{R}+\eta-\rho R^{k^{\frac{1}{\alpha-1}+\rho}}\right) \tag{6.70}$$

由于假定外国的利率为外生变量：

$$R_{IFA}^{k^{*}}=\rho,\quad R_{IFA}^{w^{*}}=\frac{\theta^{*}}{1-\eta}\rho,\quad R_{IFA}^{e^{*}}=\frac{(1-\theta^{*})}{\eta}\rho$$

直接代入上述方程，并化简得出：

$$\rho R^{k-1}=\theta^{*}-\theta+\frac{\theta}{\theta^{*}}(1-\eta)+\eta \tag{6.71}$$

由于设定 $\theta<\theta^{*}<1-\eta$，因此得出结论：

$$\rho R^{k-1}=\theta^{*}-\theta+\frac{\theta}{\theta^{*}}(1-\eta)+\eta<1-\eta-\theta+\frac{\theta}{1-\eta}(1-\eta)+\eta=1 \tag{6.72}$$

最后可以化简为$R^k > \rho$。由于$\frac{R^k}{\rho} = \frac{w}{\eta i}$，利用上述结论，结合式(6.55)和式(6.56)，推导出$B + \Omega > 0$。

因此，在金融资本和股权资本都可以跨国流动的情况下，金融发展滞后的国家会出现资本外流的情况。但是由于前面已经证明金融发展滞后的国家股权资本净流入，因而可以进一步判断出其金融资本净流出。

第七章　汇率变动对进出口贸易影响的实证分析

随着顺差不断积累，进出口贸易和人民币汇率关系的讨论越来越受到关注。2003 年，美国时任财政部部长斯诺和商务部部长埃文斯相继访华，正式向中国政府提出人民币汇率浮动的要求，以期解决中美贸易顺差问题。2005 年 7 月 21 日，我国改变了之前长期实行的人民币盯住美元的汇率制度，开始实行以市场供求为基础、参考一篮子货币进行调节、有管理的浮动汇率制度。这使得进入 21 世纪以来由于大量国际收支顺差积累导致的升值压力逐渐释放出来。人民币兑美元汇率由 2005 年的 1∶8.194 升至 2013 年初的大约 1∶6.195，升值幅度达到了约 25%，详见图 7－1。

虽然人民币在过去十多年有大幅升值，但是中国对美国的顺差状况并没有根本改变。由此引发了一个思考：作为顺差积累的后果和自动调节机制之一，汇率变动与进出口贸易的关系究竟如何？中美贸易失衡与人民币汇率关系问题成为国际贸易与汇率理论中的一个复杂问题。从现实来看，国内外学者越来越意识到美中贸易逆差已经不再是人民币汇率层面的一个

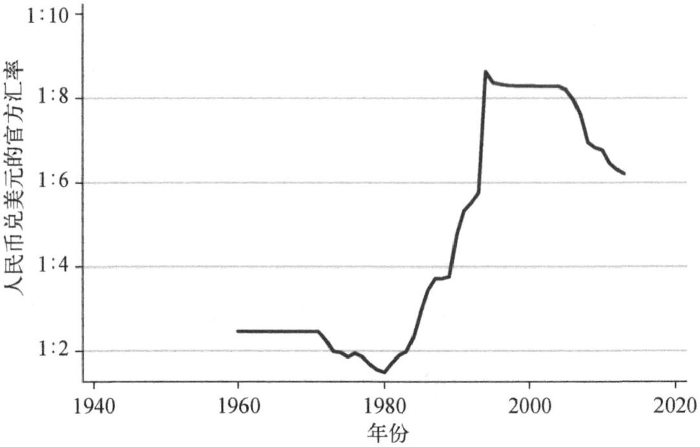

图 7-1　1960—2014 年人民币对美元的官方名义汇率

（数据来源：WDI 数据库）

简单问题，但是依然有大量研究声称人民币汇率应该浮动以解决中美贸易失衡问题，所以有必要进一步研究二者之间的关系。本章分为四个部分：第一节建立汇率和贸易关系的实证模型，第二节为汇率与进出口贸易数据的面板回归分析，第三节为汇率与进出口贸易数据的时间序列回归分析，第四节给出总结及政策建议。

第一节　汇率和贸易关系的实证模型

一、模型设定

参考相关文献模型，本章构建出一国出口和进口回归模型，分析汇率变动对进出口贸易的影响(Goldstein and Khan, 1985)。首先，分析一国出口的影响因素。根据现有文献可知，一国国际贸易主要取决于三个变量：(1) 外国经济总量。当外国经济总量越大时，对这个国家的进口需求就越高，本章用外国 GDP 表示外国经济总量。(2) 国内外产品的相对价格。当外国价格高时，有利于本国出口，不利于本国进口。国内外产品的相对价格可以用实际汇率表示，本章根据研究对象的不同，分别用名义利率和相对价格的乘积以及本国实际有效汇率表示。(3) 本国经济总量。当本国经济总量越大时，本国对外国的进口需求就越高，本章用本国 GDP 表示本国经济总量。

据此，对数线性化后，本国对外国的出口回归方程可以表示为：

$$\ln EX_{it} = \alpha_0 + \alpha_1 \ln GDP_{it}^* + \alpha_2 \ln e_{it} + \alpha_3 \pi_{it}^* + \alpha_4 \pi_{it} + \varepsilon_{it} \tag{7.1}$$

式中，EX_{it} 表示出口贸易额，单位为美元；GDP_{it}^* 表示外国经济总量，也用美元表示；e_{it} 表示名义汇率；π_{it}^* 表示外国通货膨胀率；π_{it} 表示本国通货膨胀率；α_i 表示变量的回归系数，检验各个变量和出口 EX_{it} 的关系；ε_{it} 表示随机误差项。

同样地，本国从外国的进口回归方程可以表示为：

$$\ln IM_{it} = \beta_0 + \beta_1 \ln GDP_{it} + \beta_2 \ln e_{it} + \beta_3 \pi_{it}^* + \beta_4 \pi_{it} + \delta_{it} \tag{7.2}$$

式中，IM_{it} 表示进口贸易额，单位为美元；GDP_{it} 表示本国经济总量，也用美元表示；e_{it} 表示名义汇率；π_{it}^* 表示外国通货膨胀率；π_{it} 表示本国通货膨胀率；β_i 表示变量的回归系数，检验各个变量和进口 IM_{it} 的关系；δ_{it} 表示随机误差项。

根据式(7.1)和式(7.2)，可以给出本国对外国的净出口回归方程：

$$\ln NET_{it} = \ln \frac{EX_{it}}{IM_{it}} = \gamma_0 + \gamma_1 \ln GDP_{it}^* + \gamma_2 \ln GDP_{it} + \gamma_3 \ln e_{it} + \gamma_4 \ln \pi_{it}^* + \gamma_5 \ln \pi_{it} + \tau_{it} \tag{7.3}$$

式中，$\frac{EX_{it}}{IM_{it}}$ 表示进出口额的相对值，由于对数线性化的变量不能小于 0，所以本章用进出口额的相对值表示净出口 NET_{it}；GDP_{it}^* 表示外国经济总量，也用美元表示；e_{it} 表示名义汇率；π_{it}^* 表示外国通货膨胀率；π_{it} 表示本国通货膨胀率；γ_i 表示变量的回归系数，检验各个变量和净出口 NET_{it} 的关系；τ_{it} 表示随机误差项。

二、数据说明和来源

为了让汇率对进出口贸易影响的分析结论更加稳健，本章对多个经济主体进行回归。首先，本章分析世界各国对全球进出口额与实际有效汇率的关系，这时候的进出口额分别用 $wldEX_{it}$ 和 $wldIM_{it}$ 表示；针对贸易品的不同，加入后缀 G、S 和 GS 分别表示货物贸易、服务贸易和货物服务总贸易。世界各国的全球进出口额，受到与所有贸易国家的汇率影响，所以根据研究标的的不同，汇率分别用名义汇率 e_{it} 和实际有效汇率 $reer_{it}$ 表示。为了检验回归结果的稳健性，回归方程中还加入了贸易国的 GDP_{it} 和通货膨胀率 π_{it} 等控制变量。

其次，本章选取美国、日本、中国作为贸易对象国，分析世界各国对这三个国家出口额与官方汇率的关系，这时候的进出口额分别用 $usaEX_{it}$、$jpnEX_{it}$、$chnEX_{it}$、$usaIM_{it}$、$jpnIM_{it}$、$chnIM_{it}$ 表示；针对贸易品的不同，加入后缀 G、S 和 GS 分别表示货物贸易、服务贸易和货物服务总贸易。世界各国货币与美元的汇率，采用官方公布的汇率 $usae_{it}$ 表示；世界各国货币与日元和人民币的汇率采用套汇计算方法，间接计算出相应货币与日元的汇率 $jpne_{it}$ 和与人民币的汇率 $chne_{it}$；世界各国与美国、日本、中国三国货币的汇率都采用直接标价法，即当汇率数值变大表示贬值，汇率数值变小表示升值。一国的实际有效汇率采用 $reer_{it}$ 表示，由于世界银行 WDI 给出的实际有效汇率是用间接标价法表示的，所以当 $reer_{it}$ 变大时，这个国家的货币升值。

最后，本章利用中国时间序列数据，对进出口贸易与汇率的关系进行分析。根据时间序列数据的稳定性和协整性检验结果，协整分析人民币汇率对中国进出口贸易的影响。

回归方程中变量的统计情况详见表 7 - 1。从表 7 - 1 中，可以看出样本数量还是很大的，在实际回归中，本章会去除掉极端值，让回归结果更加有代表性。

表 7－1　回归方程变量统计值

变　量	含　义	样本数	平均值	标准差	最小值	最大值
wldEXG	对世界货物出口	4 779	5.170×10^{10}	1.500×10^{11}	37 310	2.340×10^{12}
wldEXS	对世界服务出口	2 411	2.000×10^{10}	5.520×10^{10}	765 000	6.640×10^{11}
wldEXGS	对世界总出口	2 388	9.660×10^{10}	2.450×10^{11}	1.570×10^{6}	2.550×10^{12}
wldIMG	对世界货物进口	4 786	5.270×10^{10}	1.630×10^{11}	2.089×10^{6}	2.410×10^{12}
wldIMS	对世界服务进口	2 411	1.900×10^{10}	4.870×10^{10}	1.419×10^{6}	4.620×10^{11}
wldIMGS	对世界总进口	2 397	9.640×10^{10}	2.620×10^{11}	1.340×10^{7}	2.870×10^{12}
usaEXG	对美国货物出口	4 369	7.550×10^{9}	2.970×10^{10}	3	3.970×10^{11}
usaIMG	对美国货物进口	4 442	5.360×10^{9}	1.810×10^{10}	1 133	2.520×10^{11}
jpnEXG	对日本货物出口	4 532	2.250×10^{9}	8.640×10^{9}	2	1.520×10^{11}
jpnEXS	对日本服务出口	530	2.310×10^{9}	6.600×10^{9}	352 660	4.590×10^{10}
jpnEXGS	对日本总出口	530	8.150×10^{9}	1.800×10^{10}	1.153×10^{6}	1.160×10^{11}
jpnIMG	对日本货物进口	4 731	3.260×10^{9}	1.330×10^{10}	3 524	1.950×10^{11}
jpnIMS	对日本服务进口	523	1.580×10^{9}	4.120×10^{9}	58 200	3.110×10^{10}

续　表

变　量	含　　义	样本数	平均值	标准差	最小值	最大值
$jpnIMGS$	对日本总进口	523	1.170×10^{10}	2.800×10^{10}	1.120×10^{7}	1.780×10^{11}
$chnEXG$	对中国货物出口	4 122	3.190×10^{9}	1.610×10^{10}	3	3.210×10^{11}
$chnEXS$	对中国服务出口	521	2.230×10^{9}	5.820×10^{9}	−524 671	5.040×10^{10}
$chnEXGS$	对中国总出口	521	1.720×10^{10}	4.290×10^{10}	2.281×10^{6}	3.700×10^{11}
$chnIMG$	对中国货物进口	4 685	5.000×10^{9}	2.440×10^{10}	504	4.860×10^{11}
$chnIMS$	对中国服务进口	519	1.340×10^{9}	2.650×10^{9}	363 000	1.650×10^{10}
$chnIMGS$	对中国总进口	519	2.750×10^{10}	6.450×10^{10}	2.510×10^{7}	5.000×10^{11}
$usae$	对美元名义汇率	9 192	266.4	1 410	0	25 000
$reer$	实际有效汇率	3 096	1 804	75 408	9.754	4.162×10^{6}
$price$	与美国的相对价格	4 360	0.533	0.298	0	1.853
gdp	国内生产总值	10 171	8.200×10^{11}	4.060×10^{12}	8.825×10^{6}	7.560×10^{13}
π	通货膨胀率	7 927	23.84	338.0	−18.11	23 773

数据来源：贸易数据来源于联合国 COMTRADE 数据库，其他数据来源于世界银行 WDI 数据库。

第二节 汇率和进出口贸易关系的面板数据分析

根据本章第一节中文献的观点和汇率与进出口贸易关系的模型设定，本部分用多国面板数据对汇率与进出口贸易关系进行实证检验。

首先用单变量汇率与进出口进行回归分析。当各国的贸易对象为全球时，汇率采用实际有效汇率 *reer*，回归结果见表 7－2，从中可以看出回归结果非常不稳定。第(1)—(3)列是实际有效汇率 *reer* 与各国对全球出口贸易的回归结果。第(1)列对货物出口贸易 *wldEXG* 进行回归，实际有效汇率 *reer* 的弹性为－0.193，并且非常显著。这就表明当一国汇率升值1%会导致货物出口下降0.19%，这与国际贸易理论中的基本结论是相符的。但是第(2)列中，实际有效汇率 *reer* 与服务出口贸易 *wldEXS* 的出口弹性为1.412，也同样显著，这说明当一国汇率升值1%，会导致服务出口上升1.41%，这与国际贸易理论中的基本结论相矛盾。第(3)列中当把商品和服务都计算进来时，实际有效汇率 *reer* 与 *wldEXGS* 的弹性显著为1.463，这说明当一国汇率升值1%，会导致总出口上升1.463%，这同样与国际贸易理论中的基本结论相矛盾。

第(4)—(6)列是实际有效汇率 *reer* 与各国对全球进口贸易的回归结果。第(4)列对货物进口贸易 *wldIMG* 进行回归，实际有效汇率 *reer* 的弹性为－0.154，并且非常显著。这就表明当一国汇率升值1%会导致货物进口下降0.15%，这与国际贸易理论矛盾。但是第(5)列中，实际有效汇率 *reer* 与服务出口贸易 *wldIMS* 的弹性为1.550，也同样显著，这说明当一国汇率升值1%会导致服务进口上升1.55%，这符合国际贸易理论中的基本结论。第(6)列中，当把商品和服务都计算进来时，实际有效汇率 *reer* 与 *wldIMGS* 的进口弹性显著为1.618，这说明当一国汇率升值1%会导致总进口上升1.62%，这也符合国际贸易理论中的基本结论。

表 7 - 2　实际有效汇率与各国进出口贸易关系的单变量回归结果

	(1) ln *wldEXG*	(2) ln *wldEXS*	(3) ln *wldEXGS*	(4) ln *wldIMG*	(5) ln *wldIMS*	(6) ln *wldIMGS*	(7) ln *wldNETG*	(8) ln *wldNETS*	(9) ln *wldNETGS*
ln *reer*	−0.193*** (−3.59)	1.412*** (11.65)	1.463*** (12.24)	−0.154** (−2.92)	1.550*** (13.47)	1.618*** (13.79)	−0.042 4* (−2.30)	−0.138* (−2.47)	−0.159*** (−3.83)
_*cons*	23.66*** (95.37)	15.51*** (28.02)	16.78*** (30.70)	23.77*** (97.75)	14.94*** (28.41)	16.22*** (30.26)	−0.094 4 (−1.11)	0.574* (2.24)	0.556** (2.94)
N	2 467	1 216	1 209	2 470	1 216	1 216	2 453	1 216	1 209
R^2	0.005	0.108	0.118	0.004	0.139	0.145	0.002	0.005	0.013

注：括号内为 t 统计值，***、**、* 分别表示 1%、5%和 10%的显著水平。

第(7)—(9)列是实际有效汇率 *reer* 与各国对全球出口与进口贸易比值的回归结果，反映汇率与贸易净额的关系。第(7)列对货物净出口变量 *wldNETG* 进行回归，实际有效汇率 *reer* 的弹性为－0.042 4，在 5%的水平上显著。这就表明当一国汇率升值 1%会导致货物净出口下降 0.04%。在第(8)列中，实际有效汇率 *reer* 与服务贸易净出口 *wldNETS* 的弹性为－0.138，也在 5%的水平上显著，这说明当一国汇率升值 1%会导致服务净进口下降 0.13%。在第(9)列中，实际有效汇率 *reer* 与总贸易净出口 *wldNETGS* 的弹性为－0.159，非常显著，这说明当一国汇率升值 1%会导致总贸易净出口下降 0.159%。第(7)—(9)列是实际有效汇率 *reer* 与各国对全球出口与进口贸易比值的回归结果比较一致，都显著为负，这表明世界有效汇率升值会导致贸易平衡变差。

总体上看，表 7 - 2 的回归结果是不稳定的，与贸易理论不完全一致，实际有效汇率对进出口贸易单变量回归结果不明确。同时还可以看到，各列的 R^2 都很小，这说明单变量回归可能遗漏了重要变量。

表 7 - 2 是各国对全球进出口贸易的回归结果，为了进一步验证汇率与进出口贸易的关系，接着以美国作为贸易对象国，回归分析各国对美国进出口贸易与汇率的关系，此时的汇率是官方公布的名义汇率，回归结果详见表 7 - 3。由于在 COMTRADE 数据库中，美国服务贸易数据缺失，所以表 7 - 3 仅给出了货物贸易回归结论。表中其他国家的货币采用的是直接标价法，美元采用的是间接标价法，数值变大表示其他国家货币贬值、美元升值。第(1)列是各国货币对美元名义汇率 *usae* 与各国对美国出口货物贸易 *usaEXG* 的回归结果，汇率 *usae* 的弹性显著为 0.147，这表明当一国汇率贬值 1%会导致对美货物出口上升 0.15%，符合国际贸易理论。第(2)列是名义汇率 *usae* 与从美国进口货物贸易 *usaIMG* 的回归结果，汇率 *usae* 的弹性显著为 0.161，这表明当一国汇率贬值 1%会导致对美货物进口上升 0.16%，这与国际贸易理论矛盾。第(3)列是名义汇率 *usae* 与美国出口和进口货物贸易比值 *usaNETG* 的回归结果，反映汇率与贸易净额的关系，结果

表明名义汇率 *usae* 与美国出口和进口货物贸易比值 *usaNETG* 的相关性并不显著。总体上看，表 7－3 的回归结果与贸易理论也是不一致的；各列的 R^2 都很小，这说明单变量回归可能遗漏了重要变量。

表 7－3　名义汇率与各国对美国进出口贸易关系的单变量回归结果

	(1) ln *usaEXG*	(2) ln *usaIMG*	(3) ln *usaNETG*
ln *usae*	0.147*** (11.85)	0.161*** (19.77)	0.014 8 (1.32)
_cons	18.79*** (517.95)	19.38*** (820.79)	−0.701*** (−21.68)
N	3 936	3 988	3 883
R^2	0.036	0.093	0.000

注：括号内为 *t* 统计值，***、**、* 分别表示 1%、5%和 10%的显著水平。

表 7－4 是世界各国以日本作为贸易对象国，名义汇率与对日本进出口贸易的回归结果。*jpne* 是利用各国货币与美元汇率的间接套汇计算方法计算出来的，各国货币依然是直接标价法，日元采用间接标价法。第(1)—(3)列是 *jpne* 与各国对日本出口贸易的回归结果，可以看出货物出口与汇率之间的关系显著为正，但是服务贸易显著为负，所以回归结果是不稳定的；第(4)—(6)列是 *jpne* 与各国对日本进口贸易的回归结果，都显著为负，这就表明当一国货币对日元汇率贬值会导致进口下降。第(7)—(9)列是 *jpne* 与各国对日本出口与进口贸易比值的回归结果，回归结果依然不稳定。总体上看，对日本货物进出口贸易与汇率的关系符合国际贸易理论。但是服务贸易的回归结果与货物贸易相矛盾。表 7－4 的回归结果是不稳定的，依然有可能遗漏了重要变量。

表 7－5 是世界各国以中国作为贸易对象国，名义汇率与对中国进出口贸易的回归结果。*chne* 是利用各国货币与美元汇率的间接套汇计算方法计算出来的，各国货币依然采用直接标价法，人民币采用间接标价法。第

(1)—(3)列是 *chne* 与各国对中国出口贸易的回归结果，可以看出货物出口与汇率之间的关系显著为正，但是服务贸易显著为负，所以回归结果是不稳定的。第(4)—(6)列是 *chne* 与各国对中国进口贸易的回归结果，都显著为负，这就表明当一国货币对人民币汇率贬值会导致进口下降。第(7)—(9)列是 *chne* 与各国对中国出口与进口贸易比值的回归结果，回归结果依然不稳定。总体上看，对中国的货物进出口贸易与汇率的关系符合国际贸易理论。但是服务贸易的回归结果与货物贸易相矛盾。表 7-5 的回归结果是不稳定的，依然有可能遗漏了重要变量。

表 7-3—表 7-5 只是初步回归了进出口贸易与汇率的关系，根据式(7.1)—(7.3)，本部分进一步加入贸易国 GDP 值作为新的控制变量。首先分析当各国的贸易对象为全球时，实际有效汇率 *reer*、*GDP* 和进出口贸易的关系，回归结果见表 7-6。从表 7-6 中可以看出，加入控制变量 *GDP* 后，回归结果依然不理想。第(1)—(6)列是实际有效汇率 *reer* 与各国对全球进出口贸易的回归结果，不符合国际贸易理论。无论是商品贸易、服务贸易还是二者之和，出口都是随着 *reer* 的升值而增加，进口随着 *reer* 的升值而下降。*GDP* 的回归系数都显著为正，这说明世界总产值 *wldGDP* 的增加会促进各国出口，而各国的 *GDP* 增加会促进进口。

第(7)—(9)列对出口与进口比值的回归结果依然不稳定。各国货物贸易出口与进口比值对实际有效汇率 *reer* 显著负相关，而对本国和世界 *GDP* 都不显著；各国服务贸易和总贸易的出口与进口比值对实际有效汇率 *reer* 相关性不显著，对本国和世界 *GDP* 回归结果也不明确。

加入贸易国 GDP 值后，分析以美国作为贸易对象时，回归结果见表 7-7。从表 7-7 中可以看出，加入控制变量 *GDP* 后，回归结果不理想。各国对美国货物贸易出口贸易与对美元名义汇率 *usae* 的回归不显著；各国从美国的进口与美元名义汇率 *usae* 的回归结果为正，这与国际贸易理论不符；出口与进口比值对名义汇率 *usae* 相关性不显著。第(1)—(3)列中，美国 *GDP* 的提升有利于各国出口；各国自身 *GDP* 的提升会促进进口。

表 7－4　名义汇率与各国对日本进出口贸易关系的单变量回归结果

	(1) ln *jpnEXG*	(2) ln *jpnEXS*	(3) ln *jpnEXGS*	(4) ln *jpnIMG*	(5) ln *jpnIMS*	(6) ln *jpnIMGS*	(7) ln *jpnNETG*	(8) ln *jpnNETS*	(9) ln *jpnNETGS*
ln *jpne*	0.072 6*** (6.19)	−0.732*** (−3.47)	−0.332 (−1.79)	0.150*** (22.22)	−0.944*** (−4.45)	−0.724*** (−5.04)	−0.079 4*** (−6.67)	0.226 (1.01)	0.387* (2.42)
_cons	17.63*** (499.65)	16.95*** (30.19)	19.60*** (39.72)	19.47*** (993.72)	16.15*** (29.19)	19.46*** (51.92)	−1.968*** (−56.51)	0.979 (1.69)	0.245 (0.59)
N	4 114	312	312	4 273	305	305	4 067	304	304
R^2	0.010	0.041	0.011	0.108	0.068	0.085	0.011	0.004	0.021

注：括号内为 *t* 统计值，***、**、* 分别表示 1%、5%和 10%的显著水平。

表 7－5　名义汇率与各国对中国进出口贸易关系的单变量回归结果

	(1) ln *chnEXG*	(2) ln *chnEXS*	(3) ln *chnEXGS*	(4) ln *chnIMG*	(5) ln *chnIMS*	(6) ln *chnIMGS*	(7) ln *chnNETG*	(8) ln *chnNETS*	(9) ln *chnNETGS*
ln *chne*	0.208*** (7.69)	−0.686 (−1.46)	−0.157 (−0.43)	0.305*** (15.21)	−0.947** (−2.60)	−0.589 (−1.93)	−0.131*** (−6.78)	0.267 (0.85)	0.433* (2.31)
_cons	17.02*** (407.71)	18.86*** (239.17)	21.07*** (341.51)	18.26*** (574.50)	18.92*** (379.43)	22.30*** (533.75)	−1.730*** (−57.79)	−0.209*** (−3.95)	−1.356*** (−42.81)
N	3 709	309	309	4 233	317	317	3 677	309	309
R^2	0.016	0.008	0.001	0.054	0.023	0.013	0.013	0.003	0.019

注：括号内为 *t* 统计值，***、**、* 分别表示 1%、5%和 10%的显著水平。

表 7-6　各国对世界进出口贸易的回归结果

	(1) ln *wldEXG*	(2) ln *wldEXS*	(3) ln *wldEXGS*	(4) ln *wldIMG*	(5) ln *wldIMS*	(6) ln *wldIMGS*	(7) ln *wldNETG*	(8) ln *wldNETS*	(9) ln *wldNETGS*
ln *reer*	0.254*** (9.56)	0.394*** (6.04)	0.435*** (7.34)	−0.112*** (−6.89)	−0.310*** (−5.13)	−0.418*** (−10.36)	−0.069 0** (−2.99)	−0.017 3 (−0.25)	−0.080 8 (−1.57)
ln *wldgdp*	1.211*** (87.89)	1.383*** (55.49)	1.397*** (61.79)				−0.024 6 (−0.89)	0.261*** (4.87)	0.034 9 (0.87)
ln *gdp*				1.101*** (165.82)	1.027*** (64.57)	1.124*** (105.69)	−0.010 1 (−0.44)	−0.173*** (−4.27)	−0.056 9 (−1.88)
_*cons*	−16.07*** (−34.36)	−23.51*** (−30.96)	−22.61*** (−32.84)	−3.161*** (−17.85)	−1.682*** (−4.76)	−1.975*** (−8.35)	1.037* (2.37)	−3.991*** (−4.04)	0.492 (0.67)
N	2 467	1 216	1 209	2 442	1 216	1 216	2 425	1 216	1 209
R^2	0.766	0.762	0.801	0.921	0.817	0.922	0.009	0.026	0.020

注：括号内为 t 统计值，***、**、* 分别表示 1%、5%和 10%的显著水平。

表 7－7 各国对美国进出口贸易的回归结果

	(1) ln *usaEXG*	(2) ln *usaIMG*	(3) ln *usaNETG*
ln *usae*	−0.010 4 (−0.85)	0.034 6*** (6.08)	−0.007 42 (−0.59)
ln *usaGDP*	1.323*** (30.79)		0.515*** (6.37)
ln *GDP*		0.882*** (68.78)	−0.290*** (−5.65)
_cons	−20.29*** (−15.98)	−1.090*** (−3.65)	−9.166*** (−6.14)
N	3 936	3 890	3 798
R^2	0.231	0.601	0.012

注：括号内为 *t* 统计值，***、**、* 分别表示 1%、5%和 10%的显著水平。

当各国的贸易对象为日本时，对日元名义汇率 *jpne*、*GDP* 和进出口贸易的关系，回归结果见表 7－8。从表 7－8 中可以看出，加入控制变量 *GDP* 后，回归结果依然不理想。第(1)—(3)列名义汇率 *jpne* 与各国对日本出口贸易的回归结果显著为负，这与国际贸易理论矛盾；*GDP* 的回归系数都显著为正，这说明日本总产值 *jpnGDP* 的增加会促进各国出口。第(4)—(6)列名义汇率 *jpne* 与各国对日本进口贸易的回归结果显著为负，符合贸易理论；*GDP* 的回归系数都显著为正，这说明各国总产值 *GDP* 的增加会促进各国进口。第(7)—(9)列对出口与进口比值的回归结果依然不稳定。各国货物贸易出口与进口比值对名义汇率 *jpne* 显著负相关，对日本 *jpnGDP* 显著正相关，对本国 *GDP* 显著负相关；各国服务贸易和总贸易的出口与进口比值对名义汇率 *jpne* 相关性不显著，对本国和日本 *jpnGDP* 回归结果也不明确。

表 7-8　各国对日本进出口贸易的回归结果

	(1) ln *jpnEXG*	(2) ln *jpnEXS*	(3) ln *jpnEXGS*	(4) ln *jpnIMG*	(5) ln *jpnIMS*	(6) ln *jpnIMGS*	(7) ln *jpnNETG*	(8) ln *jpnNETS*	(9) ln *jpnNETGS*
ln *jpne*	−0.065 8*** (−4.95)	−1.530*** (−7.20)	−1.141*** (−6.37)	−0.001 60 (−0.29)	−0.575** (−3.19)	−0.523*** (−3.98)	−0.099 2*** (−6.93)	0.326 (0.99)	0.432 (1.94)
ln *jpnGDP*	0.898*** (19.42)	2.506*** (8.28)	2.542*** (9.98)				0.259*** (4.16)	−0.325 (−0.56)	0.295 (0.75)
ln *GDP*				0.809*** (58.50)	0.897*** (10.89)	0.489*** (8.16)	−0.117** (−2.72)	−0.008 51 (−0.05)	0.332** (2.92)
_*cons*	−8.651*** (−6.39)	−58.32*** (−6.41)	−56.76*** (−7.40)	0.0728 (0.22)	−6.127** (−2.92)	7.312*** (4.79)	−6.724*** (−4.73)	10.96 (0.76)	−16.85 (−1.73)
N	4 114	312	312	4 140	305	305	3 954	304	304
R^2	0.096	0.231	0.272	0.516	0.352	0.266	0.016	0.007	0.127

注：括号内为 *t* 统计值，***、**、* 分别表示 1%、5%和 10%的显著水平。

当各国的贸易对象为中国时，对人民币名义汇率 *chne*、*GDP* 和进出口贸易的关系，回归结果见表 7－9。从表 7－9 中可以看出，加入控制变量 *GDP* 后，回归结果依然不理想，并且与表 7－8 的回归结果非常相似。第(1)—(3)列名义汇率 *chne* 与各国对中国出口贸易的回归结果显著为负，这与国际贸易理论矛盾；*GDP* 的回归系数都显著为正，这说明中国总产值 *chnGDP* 的增加会促进各国出口。第(4)—(6)列名义汇率 *chne* 与各国对中国进口贸易的回归结果显著为负，符合贸易理论；*GDP* 的回归系数都显著为正，这说明各国总产值 *GDP* 的增加会促进各国进口。第(7)—(9)列对出口与进口比值的回归结果依然不稳定。各国货物贸易出口与进口比值对名义汇率 *chne* 显著负相关，对中国 *chnGDP* 显著正相关，对本国 *GDP* 显著负相关；各国服务贸易和总贸易的出口与进口比值对名义汇率 *chne* 相关性不显著，对本国和中国 *chnGDP* 回归结果也不明确。

表 7－6—表 7－9 中的回归方程只加入了贸易双方的 *GDP*，根据式(7.1)—式(7.3)，本部分进一步加入控制变量贸易国通货膨胀率 π 进一步回归。当各国的贸易对象为美国时，名义汇率 *usae*、*GDP*、通货膨胀率 π 和进出口贸易的关系，回归结果见表 7－10。从表 7－10 中可以看出，加入控制变量通货膨胀率 π 后，回归结果不理想。各国对美国货物贸易出口贸易与名义汇率 *usae* 的回归结果显著为负，但是进口贸易与名义汇率 *usae* 的回归结果为正，这两个结果都与贸易理论相悖。

美国 *usaGDP* 的提升有利于各国出口；各国自己的 *GDP* 提升会促进进口；美国通货膨胀率 $usa\pi$ 的提升，有利于各国对美国出口；各国自己的通货膨胀率 π，回归结果并不显著，这说明本国通货膨胀率对进口没有影响。第(3)列中名义汇率 *usae* 对出口与进口比值的回归结果显著为负，这表明本币贬值并没有改善国际收支状况。

当以日本作为贸易对象时，加入控制变量贸易国通货膨胀率 π 进一步回归，结果详见表 7－11。从表 7－11 中可以看出，加入通货膨胀率变量 π 后，回归结果依然不理想。第(1)—(3)列名义汇率 *jpne* 与各国对日本出口贸易的回归结果为负，这与国际贸易理论矛盾；*jpnGDP* 的回归系数都显著为正，这说明日本总产值 *jpnGDP* 的增加会促进各国出口；日本的通货膨胀率 $jpn\pi$ 显著为正，这说明日本物价上涨有利于各国对其出口。第(4)—(6)列名义汇率 *jpne* 与各国对日本进口贸易的回归结果为负，符合贸易理论；*GDP* 的回归系数都显著为正，这说明各国总产值 *GDP* 的增加会促进各国进口；日本的通货膨胀率 $jpn\pi$ 显著为正，与经济理论矛盾。第(7)—(9)列各国货物贸易出口与进口比值对名义汇率 *jpne* 显著负相关；对 *GDP* 和 π 的回归结果都不明确。

当以中国作为贸易对象时，加入贸易国通货膨胀率变量 π 后的回归结果详见表 7 - 12。从表 7 - 12 中可以看出，加入通货膨胀率变量 π 后，回归结果依然不理想。第(1)—(3)列名义汇率 *chne* 与各国对中国出口贸易的回归结果为负，这与国际贸易理论矛盾；*chnGDP* 的回归系数都显著为正，这说明中国总产值 *chnGDP* 的增加会促进各国出口；中国的通货膨胀率 $chn\pi$ 显著为正，这说明中国物价上涨有利于各国对其出口。第(4)—(6)列名义汇率 *chne* 与各国对中国进口贸易的回归结果不太稳定；*GDP* 的回归系数都显著为正，这说明各国总产值 *GDP* 的增加会促进各国进口；中国和各国的通货膨胀率 π 回归结果也不稳定。第(7)—(9)列各国货物贸易出口与进口比值对名义汇率 *chne* 负相关，但是显著性不强；中国和各国的 π 回归结果都不明确。

通过表 7 - 10—表 7 - 12 的回归结果可以看出，引入通货膨胀率后，世界各国对美国、日本、中国的双边贸易与名义汇率的回归结果很不稳定。接下来，本部分利用相对价格（*price*）代替名义汇率进行回归分析，*price* 数值越高表明本国的物价越贵，越不利于出口，越会促进进口。

当各国的贸易对象为美国时，与美国的相对价格 *usaprice*、*GDP* 和进出口贸易的关系，回归结果见表 7 - 13。从表 7 - 13 可以看出相对价格 *usaprice* 与各国对全球进出口贸易的回归结果，无论是商品贸易、服务贸易，还是二者之和，完全与国际贸易理论矛盾：随着各国相对物价 *usaprice* 的上升，各国对美国出口上升，进口和净出口下降。所以用相对物价水平并没有改善表 7 - 7 的回归结果。进出口贸易与汇率、相对物价的关系依然不稳定。

表 7－9　各国对中国进出口贸易的回归结果

	(1) ln *chnEXG*	(2) ln *chnEXS*	(3) ln *chnEXGS*	(4) ln *chnIMG*	(5) ln *chnIMS*	(6) ln *chnIMGS*	(7) ln *chnNETG*	(8) ln *chnNETS*	(9) ln *chnNETGS*
ln *chne*	−0.042 0* (−2.11)	−1.654*** (−5.12)	−1.092*** (−6.91)	0.136*** (13.52)	−0.348 (−1.57)	−0.003 75 (−0.03)	−0.127*** (−6.36)	−0.284 (−0.76)	−0.353 (−1.74)
ln *chnGDP*	1.476*** (57.95)	1.223*** (17.91)	1.181*** (35.38)				0.342*** (5.51)	0.440** (2.90)	0.637*** (7.73)
ln *GDP*				2.422*** (110.42)	1.809*** (22.34)	1.769*** (43.44)	−0.581*** (−5.71)	−0.620* (−2.23)	−0.865*** (−5.72)
_*cons*	−23.86*** (−33.79)	−16.30*** (−8.30)	−12.88*** (−13.42)	−38.81*** (−74.99)	−28.15*** (−13.36)	−23.72*** (−22.39)	2.694* (2.38)	3.342 (0.87)	2.918 (1.39)
N	3 709	309	309	4 100	317	317	3 586	309	309
R^2	0.496	0.542	0.820	0.772	0.647	0.872	0.020	0.035	0.213

注：括号内为 t 统计值，***、**、* 分别表示 1%、5%和 10%的显著水平。

表 7-10　各国对美国进出口贸易的回归结果(引入通货膨胀率)

	(1) ln *usaEXG*	(2) ln *usaIMG*	(3) ln *usaNETG*
ln *usae*	−0.073 0*** (−5.30)	0.023 8*** (3.52)	−0.050 0*** (−3.64)
ln *usaGDP*	1.552*** (31.05)		0.514*** (5.90)
π	−0.000 059 2 (−0.92)	−0.000 046 1 (−1.49)	−0.000 000 811 (−0.01)
usaπ	0.040 5** (3.14)	0.007 31 (1.28)	−0.000 213 (−0.02)
ln *GDP*		0.894*** (63.57)	−0.229*** (−4.46)
_*cons*	−26.99*** (−17.99)	−1.360*** (−4.05)	−10.46*** (−6.08)
N	3 536	3 508	3 447
R^2	0.274	0.611	0.014

注：括号内为 t 统计值，***、**、* 分别表示 1%、5%和 10%的显著水平。

表 7-11　各国对日本进出口贸易的回归结果(引入通货膨胀率)

	(1) ln *jpnEXG*	(2) ln *jpnEXS*	(3) ln *jpnEXGS*	(4) ln *jpnIMG*	(5) ln *jpnIMS*	(6) ln *jpnIMGS*	(7) ln *jpnNETG*	(8) ln *jpnNETS*	(9) ln *jpnNETGS*
ln *jpne*	−0.027 1 (−1.75)	−1.658*** (−6.50)	−1.009*** (−4.70)	0.007 82 (1.20)	−0.436* (−2.15)	−0.452** (−3.05)	−0.087 6*** (−5.45)	−0.079 1 (−0.19)	0.706* (2.47)
ln *jpnGDP*	0.911*** (13.51)	2.618*** (8.16)	2.421*** (8.96)				0.272*** (3.48)	0.420 (0.61)	−0.274 (−0.59)
π	−0.000 119 (−1.47)	−0.011 3** (−2.95)	−0.005 83 (−1.80)	−0.000 099** (−2.96)	0.009 90** (2.75)	−0.002 28 (−0.87)	0.000 039 9 (0.50)	−0.010 4 (−1.91)	0.008 20* (2.23)
$jpn\pi$	0.043 5* (2.57)	0.044 8 (0.91)	0.111** (2.66)	0.017 5** (3.03)	−0.030 2 (−0.63)	0.076 6* (2.18)	0.023 3 (1.37)	0.057 2 (0.93)	−0.071 6 (−1.74)
ln *GDP*				0.824*** (53.34)	0.965*** (10.83)	0.426*** (6.55)	−0.080 3 (−1.86)	−0.261 (−1.27)	0.548*** (3.98)
_cons	−8.909*** (−4.52)	−61.92*** (−6.34)	−52.88*** (−6.43)	−0.257 (−0.69)	−7.603** (−3.27)	9.137*** (5.38)	−8.004*** (−4.04)	−5.256 (−0.31)	−5.168 (−0.45)
N	3 674	310	310	3 704	303	303	3 575	302	302
R^2	0.087	0.262	0.301	0.535	0.371	0.280	0.011	0.024	0.153

注：括号内为 *t* 统计值，***、**、* 分别表示 1%、5%和 10%的显著水平。

表 7－12　各国对中国进出口贸易的回归结果(引入通货膨胀率)

	(1) ln *chnEXG*	(2) ln *chnEXS*	(3) ln *chnEXGS*	(4) ln *chnIMG*	(5) ln *chnIMS*	(6) ln *chnIMGS*	(7) ln *chnNETG*	(8) ln *chnNETS*	(9) ln *chnNETGS*
ln *chne*	0.068 3 (1.87)	−1.856*** (−4.92)	−1.382*** (−7.69)	0.172*** (9.20)	−0.180 (−0.74)	−0.031 0 (−0.26)	−0.035 9 (−0.99)	−0.530 (−1.17)	−0.495* (−2.03)
ln *chnGDP*	1.565*** (49.11)	1.234*** (15.34)	1.194*** (31.15)				0.321*** (4.49)	0.510** (3.07)	0.665*** (7.40)
π	0.000 166 (1.04)	−0.007 03 (−1.29)	−0.010 2*** (−3.94)	−0.000 065 9 (−0.76)	0.005 62 (1.50)	−0.003 88* (−2.10)	0.000 269 (1.68)	−0.006 20 (−1.06)	−0.000 849 (−0.27)
$chn\pi$	0.019 6*** (4.04)	−0.007 99 (−0.32)	−0.008 59 (−0.71)	−0.022 9*** (−9.56)	0.009 45 (0.55)	0.024 0** (2.80)	0.019 0*** (3.84)	0.000 964 (0.04)	−0.028 3* (−2.09)
ln *GDP*				2.333*** (87.72)	1.799*** (18.50)	1.685*** (35.01)	−0.334** (−2.86)	−0.772* (−2.47)	−0.826*** (−4.88)
_*cons*	−26.86*** (−29.88)	−16.61*** (−7.29)	−13.22*** (−12.17)	−36.50*** (−57.69)	−27.95*** (−11.14)	−21.60*** (−17.39)	−3.088* (−2.31)	5.305 (1.17)	1.175 (0.48)
N	2 904	307	307	3 116	315	315	2 853	307	307
R^2	0.522	0.544	0.830	0.779	0.651	0.877	0.013	0.039	0.226

注：括号内为 *t* 统计值，***、**、* 分别表示 1%、5%和 10%的显著水平。

表 7-13　各国对美国进出口贸易的回归结果(引入相对价格水平)

	(1) ln *usaEXG*	(2) ln *usaIMG*	(3) ln *usaNETG*
ln *usaprice*	0.303*** (3.48)	−0.245*** (−3.74)	−0.917*** (−5.35)
ln *usaGDP*	1.431*** (23.17)		−0.001 03 (−0.01)
ln *GDP*		0.959*** (37.75)	0.261* (2.19)
_cons	−23.40*** (−12.42)	−3.065*** (−4.76)	−7.539*** (−3.42)
N	3 267	3 297	3 225
R^2	0.200	0.497	0.019

注：括号内为 t 统计值，***、**、* 分别表示 1%、5%和 10%的显著水平。

当各国的贸易对象为日本时，与日本相对价格 *jpnprice*、*GDP* 和进出口贸易的关系，回归结果见表 7－14。从表 7－14 中可以看出，相对价格 *jpnprice* 回归结果依然不理想。第(1)—(3)列相对价格 *jpnprice* 与各国对日本出口贸易的回归结果显著为正，这表明各国价格越高越促进出口，这显然不符合经济规律；*GDP* 的回归系数都显著为正，这说明日本总产值 *jpnGDP* 的增加会促进各国出口。第(4)—(6)列相对价格 *jpnprice* 与各国对日本进口贸易的回归结果不稳定；*jpnGDP* 的回归系数都显著为正，这说明各国总产值 *GDP* 的增加会促进各国进口。第(7)—(9)列对出口与进口比值的回归结果依然不稳定。各国货物贸易出口与进口比值对相对价格 *jpnprice* 显著负相关；各国服务贸易和总贸易的出口与进口比值相对价格 *jpnprice* 回归结果不显著。

当各国的贸易对象为中国时，与中国相对价格 *chnprice*、*GDP* 和进出口贸易的关系，回归结果见表 7－15。从表 7－15 中可以看出，相对价格 *chnprice* 回归结果依然不理想。第(1)—(3)列相对价格 *chnprice* 与各国对中国出口贸易的回归结果显著为正，这表明各国价格越高越促进出口，这显然不符合经济规律；*GDP* 的回归系数都显著为正，这说明中国总产值 *chnGDP* 的增加会促进各国对中国出口。第(4)—(6)列相对价格 *chnprice* 与各国对日本进口贸易的回归结果显著为负，这表明各国价格越高越降低从中国进口，这显然不符合经济规律；*GDP* 的回归系数都显著为正，这说明各国总产值 *GDP* 的增加会促进各国对中国进口。第(7)—(9)列对出口与进口比值的回归结果依然不稳定。各国货物贸易出口与进口比值对相对价格 *chnprice* 显著负相关；各国服务贸易的出口与进口比值相对价格 *chnprice* 回归结果显著为正。

表 7－14　各国对日本进出口贸易的回归结果(引入相对价格水平)

	(1) ln *jpnEXG*	(2) ln *jpnEXS*	(3) ln *jpnEXGS*	(4) ln *jpnIMG*	(5) ln *jpnIMS*	(6) ln *jpnIMGS*	(7) ln *jpnNETG*	(8) ln *jpnNETS*	(9) ln *jpnNETGS*
ln *jpnprice*	0.797*** (10.33)	1.087*** (9.58)	1.124*** (12.88)	−0.0371 (−0.58)	0.225 (1.21)	0.529*** (3.78)	−0.757*** (−3.36)	−0.552 (−1.16)	0.236 (0.72)
ln *jpnGDP*	1.159*** (7.47)	1.288*** (6.59)	1.254*** (8.34)				−0.296 (−1.00)	−0.601 (−1.02)	1.002* (2.46)
ln *GDP*				0.799*** (24.08)	0.769*** (6.97)	0.200* (2.42)	0.244 (1.70)	0.369 (1.04)	0.038 2 (0.16)
_cons	−15.43*** (−3.40)	−17.94** (−3.14)	−15.47*** (−3.52)	0.213 (0.25)	−1.105 (−0.38)	16.45*** (7.47)	0.163 (0.03)	8.118 (0.88)	−30.87*** (−4.84)
N	3 189	493	493	3 304	486	486	3 155	485	485
R^2	0.066	0.250	0.366	0.404	0.294	0.186	0.010	0.003	0.122

注：括号内为 t 统计值，***、**、* 分别表示 1%、5%和 10%的显著水平。

表 7-15 各国对中国进出口贸易的回归结果(引入相对价格水平)

	(1) ln *chnEXG*	(2) ln *chnEXS*	(3) ln *chnEXGS*	(4) ln *chnIMG*	(5) ln *chnIMS*	(6) ln *chnIMGS*	(7) ln *chnNETG*	(8) ln *chnNETS*	(9) ln *chnNETGS*
ln *chnprice*	1.034*** (7.01)	1.961*** (8.11)	1.226*** (11.02)	−1.371*** (−21.11)	−0.797*** (−6.18)	−0.438*** (−6.66)	−0.818** (−3.12)	1.452** (2.74)	0.208 (0.71)
ln *chnGDP*	1.677*** (54.92)	1.538*** (23.76)	1.308*** (43.99)				−0.108 (−0.87)	0.910*** (3.37)	0.564*** (3.80)
ln *GDP*				2.473*** (107.01)	2.017*** (29.98)	1.895*** (55.26)	0.315 (1.62)	−1.211** (−2.75)	−0.794** (−3.28)
_cons	−30.12*** (−34.18)	−26.78*** (−13.56)	−17.47*** (−19.25)	−39.44*** (−71.29)	−33.18*** (−18.76)	−27.00*** (−29.95)	−6.359*** (−4.20)	4.246 (1.03)	3.115 (1.38)
N	3 046	484	485	3 303	483	483	3 018	474	475
R^2	0.540	0.589	0.841	0.796	0.691	0.880	0.012	0.043	0.171

注：括号内为 t 统计值，***、**、* 分别表示 1%、5%和 10%的显著水平。

第三节　汇率和进出口贸易关系的时间序列数据分析

依据第二节面板数据实证研究结果，可以看出汇率变动与进出口贸易关系是混乱的，那么具体到中国对外贸易与人民币汇率关系又将如何呢？为此，我们利用中国对外贸易总额和中美双边贸易两个时间序列，进一步分析人民币汇率与进出口贸易之间的关系。

首先分析中国对全世界进出口贸易与人民币实际有效汇率的关系。表7－16是利用各个变量与上一期自身变量进行回归，检验中国对世界进出口贸易相关变量的单位根情况，回归公式为：

$$y_t = \varphi_0 + \varphi_1 y_{t-1} + \xi_t \tag{7.4}$$

式中，y_t 表示进行单位根检验的当期变量；y_{t-1} 表示进行单位根检验的上一期变量；φ_1 表示回归系数，当其接近1并且显著时，我们可以认为变量 y_t 有一节单位根。但是我们希望检验参数是否等于0，为此可以把方程两边都减去 y_{t-1}，原方程转化为：

$$\Delta y_t = \beta_0 + (\beta_1 - 1)\, y_{t-1} + \xi_t \tag{7.5}$$

利用Dichkey-Fuller(DF)检验，可以得到表7－16中各变量的 *DF* 值和 *P* 值，从中可以看出，除了实际有效汇率变量 ln *reer* 是平稳的，其他变量都不平稳，存在至少一节单位根。由于主要解释变量 ln *reer* 与各种被解释贸易变量不同阶，所以不能利用中国贸易变量和实际有效汇率的年度数据进行回归分析。

接下来，利用中美双边贸易的时间序列数据进一步检验人民币汇率对中美双边贸易的影响。与上文同样的方法，首先检验中国对美国进出口贸易相关变量的单位根情况，详见表7－17。从表7－17中可以看出，中国对美国的商品出口、商品进口、商品净出口以及中国的GDP都是不平稳时间序列，而美国的GDP变量是平稳的。

表 7－16　中国对世界进出口贸易相关变量单位根检验

变 量 名 称	DF 统计值 $Z(t)$	P 值
$\ln wldEXG_t$	−0.47	0.90
$\ln wldEXS_t$	−1.60	0.49
$\ln wldEXGS_t$	−1.64	0.46
$\ln wldIMG_t$	−0.49	0.89
$\ln wldIMS_t$	−0.27	0.93
$\ln wldIMGS_t$	−1.57	0.50
$\ln wldNETG_t$	−2.15	0.23
$\ln wldNETS_t$	0.99	0.99
$\ln wldNETGS_t$	−1.31	0.62
$\ln reer_t$	−2.92	0.04
$\ln wldGDP_t$	−2.34	0.16
$\ln GDP_t$	3.18	1.00

表 7－17　中国对美国进出口贸易相关变量单位根检验

变 量 名 称	DF 统计值 $Z(t)$	P 值
$\ln usaEXG_t$	−1.15	0.69
$\ln usaIMG_t$	0.10	0.97
$\ln usaNETG_t$	−1.42	0.57
$\ln usae_t$	−0.49	0.89
$\ln usaGDP_t$	−4.65	0.00
$\ln GDP_t$	3.18	1.00

由于中国与美国双边贸易的各个变量不平稳，因此需要进一步对各个变量进行差分，检验差分后的变量是否平稳。表 7－18 是利用各个变量一节差分后的 *DF* 检验结果，从中可以看出中美进出口贸易变量一节差分后，是平稳时间序列。

表 7－18　中国对美国进出口贸易相关变量一阶差分单位根检验

变量名称	*DF* 统计值 $Z(t)$	*P* 值
$\Delta\ln usaEXG_t$	−4.09	0.00
$\Delta\ln usaIMG_t$	−5.88	0.00
$\Delta\ln usaNETG_t$	−5.63	0.00
$\Delta\ln usae_t$	−4.68	0.00
$\Delta\ln usaGDP_t$	−3.39	0.01
$\Delta\ln GDP_t$	−5.91	0.00

根据表 7－17 和表 7－18 的一节单位根检验结果，可以判断出中美双边贸易的相关变量是一阶单整序列，满足协整检验前提，所以可以对这些时间序列变量直接进行回归分析，检验回归残差是否平稳，即变量之间是否存在协整关系。由于美国 GDP 与其他变量不是同阶变量，不能放入回归方程，因此中美贸易的协整方程为：

$$\ln trade_t = \delta_0 + \delta_1 \ln usae_t + \delta_2 \ln gdp_t + r_t \tag{7.6}$$

利用式(7.6)可以建立中美双边贸易回归方程并估计出残差，接着检验残差的稳定性，结果详见表 7－19。从表 7－19 可以看出中美双边贸易的货物出口、进口和二者比值回归残差的 *DF* 检验结果可以看出，只有进出口比值的回归残差是稳定的。所以可以认为中美双边贸易净额与中国总产值变量 *GDP*、名义汇率 *usae* 存在协整关系。

表 7－19　中国对美国进出口贸易相关变量协整检验

方程编号	因变量名称	残差 *DF* 统计值 $Z(t)$	残差 *P* 值
(1)	$\ln usaEXG_t$	0.25	0.97
(2)	$\ln usaIMG_t$	−2.58	0.10
(3)	$\ln usaNETG_t$	−4.20	0.00

根据表 7－19，已经可以判断出中美双边贸易与总产值变量 *GDP*、名义汇率 *usae* 存在协整关系。根据式(7.6)进行回归的结果见表 7－20。从表 7－20 可以看出，中国对美国货物净出口与名义汇率的回归结果显著为正，说明人民币汇率贬值会促进引起贸易顺差，这与贸易理论是一致的；中国对美国货物净出口与中国 GDP 的回归结果也显著为正，说明中国经济增长会引起顺差，而贸易理论认为一国经济增长会促进进口，引起逆差，所以二者不一致。

表 7－20　中国对美国进出口贸易相关变量协整回归

	(3) $\ln usaNETG$
$\ln usae$	1.000*** (8.82)
$\ln GDP$	0.314*** (8.61)
_cons	−10.08*** (−11.04)
N	30
R^2	0.929

注：括号内为 *t* 统计值，***、**、* 分别表示 1%、5%和 10%的显著水平。

第四节　结论及政策建议

本章首先利用世界各国的面板数据回归分析了进出口贸易与汇率的关系。各国的贸易对象为全世界时，面板回归分析的结论不符合国际贸易理论：无论是商品贸易、服务贸易，还是二者之和，出口都是随着实际有效汇率 *reer* 升值而增加，进口随着 *reer* 升值而下降；净出口和实际有效汇率 *reer* 的回归结果不稳定。所以实际有效汇率的贬值对改善国际收支的作用是不显著的。当世界各国以美国作为贸易对象时，各国对美国货物出口与名义汇率的回归不显著；从美国进口与名义汇率的回归结果为正，这与国际贸易理论矛盾。当各国的贸易对象为日本和中国时，回归结果依然不理想。当用各国相对价格代替名义汇率进行同样的回归分析时，与利用名义汇率得出的结论相似，都为贸易与汇率的关系不明确。

接着本章分别利用中国对世界贸易和对美国贸易的时间序列数据进行回归分析。首先分析中国对全世界进出口贸易与人民币实际有效汇率的单位根不同，所以不存在协整关系；接着利用同样方法，分析出中美双边贸易与人民币对美元名义汇率 *usae* 间的关系，通过单位根检验和协整检验后可知中国对美国货物净出口与名义汇率的回归结果显著为正，这说明人民币贬值会引起贸易顺差。

利用国际面板数据和中国对外双边贸易的回归结果表明，国际收支与实际有效汇率 *reer* 和名义汇率之间的关系是不明确的，所以通过汇率的变化来改善国际收支行为不能得到数据的支持。

第八章　美国贸易失衡与金融市场关系的实证分析[1]

自1992年起，美国贸易逆差保持不断增长的势头；次贷危机之前的2006年，美国贸易逆差占其GDP的比例超过了5.6%，达到了最高值，此后不断下降。[2] 全球贸易逆差绝大部分集中于美国，有学者担心这种失衡不可持续，最终会引起美元贬值和全球金融危机（Eichengreen，2004）。2007年以来，由次贷危机引发的全球金融危机让很多学者更加关注经常项目与金融市场的相关性（Bernanke，2008）[3]。

对美国经常项目逆差原因的讨论，大体可分为两类。第一类从宏观经济的视角分析美国经常项目逆差问题，认为美国储蓄不足、新兴市场国家的外向型经济发展战略、国际分工和产业转移是造成美国经常项目持续逆差的重要原因。美国储蓄不足，但投资相对旺盛，新兴市场国家和地区储蓄过

---

① 本章曾以《美国经常项目与金融市场关系的实证分析》为题，发表于《国际贸易问题》2010年第9期，此次收录略有修改。

② 数据来源：World Bank。

③ Bernanke(2008)认为世界实际利率的下降导致了美国贸易逆差。

剩、消费不足，导致了美国经常项目长期逆差，而这就形成了内部失衡与外部失衡的对应（Roubini and Sester, 2004; Bernanke, 2005）。从经济周期波动的角度对美国的经常项目逆差进行解释可以发现，由于美国经济波动相对其贸易伙伴要小许多，导致其谨慎性储蓄动机相应不足，继而导致了美国经济的贸易逆差（Fogli and Perri, 2006）。从国民经济内外均衡的角度看，美国贸易逆差是美国内外经济政策选择的结果，美国财政赤字是引起其经常账户赤字的重要原因（Dooley, 2006; Chinn and Ito, 2007）。雷达和赵勇（2009）认为当前美国贸易逆差是金融全球化和国际产业转移背景下，实体经济领域国际分工格局造成的，也反映了世界经济在虚拟经济领域的利益分配。

第二类从金融市场的视角分析美国经常项目逆差问题，认为美国高效的金融系统、美元的中心地位、刺激内需的货币政策是造成美国经常项目逆差的重要原因。金融市场效率通过对投资、储蓄和风险的影响作用于经常项目，他们的结论大体相似，即一个拥有更高金融发展水平的国家更倾向于出现经常项目逆差（Boyd and Smith, 1997; Willen, 2004; Caballero, 2006）。祝丹涛（2008）认为更为有效率的金融体系往往同经常项目逆差相联系。美国的经常项目逆差最大，但同时美国的金融体系效率也最高，金融力量也最为强大。美国在 20 世纪 90 年代以后，就越来越像是扮演“世界风险投资家”的角色。在新布雷顿森林体系时期，东亚国家对美元存在着大量需求，以此来满足其支付和储备的需要，这为美国通过经常项目赤字来保障美元的流动性提供了外在动力（Dooley, 2003、2004）。

在相关理论研究所揭示出的经常项目影响因素基础上，一些研究者对经常项目问题进行了实证研究。通过对经常项目的长期决定因素进行实证分析，有学者发现财政政策对经常项目有着短期和长期影响，结果也表明实际汇率、贸易条件以及商业周期对经常项目具有短期效应（Faruqee et al., 2008）。对于工业化国家和发展中国家经常项目的中期影响因素，实证研究发现，政府财政收支与经常项目呈正相关关系（Chinn and Prasad, 2003）。

一国信贷市场和股票市场的发展程度与经常项目逆差存在正相关关系，一个拥有更高金融发展水平的国家更倾向于出现经常项目逆差（Chinn and Ito，2005；Mendoza，2007）。李洁和张建清（2007）利用面板数据分析了投资、消费、政府支出对经常项目的影响。张建清和张天顶（2008）利用面板数据和 Probit 模型分析了人均 GDP、非黄金储备、经济结构对经常项目失衡的影响。他们的实证分析结论大体相似。

现有实证研究主要关注的是财政政策和实体经济对经常项目的影响因素，对于在贸易净额调整过程中发挥着重要影响作用的货币政策和金融市场考察得不多，特别是针对美国金融市场对贸易失衡影响的实证分析较少。本章利用布雷顿森林体系后至金融危机之前的美国时间序列数据，实证分析了美国贸易失衡与金融市场的关系。研究发现：美国贸易失衡与金融市场存在稳定的协整关系。本章第一节为经常项目与金融市场间关系研究的理论模型分析；第二节对各个变量进行统计分析并实证检验了贸易失衡与金融市场的相关性；第三节为本章总结。

第一节　理论模型分析

国际收支账户包括经常项目和资本与金融账户，依据复式记账原则，经常账户和资本与金融账户数额必相等，所以可以从国际贸易和国际投资两个方面分析金融市场与国际收支的关系。

一、金融市场对国际贸易的静态影响

根据 IS－LM 模型，产品市场均衡方程为：

$$Y=C+I+G+NX=C+S+T \tag{8.1}$$

式中，$C=\alpha+\beta(Y-T)$，$I=e-d(R-\pi^e)$，$NX=q-\gamma Y+n\dfrac{EP^*}{P}$。

货币市场均衡方程为：

$$\frac{M}{P}=kY-hR \tag{8.2}$$

式(8.1)和式(8.2)中的Y、C、I、G、NX、S、T、R、π^{e}、E、P^{*}、P、M，分别表示收入、消费、投资、政府购买、净出口、储蓄、税收、名义利率、预期通货膨胀率、名义汇率、外国价格水平、国内价格、名义货币供给。其余符号为变量系数，均大于0。

为了简化起见，在静态分析中假定预期通货膨胀率$\pi^{e}=0$，所以投资虽然是由名义利率和预期通货膨胀率之差形成的实际利率决定，但是在此处投资与名义利率负相关。

利用式(8.1)和式(8.2)，可以求出净出口的函数形式为：

$$\begin{aligned}NX&=(S-I)+(T-G)\\&=\frac{1}{\phi}\left[A+\beta T-G-\frac{dM}{hP}+(h-\beta h+dk)\frac{n}{\gamma h}\frac{EP^{*}}{P}\right]\end{aligned} \tag{8.3}$$

式中，$\phi=\dfrac{h(1-\beta+\gamma)+dk}{\gamma h}$，$A$为常数项。

从式(8.3)可以看出，在政府收支平衡的情况下，净出口是对国内储蓄与投资差额的反映；扩张性货币政策会引起利率下降和本币贬值，对国际贸易有双向影响，具体结果依赖于各个系数的大小。所以，金融市场中的货币量、汇率等金融变量对国际收支有重要影响。

二、金融市场对国际投资的动态影响

金融市场通过境外资产为经济体提供了跨期预算约束途径。设不同时期的国外利率相等，即$R_{t}^{*}=R_{t-1}^{*}=R^{*}$。为简化起见，假设没有政府消费和税收，则国民收入核算公式为：

$$C_{t}+I_{t}+B_{t}=Y_{t}+(1+R^{*})B_{t-1} \tag{8.4}$$

式中，C_t，I_t，B_t，Y_t，R^* 分别表示第 t 期期末的消费、投资、国外净资产、收入、国外名义利率。

式(8.4)可重新表示为：

$$B_t = Y_t - C_t - I_t + (1+R^*)B_{t-1} = NX_t + (1+R^*)B_{t-1} \quad (8.5)$$

式中，$NX_t = Y_t - C_t - I_t$，是该经济体在第 t 期的净出口。

一国经常项目余额反映的是其对外净资产的变化，所以经常项目顺差也就是本国贷出资金。$CA_t = \Delta B_t = B_t - B_{t-1} = Y_t - C_t - I_t + R^* B_{t-1}$，其中 $R^* B_{t-1}$ 为从对外资产中获得的利息收入。而储蓄总额为 $S_t = Y_t - C_t + R^* B_{t-1}$。

为了简化起见，本章分析两期模型中金融市场利率 R^* 对经常项目的影响。根据式(8.5)可得：

$$B_1 = Y_1 - C_1 - I_1 + (1+R^*)B_0$$

$$B_2 = Y_2 - C_2 - I_2 + (1+R^*)B_1 \quad (8.6)$$

因为是两期模型，所以可知初始状态净对外资产为 0，并且第二期末净对外资产也为 0，即 $B_0 = 0$，$B_2 = 0$。解方程组，可得两期跨时预算约束：

$$C_2 = Y_2 - I_2 - (1+R^*)(C_1 + C_1 - Y_1) \quad (8.7)$$

为了简化分析经常项目，本章在生产函数中省去劳动变量，设生产函数为 $Y=F(K)$，K 为资本存量，一单位资本可由一单位消费品创造；生产函数满足 $F'(K) > 0$ 且 $F''(K) < 0$，$F(0)=0$。第 t 期期末积累的资本存量 K_t 是前一期资本存量 K_{t-1} 和第 t 期的新增投资 I_t（忽略折旧）的总和：$K_t = K_{t-1} + I_t$。

所以，两期生产可能性边界(PPF)为：

$$C_2 = F[K_1 + F(K_1) - C_1] + K_1 + F(K_1) - C_1 \quad (8.8)$$

设代表性消费者的效用函数为 $U = u(C_1) + \beta u(C_2)$，两期模型中的约束函数、PPF 和效用函数，可用图 8－1 表示。

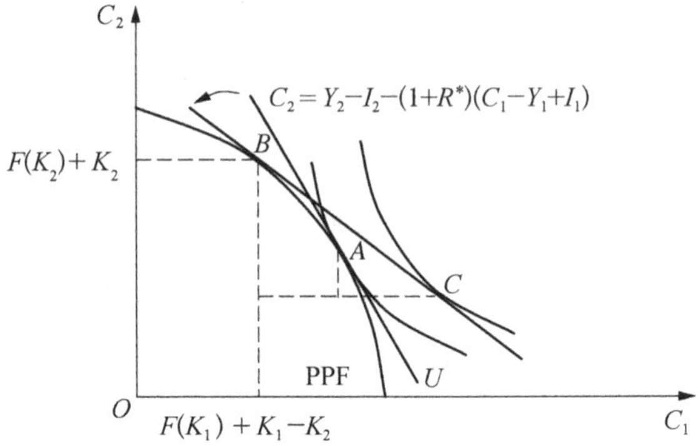

图 8－1　金融市场对国际投资的影响

封闭条件下，在图 8－1 中的 PPF、效应曲线 U 和预算线在点 A 相切，此时封闭条件下效应最大。均衡点 A 处的斜率为：

$$\frac{\mathrm{d}C_2}{\mathrm{d}C_1} = -[1 + F'(K_2)] \tag{8.9}$$

假定没有金融摩擦，资本 K 的边际产出等于企业负担的国内债券利率 R，所以 $F'(K_2) = R$，斜率为 $-(1+R)$。

开放条件下，如果国内债券利率 R 高于国外资产利率 R^*，那么国内投资的成本就高于国际资本市场的借贷成本，该国就可以通过金融市场借贷资本，预算约束线顺时针旋转，生产与消费分离。在点 B 增加投资和产出；在点 C 消费实现了效用最大化。点 A 和点 B 的水平距离，代表向世界资本市场开放后获得的外资流入；点 A 和点 C 的水平距离，代表向世界资本市场开放后所带来的额外消费。由于第 1 期的总资源 $Y_1 + K_1$ 没有改变，因此这两个水平距离的总和就是第 1 期经常项目的逆差。点 C 的效用水平大于点 A 的效用水平，这是由经常项目逆差所带来的。如果国内债券利率 R 低于国外实际利率 R^*，那么该国能够利用第 1 期经常项目顺差，继续享受跨期贸易的收益。

所以通过两期模型分析，可以看出一国较高的利率与经常项目逆差相对应，可以实现更高的跨期福利，这与比较优势理论一致。

第二节　统计分析与实证检验

一、变量选取

本章分析的是美国贸易失衡与金融市场的关系，根据上文的理论模型和现有实证研究成果，本章选取经常项目、进出口贸易、汇率、利率、金融深化程度、流动性和财政收支作为研究变量。[①]

1. 美国经常项目 CA 与净出口

本章采用经常项目净值与 GDP 的比值表示 CA，贸易净值采用出口 EX 与进口 IM 之差与 GDP 的比值表示 NET/GDP。图 8－2 给出了美国经常项目 CA 与 NET/GDP 的变化曲线。从 1970 年到 2013 年，美国净出口额和经常项目长期处于持续逆差状态，其中有两个波谷。第一阶段是 1982—1990 年，1987 年到达最低值，经常项目净值占 GDP 的比值为 －3.42％；第二阶段为 1992—2006 年，贸易逆差持续扩大 13 年，一直达到 2006 年占 GDP 的－5.6％。从图 8－2 还可以看出 1981 年之前美国贸易净额比较稳定，一直在均衡区间波动；1981 年之后美国贸易净额很不稳定，外部经济长期处于失衡状态。

为了更清楚地分析美国贸易逆差情况，图 8－3 给出了美国出口和进口占 GDP 比值的具体情况。从中可以看出美国的对外贸易占 GDP 的比值不断上升，但是贸易逆差长期存在。出口和进口的差距比较大存

① 由于本章主要研究贸易失衡与金融市场的关系，所以把诸如人口结构、贸易条件等与金融市场相关性不强的变量作为白噪声，相关内容参考本章文献综述中实证研究文献部分。虽然财政收支与金融市场没有直接关系，但是财政政策对经常项目有举足轻重的作用，所以本章也将其引入实证分析。

在于两个时间阶段：第一阶段是 1982—1990 年，第二阶段为 1992—2006 年。

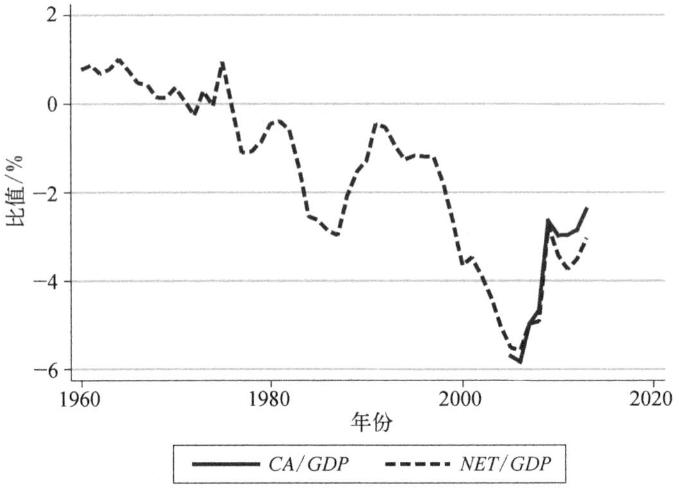

图 8-2　美国经常项目和净出口与 *GDP* 的比值

（数据来源：World Bank）

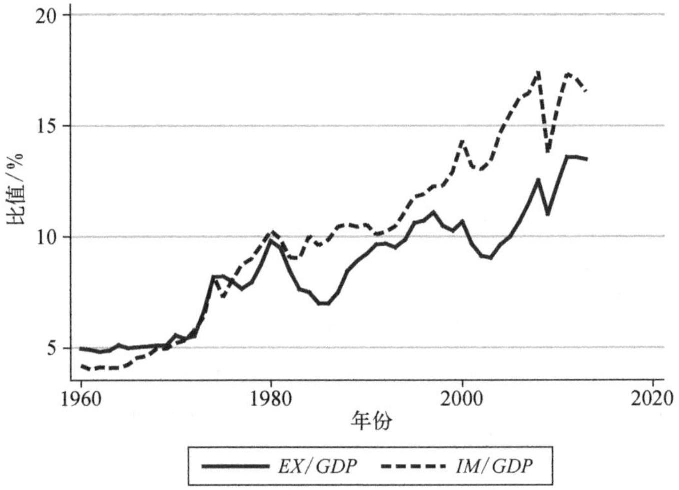

图 8-3　美国货物和服务进出口贸易与 *GDP* 的比值

（数据来源：World Bank）

2. 美国实际有效汇率 *REER*

本章采用美元实际有效汇率指数 *REER*（2010 年取 100）进行分析。图 8-4 给出了 1975—2013 年美国 *REER* 波动情况。从中可以看出美元汇率波幅很大，基本上是五年一个周期：1975—1979 年美元持续贬值；1980—1985 年美元持续升值；1986—1988 年美元大幅贬值；1987—1997 年美元币值稳定；1998—2002 年美元升值，此后开始贬值。

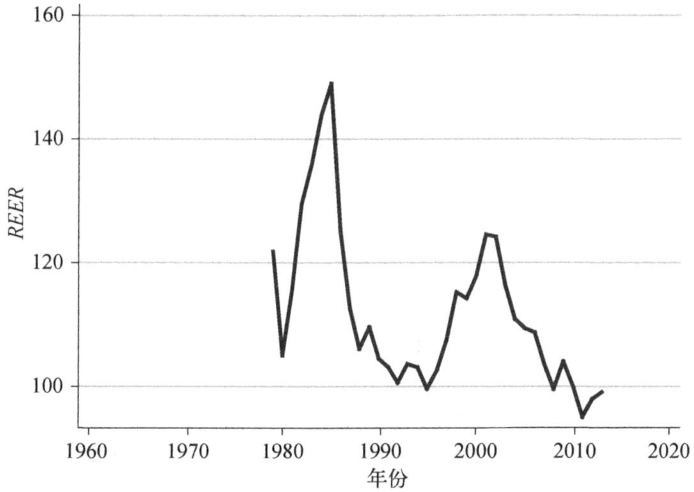

图 8-4　美元实际有效汇率指数

（数据来源：World Bank）

3. 美国实际利率 *RR*

本章采用美国实际利率 *RR* 进行分析。[①] 图 8-5 给出了 1961—2013 年，美国实际利率波动情况。从中可以看出，1961—1977 年美国实际利率波动下降；1978—1982 年实际利率大幅上升，直至历史最高位 8.27%；此后美国实际利率进入波动下降，但是总体上依然高于 1977 年之前的实际利率。

① Kim 等（2009）在研究亚洲国家经常项目可持续性的论文中使用实际利率作为利率指标，这里的实际利率是指贷款利率剔除通货膨胀后的值。本章参照此标准。

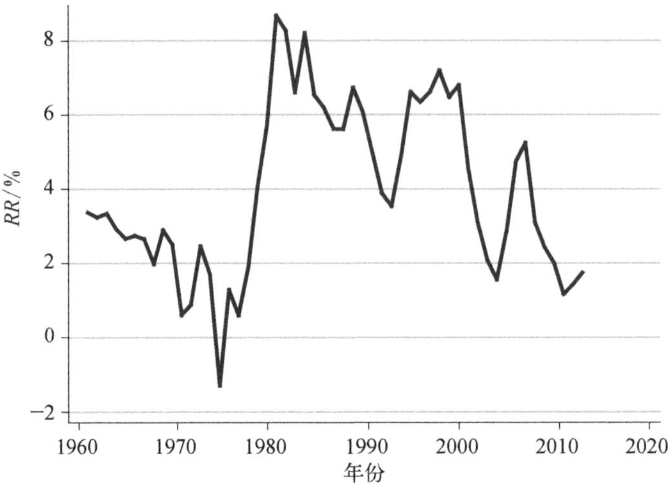

图 8-5　美国实际利率 *RR*

（数据来源：World Bank）

4. 美国金融发展深度 M_2/M_1

本章用美国广义货币与狭义货币的比值 M_2/M_1 表示其金融发展深度①。图 8-6 给出了 1960—2013 年美国金融发展深度情况。从中可以看出，除了 1985—1995 年、2008—2013 年两个时间段美国金融发展出现倒退外，其余 35 年间金融发展不断深化，特别是 20 世纪 90 年代后期美国金融发展迅速。

5. 美国流动性 M_2/GDP

本章用美国广义货币与 GDP 的比值 M_2/GDP 表示流动性充裕程度，作为货币政策影响对外贸易的指标。图 8-7 给出了 1961—2013 年，美国流动性情况。从中可以看出，美国 1987 年之前总体上实行的是宽松的货币政策，流动性越来越充裕；1988—1995 年美国实行紧缩货币政策，1995 年美国流动性降到 61.25％，是 1961 年以来的历史最低水平；而后美国流动性又逐渐放松。

① 对于金融发展深度的度量一直存有争议，目前主要度量指标有私人信贷率、股票交易额占 GDP 的比率、广义货币与狭义货币的比率以及股市市值与广义货币的比率 4 个金融发展深度指标，但是由于前几个指标在其他章节中已经被分析多次，所以本章选取 M_2/M_1 表示。

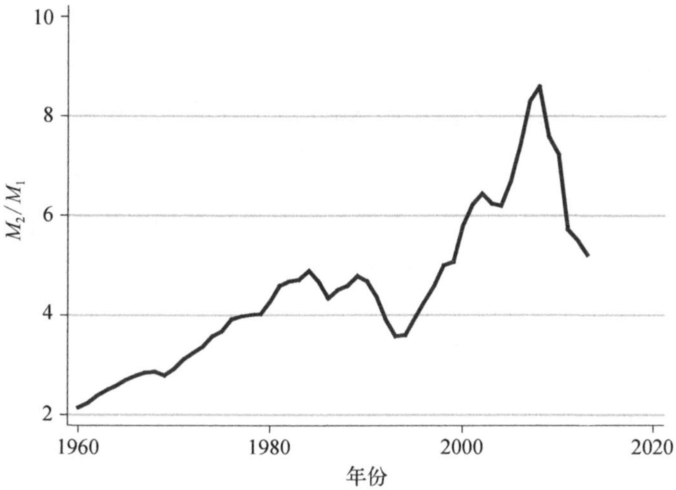

图 8-6　美国广义货币与狭义货币比值

（数据来源：World Bank）

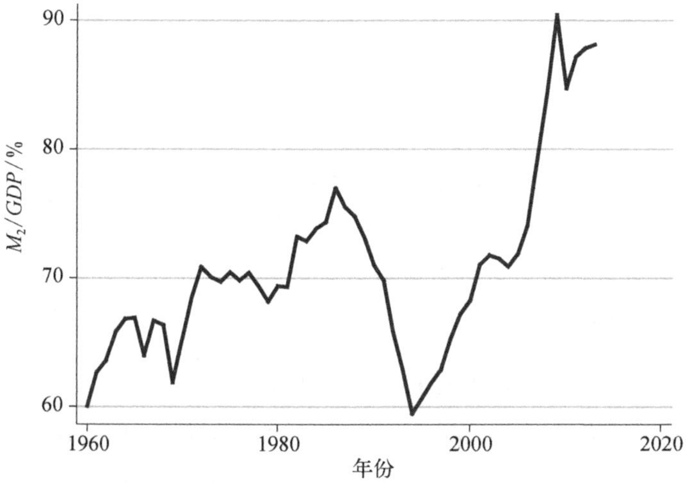

图 8-7　美国货币流动性

（数据来源：World Bank）

6. 美国政府支出 GOV/GDP

本章用美国政府消费支出与 GDP 的比值 GOV/GDP 表示美国的财政政策影响对外贸易的指标。[①] 图 8-8 给出了 1960—2013 年美国政府消费支出 GOV/GDP 和税收 $GOVREVENUE/GDP$ 情况。从中可以看出，20 世纪 80—90 年代美国政府消费支出 GOV/GDP 相对稳定，波幅很小；1993—1998 年美国实行从紧财政政策；而后美国财政政策偏向积极。比较起来，美国的税收 $GOVREVENUE/GDP$ 波动明显。

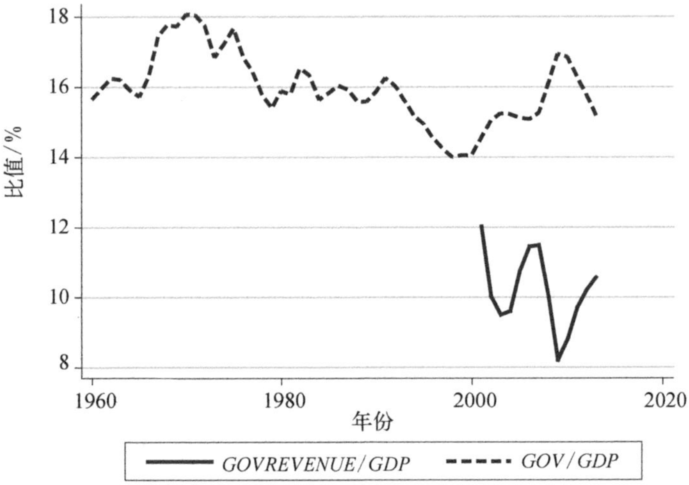

图 8-8 美国政府收支占 GDP 的比值

（数据来源：World Bank）

二、协整分析和误差修正模型

本章对上文中与贸易失衡相关的变量进行实证分析。出口贸易、进口贸易和净出口贸易与 GDP 的比值分别用 EX/GDP、IM/GDP、NET/GDP 表示；美国实际利率用 RR 表示；美国广义货币与狭义货币比值用 M_2/M_1

① 财政政策包括政府支出和税收，而政府支出中又包括政府投资、政府消费、转移支付等，但是这些指标中政府消费支出数据最为完整，所以本章选取政府消费支出占 GDP 的比值表示政府财政政策变量。

表示；美国流动性用 M_2/GDP 表示；美国政府支出用 GOV/GDP 表示；美国实际有效汇率用 $REER$ 表示。这 8 个变量的统计指标见表 8-1。

表 8-1　主要变量统计值

变　量	含　义	样本数	平均值	标准差	最小值	最大值
NET/GDP	净出口	54	−1.548	1.885	−5.564	1.006
EX/GDP	出口	54	8.542	2.506	4.809	13.58
IM/GDP	进口	54	10.09	4.052	4.030	17.43
RR	实际利率	53	3.923	2.308	−1.304	8.663
M_2/M_1	金融深度	54	4.515	1.566	2.144	8.594
M_2/GDP	流动性	54	70.72	7.308	59.48	90.41
GOV/GDP	政府支出	54	15.96	1.020	14.00	18.07
$REER$	实际有效汇率	35	112.0	13.03	95.10	149.0

为了确定贸易失衡与各个变量之间的关系，需要采取以下三个步骤：第一步，单位根检验。单位根检验的目的是检验时间序列的平稳性。如果检验证明时间序列不存在单位根，该序列是平稳的。对平稳时间序列，误差修正模型(ECM)是适用的。第二步，协整检验。如果几个序列都是非平稳的，则它们之间可能存在协整关系，需要进一步进行协整检验。第三步，误差修正模型分析。如果协整关系存在，ECM 模型是适用的，可以用来分析脉冲响应函数。

1. 单位根检验

利用各个变量与上一期自身变量进行回归，检验美国进出口贸易和相关变量的单位根情况，回归公式为：

$$y_t = \varphi_0 + \varphi_1 y_{t-1} + \xi_t \tag{8.10}$$

式中，y_t 表示进行单位根检验的当期变量；y_{t-1} 表示进行单位根检验的上一期变量；φ_1 表示回归系数，当其接近 1 并且显著时，我们可以认为变量 y_t 有一阶单位根。但是我们希望检验参数是否等于 0，为此可以把方程两边都减去 y_{t-1}，原方程转化为：

$$\Delta y_t = \beta_0 + (\beta_1 - 1) y_{t-1} + \xi_t \tag{8.11}$$

利用 Dichkey-Fuller(DF)检验，可以得到各个变量的单位根检验结果，详见表 8－2。从中可以看出，8 个变量都不平稳，存在至少一阶单位根。利用时间序列分析时，如果变量存在一阶单位根，有可能出现伪回归的情况，不能直接进行回归分析。

表 8－2　各变量的单位根检验

变 量 名 称	DF 统计值 $Z(t)$	P 值
NET/GDP_t	−1.32	0.62
EX/GDP_t	−0.34	0.92
IM/GDP_t	−0.61	0.87
RR_t	−1.89	0.34
M_2/M_{1t}	−1.49	0.54
M_2/GDP_t	−0.43	0.90
GOV/GDP_t	−1.51	0.53
$REER_t$	−1.65	0.46

由于美国进出口贸易和相关变量都存在至少一阶单位根，因此需要进一步对各个变量进行差分，检验差分后的变量是否平稳，回归方程表示为：

$$\Delta y_t = \vartheta_0 + \vartheta_1 \Delta y_{t-1} + \psi_t \tag{8.12}$$

表 8 - 3 是各个变量一阶差分后的 DF 检验结果。从表 8 - 3 中可以看出美国进出口贸易和相关变量一阶差分后都为平稳时间序列。

表 8 - 3　各变量差分后的单位根检验

变 量 名 称	DF 统计值 $Z(t)$	P 值
$\Delta NET/GDP_t$	−6.22	0.00
$\Delta EX/GDP_t$	−5.75	0.00
$\Delta IM/GDP_t$	−9.02	0.00
ΔRR_t	−6.42	0.00
$\Delta M_2/M_{1t}$	−4.15	0.00
$\Delta M_2/GDP_t$	−5.97	0.00
$\Delta GOV/GDP_t$	−4.73	0.00
$\Delta REER_t$	−4.69	0.00

2. 协整检验

根据表 8 - 2 和表 8 - 3 的一阶单位根检验结果，可以判断出美国进出口贸易和相关变量是一阶单整序列，满足协整检验前提，所以可以对这些时间序列变量直接进行回归分析，检验回归残差是否平稳，即变量之间是否存在协整关系。协整方程为：

$$TRADE_t = \delta_0 + \delta_1 RR_t + \delta_2 (M_2/M_1)_t + \delta_3 (M_2/GDP)_t + \delta_4 (GOV/GDP)_t + \delta_5 REER_t + r_t \quad (8.13)$$

式(8.7)中变量 $TRADE$ 可以为美国对外贸易净出口(NET/GDP)、出口(EX/GDP)、进口(IM/GDP)。利用式(8.12)估计出残差 $\hat{r}$，进行单位根检验：

$$\hat{r}_t = \lambda_0 + \lambda_1 \hat{r}_{t-1} + \omega_t \quad (8.14)$$

若残差序列 $\hat{r}$ 是平稳的，则这些变量之间具有协整关系；反之，则不存在协整关系。用美国进出口贸易与相关变量进行回归得到残差，接着对残差估计值 DF 检验，结果详见表 8－4。表 8－4 中，每个 $\hat{r}$ 前面用进出口贸易变量标注，可以看出美国净出口（*NET/GDP*）、进口（*IM/GDP*）与相关变量回归残差的 *DF* 检验结果稳定；但是美国出口（*EX/GDP*）与相关变量回归残差 *DF* 检验结果不稳定。所以可以认为美国贸易净出口（*NET/GDP*）、进口（*IM/GDP*）与其他几个变量之间存在协整关系。

表 8－4　回归残差的单位根检验

变 量 名 称	*DF* 统计值 $Z(t)$	*P* 值
NET/GDP-r	−3.25	0.02
EX/GDP-r	−2.29	0.18
IM/GDP-r	−3.84	0.00

3. 误差修正模型分析

根据表 8－4，可以判断美国净出口（*NET/GDP*）和进口（*IM/GDP*）与相关变量存在协整关系，所以可以利用式（8.7）进行回归分析，检验变量之间的长期关系，结果见表 8－5；而美国出口（*EX/GDP*）与相关变量不存在协整关系，所以不能够利用式（8.7）进行回归分析。从表 8－5 可以看出，美国净出口（*NET/GDP*）与实际利率（*RR*）、政府支出（*GOV/GDP*）之间存在长期的正相关关系，与金融深度（M_2/M_1）、实际有效汇率（*REER*）之间存在长期的负相关关系。这说明金融实际利率提高和政府支出增加有利于贸易顺差，金融深化和货币升值会引起贸易逆差。

从表 8－5 可以看出，美国进口（*IM/GDP*）与实际利率（*RR*）、政府支出（*GOV/GDP*）、实际有效汇率（*REER*）之间存在长期的负向关系；与金融深化（M_2/M_1）之间存在长期的正向关系。这说明金融实际利率提高、政府支出和实际汇率升值不利于贸易进口，而金融深化有利于贸易进口。

表 8-5　美国对外贸易与相关变量的长期关系

	(1) *NET/GDP*	(3) *IM/GDP*
RR	0.274** (3.35)	−0.307** (−3.20)
M_2/M_1	−0.767*** (−5.82)	0.854*** (5.52)
M_2/GDP	−0.025 6 (−0.96)	0.133*** (4.23)
GOV/GDP	0.682** (3.17)	−1.592*** (−6.30)
REER	−0.029 2* (−2.58)	−0.058 0*** (−4.37)
_*cons*	−5.223 (−1.76)	30.93*** (8.87)
N	35	35
R^2	0.815	0.911

协整分析反映各变量之间的长期均衡关系，各变量之间的关系在短期内有可能偏离长期均衡。建立误差修正模型(ECM)可估计出偏离均衡值的程度，结果见表 8-6。表 8-6 中的第(1)行为式(8.7)的回归残差与美国贸易变量差分的回归系数，为误差修正系数，反映了短期回归结果对长期均衡的偏离。从表 8-6 可以看出，美国净出口的差分($\Delta NET/GDP$)与相关变量的回归结果都不显著；美国进口的差分($\Delta IM/GDP$)与回归残差项($IM/GDP\text{-}r$)、金融深化的差分($\Delta M_2/M_1$)、实际有效汇率的差分($\Delta REER$)都显著。

表 8-6　美国对外贸易与相关变量的短期关系

	(1) $\Delta NET/GDP$	(3) $\Delta IM/GDP$
$NET/GDP\text{-}r$	0.345 (1.74)	
$IM/GDP\text{-}r$		0.746*** (5.65)
ΔRR	0.182 (1.88)	−0.143 (−1.56)
$\Delta M_2/M_1$	−0.432 (−1.79)	0.827*** (3.74)
$\Delta M_2/GDP$	0.045 7 (1.05)	−0.110* (−2.66)
$\Delta GOV/GDP$	0.480 (1.45)	−0.421 (−1.36)
$\Delta REER$	−0.017 9 (−1.07)	−0.063 8*** (−5.05)
_cons	−0.060 6 (−0.60)	0.163 (1.70)
N	34	34
R^2	0.367	0.755

第三节　结　　论

根据 IS-LM-BP 模型可以看到，经常项目中的贸易差额是对国内储蓄与投资差额的反映，汇率与净出口有正向关系，流动性与净出口有负向关系。通过境外投资模型分析，可以看出如果一国较高的实际利率与经常项目逆差相对应，可以实现更高的跨期福利。所以金融市场通过汇率、利率和流动性等金融变量能够引起经常项目的变化。

本章利用美国 1960—2013 年时间序列数据，对理论模型结论进行了实证检验。结果表明，美国净出口与汇率、利率、金融深化、流动性和财政政策有稳定的协整关系。美国净出口与实际利率、政府支出之间存在长期的正相关关系，与金融深化、实际有效汇率之间存在长期的负相关关系。这说明金融实际利率提高和政府支出增加有利于贸易顺差，金融深化和货币升值会引起贸易逆差。

第九章　中国二元经济与国际收支关系的理论分析[①]

20 年来，中国对美国的持续贸易顺差和大量的美元外汇储备形成了所谓的外部经济失衡。这种失衡在中国表现为储蓄很高但是投资短缺，剩余的储蓄形成国际贸易顺差，并最终转化为资本积累流入资本丰富的美国；在美国表现为持续的国际贸易逆差、长期实际利率的下降和美国对外直接投资的上升。古兰沙和让娜（Gourinchas and Jeanne，2009）把中国同时拥有大量的贸易顺差和高的资本边际产出率的现象称为资源配置之谜（the allocation puzzle）或者资本流动方向之谜（the sign puzzle）[②]。经典国际经济学无法解释持续的国际收支失衡，需要引入新的视角并对原有模型进行修正。国内外学者从储蓄、投资、人口年龄结构、国际分工、国际货币等角度，对中国国际收支顺差给出了新的解释。

① 本章曾以《二元经济融合对国际收支影响分析》为题，发表于《国际贸易问题》2015 年第 1 期，此次收录略有修改。

② 这也被称为 Lucas paradox。

本章首次将二元经济模型嵌入开放条件下的随机动态一般均衡(DSGE)模型，分析农民跨部门流动对中国国际收支的影响。本章对二元经济的界定体现在三个方面：(1)户籍制度把劳动力分为市民和农民；(2)城市部门和农村部门的生产方式不同；(3)农民可以进入城市打工，变成农民工，但是二元分割壁垒让农民工与市民无法获得同等的权利。本章构建无限期两部门模型，讨论二元分割壁垒的逐渐下降和大量的农民工进城对中国国际收支、GDP等宏观经济变量产生的影响。本章第一节阐述中国国际收支与二元经济现状；第二节阐述二元经济模型，构建小国开放经济条件下无限期两部门DSGE模型并分析二元经济中各个变量之间的关系；第三节是模型的应用，在原有模型的基础上分析政府介入的作用，以及农民工跨部门流动对国外的溢出效应；第四节是结论和政策建议。

第一节　经验事实

1994年以来，中国对外贸易一直保持多年的顺差水平，特别是加入WTO以后，中国的贸易顺差一度保持在GDP的8%左右，直到2009年全球金融危机，中国的对外贸易顺差才有所下降，但依然大于GDP的2%；与经常账户顺差相伴随的是，中国的资本账户也长期保持顺差，占其主要部分的国际直接投资净额多年维持在GDP的4%，详见图9-1[①]。经常账户与金融账户的“双顺差”使我国的国际储备急剧上升，在2008年上升到4 795亿美元，占GDP的比重高达10%，其中大部分是美元外汇储备。从国际贸易的方式看，中国贸易顺差主要来源于加工贸易。中国海关把贸易方式分为一般贸易、加工贸易和其他贸易，一般贸易和加工贸易是我国对外贸易的主要形式，加工贸易创造了中国主要的贸易顺差，详见图9-2。从1995年开始，

① 图9-1、图9-2、图9-3、图9-5和图9-6的数据来源于中国国家统计局；图9-4的数据来源于美国经济分析局(BEA)。

加工贸易的净出口额急剧攀升，2007 年其贸易顺差达 GDP 的 7%。加工贸易的主体是三资企业或与外资有一定联系的企业，从业人员主要是农民工，所以加工贸易的发展对中国农村劳动力向城市转移和城镇化发展起了重要作用。

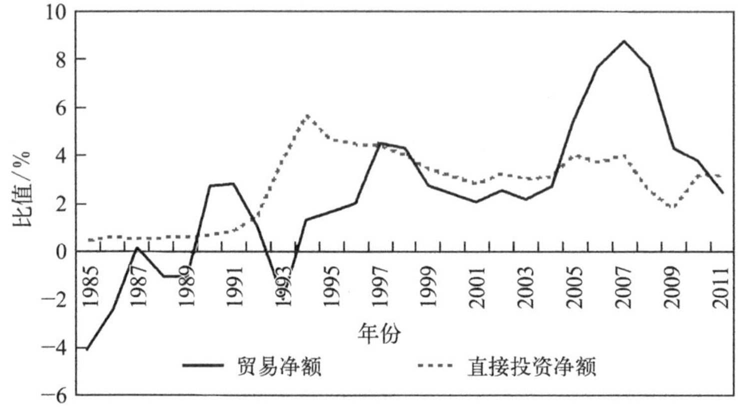

图 9－1　中国贸易净额和国际直接投资净额占 GDP 的比值

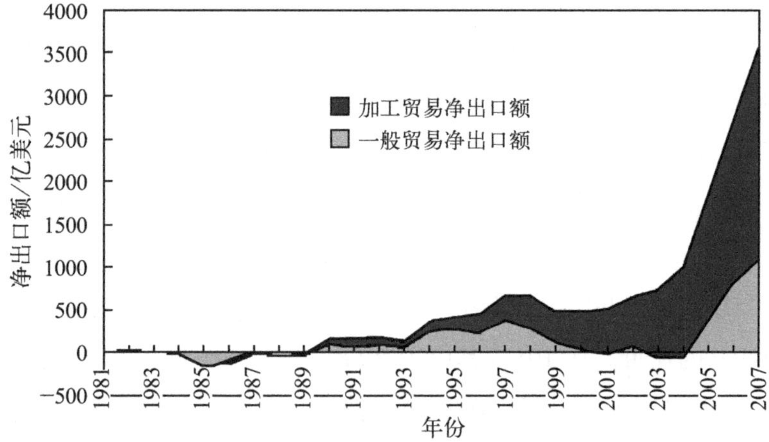

图 9－2　中国加工贸易和一般贸易净出口额

从中国的贸易伙伴国看，美国是中国的主要顺差来源国，详见图 9－3。1998 年至今，中国对美国的顺差一直是净顺差的主要部分。2011 年中国净顺差小于对美国的顺差,这意味着中国在对其他国家逆差的情况下,对美国依然顺差。这一时期形成了原材料先从外国进口,再在中国加工制造,最后出口美国的贸易链和美元流。美国从 1976 年开始一直是贸易逆差,在 20 世纪 80 年代和 21 世纪初有两段大幅贸易逆差时期,只不过逆差的主要来源国不同:第一阶段是日本和亚洲“四小龙”,第二阶段是中国。并且近年来美国政府的赤字也不断攀升,在 2009 年的金融危机时期,政府赤字上升到 GDP 的 12.8%。美国的国际收支赤字和政府预算赤字形成了所谓“双赤字”。

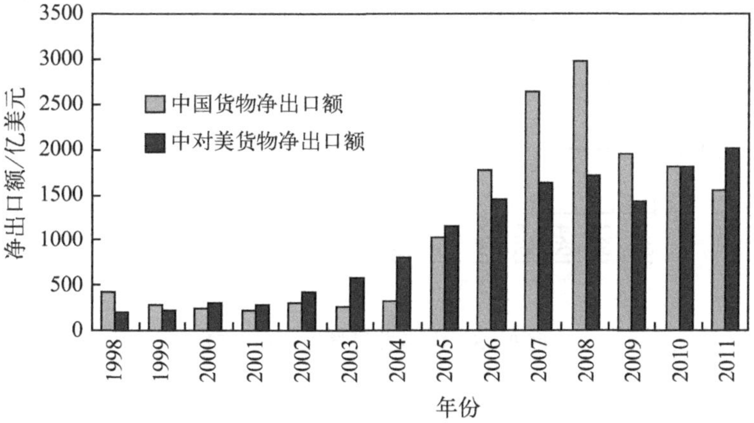

图 9-3　中国货物净出口额和中国对美国货物净出口额

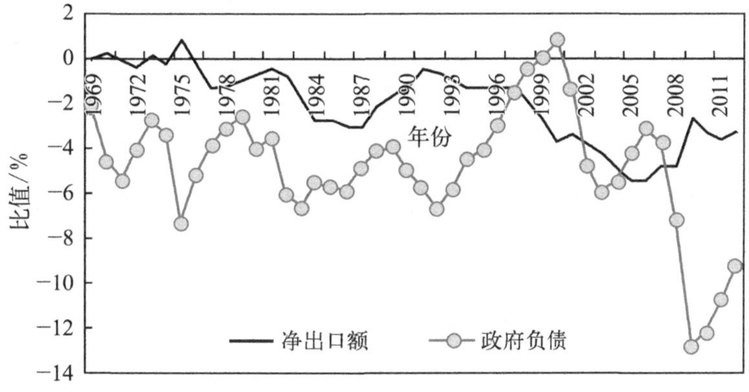

图 9-4　美国净出口额和政府负债占 GDP 的比值

与中国改革开放几乎同时进行的是中国二元经济结构也在不断发生变化，最明显的特征是农村劳动力不断向城市转移，两部门的常住人口绝对数和相对比例发生变化，城镇化迅速发展，见图 9－5 和图 9－6①。20 世纪 80 年代中期，城乡隔离制度有所松动，但农民进城后的就业和生活条件仍旧困难，所以人口转移规模很小。在 1996 年之前，农村绝对人口一直处于增加的

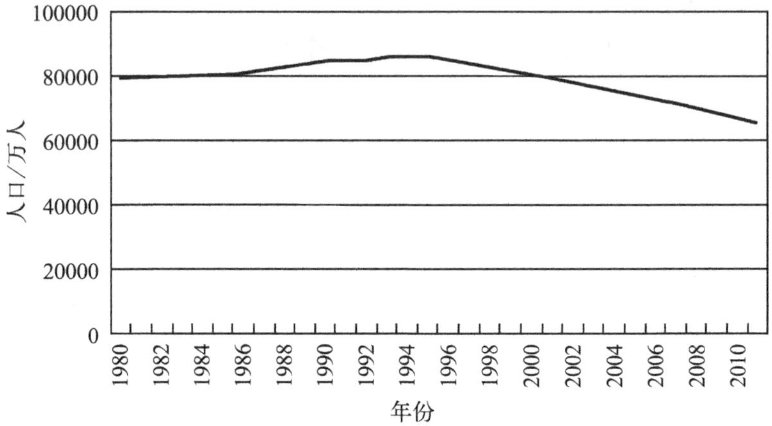

图 9－5　中国农村常住绝对人口

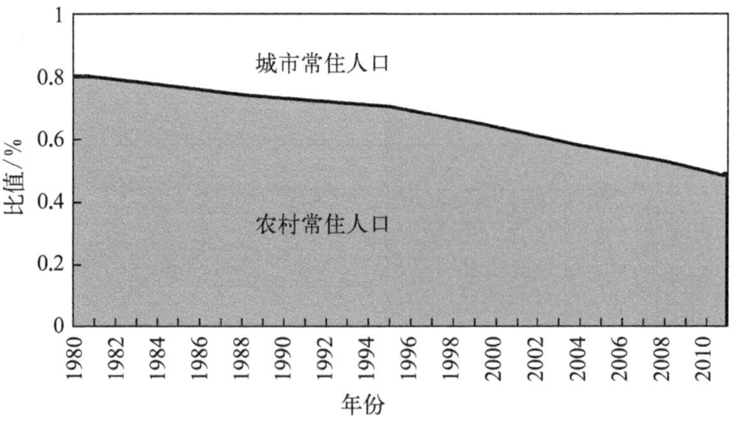

图 9－6　中国城市和农村常住人口占总人口比值

① 数据来源：国家统计局网站。根据国家统计局的定义，常住人口是指在一个地区居住时间不低于 6 个月的人口。

状态，农村相对人口缓慢下降；1996 年之后农村绝对人口和相对人口都明显下降；到 2011 年，农村常住人口下降至 6.5 亿人，首次少于城市常住人口，占全国人口比例为 49%。

尽管我国大量农村人口进入城市工作，但是户籍人口结构没有发生很大变化，农村和城市之间户籍相对固定，农村户籍人口占总人口的比例长期保持在 30%左右；并且省市之间的户籍也很难变动，形成了大量流动人口，2010 年我国的农民工数量达 2.4 亿人，占总人口的 18%。由于我国的户籍制度与一系列的经济制度和社会保障绑定，所以大量的流动人口会对我国的主要宏观经济变量以及对外贸易产生影响。

第二节　小国开放经济条件下的二元经济模型

一、模型设定

为了说明二元经济结构与国际收支的关系，本节建立一个小国开放经济条件下的无限期两部门 DSGE 模型，考虑的经济主体为农村部门和城市部门。农村部门的劳动力为农民，城市部门的劳动力为市民和农民工，后者是农民转移到城市打工的劳动力，其性质和行为将在下文中分别做出界定。针对本章研究目的，相应的效用函数和生产函数分别做了简化。

1. 农村部门

假设第 t 期农村部门的效用函数中只包含消费，即 $u(C_t)$，且满足标准的凹函数性质，$u'(C_t)>0$，$u''(C_t)\leqslant 0$。农村部门的无限期终身期望效用为 $U=E_0\sum_{t=0}^{\infty}\beta_t u(C_t)$，其中 β_t 为主观贴现率、C_t 为消费水平。效用函数具体形式为：

$$u(C_t)=\ln C_t \tag{9.1}$$

杜和魏(Du and Wei, 2010)研究中国国际收支与性别关系时，也采用了此效用函数。采用这种常弹性形式的对数效用函数，可以中和替代效应和收入效应的影响，并便于计算(殷剑峰，2013)。

农村部门的生产要素为劳动、土地和农村随机技术，不包括资本(Satao and Niho，1971；Hu，2002)。生产函数的具体形式为：

$$Y_{r,t} = A_{r,t} Q^{\eta} (L_{r,t} - m_t)^{1-\eta} \tag{9.2}$$

式中，$Y_{r,t}$ 是第 t 期的农村产出；$L_{r,t}$ 是农村户籍人口；m_t 是外出的农民工，设定 $0 < m_t < L_r$；$(L_{r,t} - m_t)$ 是农村劳动力投入；Q 是农业土地，假定固定不变；$A_{r,t}$ 为农业技术水平；$1-\eta$ 是农村劳动力的产出弹性，$0 < 1-\eta < 1$。从农村生产函数表达式可以看出，其符合凹函数性质。

2. 城市部门

假设城市部门参与国际贸易，外汇储备可以节省交易费用，提高福利，所以城市部门采用包含外汇的 MIU(money in the utility)的效用函数形式 $u\left(C_t, \frac{e_t M_t^*}{P_t}\right)$ (Obsetfeld and Rogoff，1995；Mccandless，2011)。城市部门的无限期终身期望效用为 $U = E_0 \sum_{t=0}^{\infty} \beta_t u\left(C_t, \frac{e_t M_t^*}{P_t}\right)$，其中 β_t 为与农村相同的主观贴现率、C_t 为消费水平，e_t 为直接标价法下的名义汇率，$\frac{M_t^*}{P_t}$ 为实际外汇。参考对外汇在效用函数作用的设定，城市部门的效用函数具体形式为：

$$u\left(C_t, \frac{e_t M_t^*}{P_t}\right) = \ln C_t + \zeta \ln \frac{e_t M_t^*}{P_t} \tag{9.3}$$

式中，ζ 为外汇系数，取值的大小表示外汇对城市部门的重要程度。

城市部门采用标准的 Cobb-Douglas 生产函数，生产要素为劳动、资本和城市企业技术。生产函数的具体形式为：

$$Y_t = A_t K_t^{\alpha} (L_t + m_t)^{1-\alpha} \tag{9.4}$$

式中，Y_t 是第 t 期的城市部门产出；L_t 是城市户籍人口，$(L_t + m_t)$ 是城市部门劳动力投入；K_t 是资本；A_t 为技术水平；$1-\alpha$ 是劳动力的产出弹性，$0<1-\alpha<1$。从城市生产函数表达式可以看出，其符合凹函数性质。

这里设定，社会总人口标准化为1，即 $L_t+L_{r,t}=1$。

3. 两部门的工资决定方式

本章结合 Harris-Todaro 模型和中国二元经济模型的特点，对农民、农民工和市民的工资分别做出具体设定。Harris-Todaro 模型认为农村进城务工的预期工资是城市工资经过城市失业率调整后的值。进城务工越多，城市失业率就越高，所以预期工资越低，当农民的工资与进城务工的预期工资相等时劳动力市场达到均衡，劳动力不再跨部门流动。

中国二元经济的本质是城乡通过户籍制度分割，使农村劳动力市场和城市劳动力市场无法形成一个市场，从而使城市户籍与农村户籍的劳动力在工资取得方式、社会福利等方面形成人为区别，总体上城市户籍劳动力的收入和福利水平高于农村户籍劳动力。近年来，中国二元经济的本质逐步演变为发达地区与落后地区的户籍分割，中西部农村劳动力进入北京、上海、深圳等城市工作，但是无法获得当地同质劳动力的工资和福利水平。

中国农村土地是按人口平均分配，并且自我雇用，所以农民按平均产出获得工资为：

$$w_{r,t}=A_{r,t}\left(\frac{Q}{L_{r,t}-m_t}\right)^{\eta} \tag{9.5}$$

市民按标准的劳动力边际产出获得工资，所以市民的工资为：

$$w_t=(1-\alpha)A_tK_t^{\alpha}(L_t+m_t)^{-\alpha} \tag{9.6}$$

为了简化起见，本章假定两部门生产同样的商品[①]。根据 Harris-

① 这种假定等同于设定农产品和工业品的贸易条件为1，省去了模型中两个产品市场出清的计算和消费组合分析，可以简化运算量；在开放条件下两种产品的贸易条件为外生，这种假定并不会对研究目的产生很大影响。樊纲和吕炎（2013）、Groizard（2010）、陈钊和陆铭（2008）、Jr（2004）在有关二元经济的论文中也假定内部贸易条件为1；Cook and Nosaka（2006）在有关开放条件下的二元经济的论文中也设置工业品与农产品的贸易条件为1。

Todaro 模型，当农民工资与农民工工资相等时，农村户籍劳动力市场达到均衡，劳动力不再跨部门流动。农民工是农村户籍人口进入城市打工人员，参与现代企业生产但是与城市户籍劳动力同工不同酬，所以市民和农民工的工资关系为：

$$(1-\alpha)A_tK_t^{\alpha}(L_t+m_t)^{-\alpha}=\tau_tA_{r,t}\left(\frac{Q}{L_{r,t}-m_t}\right)^{\eta} \tag{9.7}$$

上式可变形为：

$$K_t=(1-\alpha)^{-\frac{1}{\alpha}}Q^{\frac{\eta}{\alpha}}A_t^{-\frac{1}{\alpha}}A_{r,t}^{\frac{1}{\alpha}}\tau_t^{\frac{1}{\alpha}}(L_{r,t}-m_t)^{-\frac{\eta}{\alpha}}(L_t+m_t) \tag{9.8}$$

式中，τ_t 是二元分割系数，是衡量由于户籍制度引起的劳动力市场分割的指标①。上式表明，农民的工资与农民工的工资相等，劳动力跨部门流动停止；但是市民和农民工同工不同酬，市民工资是农民和农民工工资的 τ_t 倍。我们常见的正式工与临时工，体制内与体制外的工资差异也可以用此系数表示。本章假定 $\tau_t\geqslant 1$，当 $\tau_t=1$ 时，二元经济消失，劳动力市场完全均衡；τ_t 越大，表示二元经济越严重，农民在城市的利益得不到保障，他们在城市应得的报酬与实际所得的差距越大；当 $\tau_t=\dfrac{(1-\alpha)A_tK_t^{\alpha}L_t^{-\alpha}}{A_{r,t}Q^{\eta}L_{r,t}^{-\eta}}$ 时，城乡劳动力市场完全分割，劳动力不能跨部门流动，形成完全二元经济。②

利用式(9.8)中各个变量的局部均衡关系并根据后文参数校准部分对一些系数的设定，可以画出资本存量、农民工和二元分割系数的三维关系图，见图 9-7。图 9-7 中 X 轴表示农民工 m 的数量，Y 轴表示二元分割系数 τ 值，Z 轴表示资本 K 的存量。从图中可以看出如果把资本作为控

① 陈钊和陆铭(2008)把城乡分割的指标设为绝对值，本章设为相对值。因为在后文的模型校准中相对值比较利于计算。

② τ 可以理解为户籍补贴，在本章中用工资差异衡量，实际经济中除了工资差异，就业机会、子女入学、社会保险和投资途径等方面都能反映出劳动力市场的户籍分割；根据刘易斯的二元经济模型，劳动人口中没有被现代部门雇用的劳动力滞留在传统部门，所以传统部门的边际产出为 0 或负值，结合中国的实际情况，可以设定完全二元经济下城市工资是高于农村工资的。

制变量，那么农民工的数量依赖于城市资本存量；扩大投资，促进城市资本积累，有利于吸纳农民工就业，利于二元经济转化为一元经济。如果城市资本存量不变，那么二元分割越严重，农民工的数量越低，越不利于城镇化。

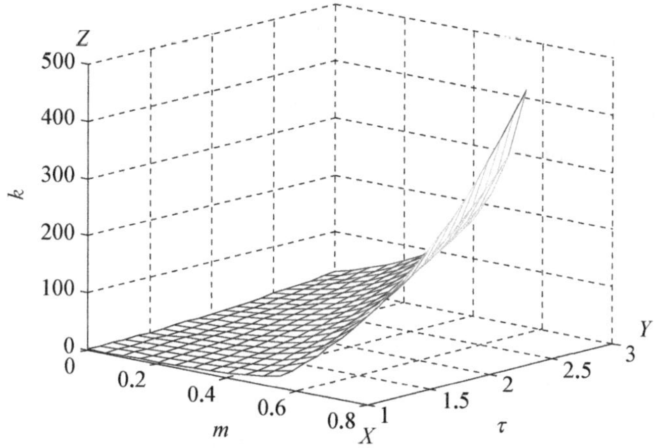

图 9-7　资本存量、农民工和二元分割系数关系

二、均衡与稳态

本章借鉴陈钊和陆铭（2008）、樊纲和吕炎（2013）二元经济分析框架。假定二元经济使农民和农民工收入较低，没有剩余进行投资，并且由于二元户籍壁垒，没有借贷渠道，所以农民和农民工的收入全部用来消费[①]，即 $L_r w_{r,t} = L_r c_{r,t} = C_{r,t}$。

二元经济也会对市民收入产生影响。农民工的边际产出扣除其工资外，还会有一部分剩余被截留在城市，归市民所有。所以市民的跨期预算约束条件为：

---

① 樊纲和吕炎（2013）认为我国的储蓄率的增长是由企业储蓄推动的，把家庭储蓄简化处理为 0，对企业储蓄的结果是没影响的。依据此文献，本章把传统农业部门，储蓄设定为 0，进而一国储蓄的来源就为城市部门的消费剩余。

$$B_{t+1}+\frac{e_t M_{t+1}^*}{P_t}=(1+r_t^*)B_t+\frac{e_t M_t^*}{P_t}+Y_t-C_t-[K_{t+1}-(1-\delta)K_t]$$
$$-\pi(K_{t+1}-K_t)-m_t c_{r,t} \tag{9.9}$$

这里的 C_t 是市民总消费；K_t 是市民持有的第 t 期期初的总资本，δ 是资本折旧率；B_t 是市民持有的第 t 期期初的国际债券数量，$\frac{M_t^*}{P_t}$ 是市民持有的第 t 期期初的实际外汇，r_t^* 是国际债券回报率。为了预防“庞式骗局”(Ponzi Games)，我们设定横截条件限制国际债券增长的速度：

$$\lim_{t\to\infty}\frac{B_t}{(1+r_t)^t}=0 \tag{9.10}$$

上述的跨期预算约束条件中，有一部分是针对开放经济模型所做的特定设定。为了使最优化有解，需要区分资本和国际债券，引入资本调整成本是分离二者的一个方法。本章采用的资本调整成本的函数形式为：

$$\pi(K_{t+1}-K_t)=\frac{\kappa}{2}(K_{t+1}-K_t)^2 \tag{9.11}$$

式中，κ 是资本调整成本系数。

为了让开放经济模型有唯一的稳态点，需要一个条件来封闭模型。本章采用国际债券利率是国际债券数量函数的方法封闭模型：

$$r_t^*=r^*-\gamma B_t \tag{9.12}$$

r_t^* 是第 t 期的国际债券实际利率；常数 r^* 是一般国际无风险利率水平，由国际市场外生决定；γ 是国际债券对利率的调整系数，是一个正的常数。式中负号的意思是当一个国家外债越多时，借款的利率越高；当一个国家的境外资产越多时，收益率越低。

由于本章假定农民和农民工的收入全部用于消费，所以只用分析城市部门的跨期最优化决策。城市部门在预算约束式(9.9)下，预期最大化式(9.3)：

$$F=\max_{\left\{C_t,K_{t+1},B_{t+1},\frac{e_tM_{t+1}^*}{P_t},\lambda_t\right\}}E_0\sum_{t=0}^{\infty}\beta^t\left\{\begin{array}{l}u(C_t)+\lambda_t[Y_t-C_t+(1+r_t^*)B_t-B_{t+1}\\+\dfrac{e_tM_t^*}{P_t}-\dfrac{e_tM_{t+1}^*}{P_t}+(1-\delta)K_t-K_{t+1}\\-\dfrac{\kappa}{2}(K_{t+1}-K_t)^2-m_tc_{r,t}]\end{array}\right\}\tag{9.13}$$

式中，λ_t 为拉格朗日系数。根据式(9.8)可知 $K'_t=\dfrac{\partial K_t}{\partial m_t}>0$，所以式(9.13)对资本的一阶条件：

$$\frac{\partial F}{\partial K_{t+1}}=\frac{\partial F}{\partial m_{t+1}}\times\frac{1}{K'_{t+1}}=0\tag{9.14}$$

等价于对农民工的一阶条件：

$$\frac{\partial F}{\partial m_{t+1}}=0\tag{9.15}$$

假定外国价格不变并且购买力评价(PPP)成立，所以 $\dfrac{e_tM_{t+1}^*}{P_t}=\dfrac{e_{t+1}M_{t+1}^*}{P_{t+1}}$，不用考虑外国通货膨胀对城市部门持有外汇的影响。利用式(9.7)分别对 C_t、m_t、B_{t+1}、$\dfrac{e_{t+1}M_{t+1}^*}{P_{t+1}}$、$\lambda_t$ 求导，得出城市部门跨期决策问题的一阶条件为：

$$C_t[K'_{t+1}+\kappa(K_{t+1}-K_t)K'_{t+1}]=$$

$$\beta E_tC_{t+1}\left[\begin{array}{l}\alpha A_{t+1}K_{t+1}^{\alpha-1}(L_{t+1}+m_{t+1})^{1-\alpha}K'_{t+1}+(1-\alpha)A_{t+1}K_{t+1}^{\alpha}(L_{t+1}+m_{t+1})^{-\alpha}\\+(1-\delta)K'_{t+1}+\kappa(K_{t+2}-K_{t+1})K'_{t+1}\\-Q^\eta A_{r,t+1}(L_{r,t+1}-m_{t+1})^{-\eta}-Q^\eta A_{r,t+1}m_{t+1}\eta(L_{r,t+1}-m_{t+1})^{-\eta-1}\end{array}\right]\tag{9.16}$$

$$C_t = \beta E_t C_{t+1}(1 + r^* - 2\gamma B_{t+1}) \tag{9.17}$$

$$E_t\left(\frac{e_{t+1}M_{t+1}^*}{P_{t+1}}\right) = \frac{\zeta\beta C_t E_t C_{t+1}}{E_t C_{t+1} - \beta C_t} \tag{9.18}$$

利用上述一阶条件可以求出均衡的稳态值 $\bar{C}$、$\bar{B}$、$\bar{m}$、$\bar{K}$ 和 $\bar{Y}$ 并且可以画出确定性条件下的 C_t、$B_t + \dfrac{e_t M_t^*}{P_t}$、$m_t$ 三个变量的相位图 9－8[①]。

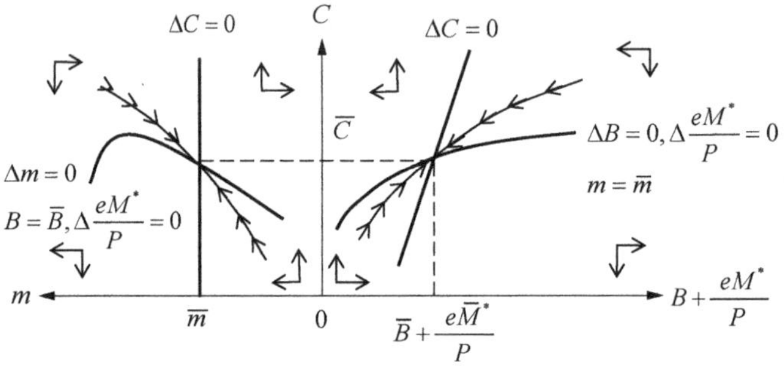

图 9－8　$C-\left(B+\dfrac{eM^*}{P}\right)-m$ 相位图

图 9－8 中的右半部分是城市消费 C_t 和境外资产 $B_t + \dfrac{e_t M_t^*}{P_t}$ 的相位图。$\Delta C = 0$ 的曲线来源于式(9.17)和式(9.18)，在其右边 $C_t > C_{t+1}$，城市消费走低；在其左边 $C_t < C_{t+1}$，城市消费走高。$\Delta B=0$，$\Delta\dfrac{eM^*}{P}=0$，$m=\bar{m}$ 的曲线来源于式(9.9)，在其上边，$B_t + \dfrac{e_t M_t^*}{P_t} > B_{t+1} + \dfrac{e_t M_{t+1}^*}{P_t}$，境外资产走低；在其左边，$B_t + \dfrac{e_t M_t^*}{P_t} < B_{t+1} + \dfrac{e_t M_{t+1}^*}{P_t}$，境外资产走高。两条线的交点就是稳态 $\bar{C}$ 和 $\bar{B} + \dfrac{e\bar{M}^*}{P}$，从图中右侧可以看出有唯一的鞍点路径。图 9－8 中的左半部分是城市消费 C_t 和农民工数量 m_t 的相位图。$\Delta C = 0$ 的

① 图 9－2 以及图 9－3 中曲线的具体形状参考了模型校准部分的系数设定。

曲线来源于式(9.16)，在其右边，$C_t < C_{t+1}$，城市消费走高；在其左边，$C_t > C_{t+1}$，城市消费走低。$\Delta m = 0$，$B = \bar{B}$，$\Delta \frac{eM^*}{P} = 0$ 的曲线来源于式(9.9)，在其上边，$m_t > m_{t+1}$，农民工数量走低；在其下边，$m_t < m_{t+1}$，农民工数量走高。两条线的交点就是稳态 $\bar{C}$ 和 $\bar{m}$，从图中左侧可以看出有唯一的鞍点路径。利用 $\bar{C}$、$\bar{B}$ 和 $\bar{m}$ 三个值可以求出稳态 $\bar{K}$、$\frac{e\bar{M}^*}{P}$ 和 $\bar{Y}$。

假定二元分割系数 τ 突然降低至 τ'，可以用图 9－9 表示各个变量的变化，图中粗线交点表示降低二元壁垒后的新稳态点，细线交点表示原有稳态点。从图 9－9 的左边可以看出在新的稳态点，进入城市打工的农民工数量增加，城市居民消费水平上升；从式(9.17)可知境外资产是不随 τ 的变化而变化的，但是从式(9.18)可以看出外汇持有量随着消费水平的上升而上升，所以图 9－9 右边新的稳态点境外资产和外汇组合增加，这必然要求贸易顺差才能实现。所以二元分割系数的下降，进城务工人员的增加，必然引起贸易顺差。同时从图 9－9 左半部分还可以看到 τ 下降的作用不是线性的，当 τ 下降一定程度后，会得出与上述相反的结论。

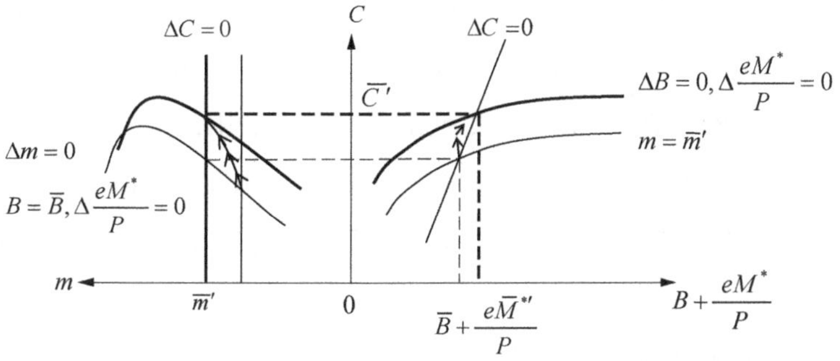

图 9－9　二元分割系数下降的影响

三、参数校准

模型中的参数可以从现有文献中获得，也可以根据实际数据统计所得。

本章模型中共有15个参数,其中一部分参数来源于相关文献,其余参数来源于中国数据统计。

第一,主观贴现率β的设定。由于实际利率的统计口径不同以及贴现跨期的设置不同,主观贴现率β有不同的取值。在参考现有文献的基础上,本章把按年度取值的主观贴现率折算成季度值后,与现有的季度取值放在一起取平均值,计算出本章主观贴现率季度近似取值为0.997(陈坤亭等,2004;王宪勇,2009;庄子罐,2010;Katayama,2012;Carvajal,2012)。

第二,工业资本产出弹性α和农业土地产出弹性η的设定。这两个系数也是资本收入和土地收入在各部门的收入占比。在参考相关文献的基础上,本章对α采用常用数值0.36(Cook and Nosaka,2006;庄子罐,2010;周申,2009;Du and Wei,2010;Song et al.,2011;Katayama,2012;Carvajal,2012)。由于中国农村土地不能自由流动,所以土地收入占比无法直接求得,但是可以间接求得。本章假定农民、农民工和市民是同质劳动,所以无论是在农村还是在城市都采用同样的劳动密集度进行生产,那么工业劳动力收入份额$1-\alpha$和农业劳动收入份额$1-\eta$相同,即工业资本和农业土地产出弹性相同$\eta=\alpha$,所以η也采用常用数值0.36。

第三,工业资本折旧率δ和工业资本调整成本系数κ的设定。国际标准文献对资本年折旧率一般设为0.1(Song et al.,2011;Carvajal,2012;Katayama,2012)。在参考相关文献的基础上,采用的季度资本折旧率为0.025(黄永峰等,2002;黄赜琳,2006;庄子罐,2010;Mccandless,2011)。资本调整成本系数值很难设定,根据相关文献,本章将κ设为0.028(Mendoza,1991)。

第四,国际无风险利率水平r^*、国际债券对利率的调整系数γ和外汇系数ζ的设定。本章参考开放经济模型中的设定,国际无风险季度利率水平r^*设为0.075,国际债券对利率的调整系数γ设为0.002 5,外汇系数ζ取值为0.01(Mccandless,2011)。

第五,农民工数量m、农村户籍人口L_r和城市户籍人口L的设定。中国农民工数量并没有长期持续的统计，唯一可查的官方统计数据来源于《中国发展报告 2011》，见表 9-1。从表 9-1 可以看出 2010 年中国有 2.4 亿名农民工在城市工作，占总人口的 18%，其中外出农民工占到了 63%。跟 2009 年的数据比较，2010 年农民工数量增加了 5.4%。

表 9-1　中国农民工数量

	农民工数量/万人			增长率/%
	2010 年	2009 年	增　减	
农民工总量	24 223	22 978	1 245	5.4
1. 外出农民工	15 335	14 533	802	5.5
(1) 住户中外出农民工	12 264	11 567	697	6.0
(2) 举家外出农民工	3 071	2 966	105	3.5
2. 本地农民工	8 888	8 445	443	5.2

数据来源：《中国发展报告 2011》。

按国家统计局的计算，2010 年中国总人口为 13.4 亿人，其中城镇常住人口 6.69 亿人，农村常住人口 6.71 亿人，各自约占总人口的 50%。农村常住人口占比迅速下降主要是由于近几年城镇化大幅推进，而实际上这些被划入城市户籍的原农民的经济活动方式并没有很大变化。徐匡迪(2013)认为如果扣除“半城镇化”的这部分农村劳动力，城镇人口大概只有 37%。按照公安部的统计，2013 年农村户籍人口大概占全国人口的 65%。本章依据表 9-1 中的 2010 年农民工占总人口 18%并且城市常住人口占总人口 50%，近似推算中国城市户籍人口为总人口的 32%。所以本章把城市户籍人口 L 和农村户籍人口 L_r 分别设为 0.32、0.68。

第六，二元分割系数 τ 的设定。由于中国户籍制度捆绑太多的社会资源分配，所以不能单从工资收入差异计算 τ 值，本章根据其他相关系数的设定

来校准 τ 值。利用式(9.13)—式(9.16)计算各变量稳态值方程，可得出二元分割系数 τ 和农民工数量 m 之间的稳态关系。

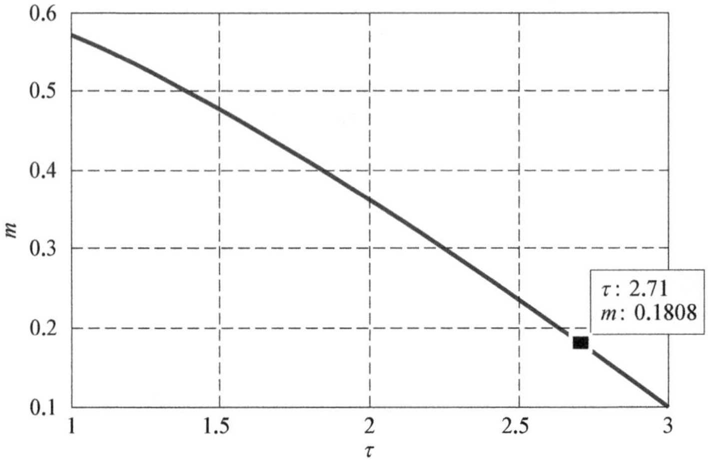

图 9-10 二元分割系数 τ 和农民工数量 m 之间的稳态关系

从图 9-10 中可以看出，在稳态时，二元分割越严重，农民工数量越少。当 $\tau=1$ 时，只有 0.11 的农民从事农业生产，0.57 的农民进入城市打工；当 $\tau=2.71$ 时，有 0.180 8 的农民进入城市打工，与我国 18%人口是农民工很接近，所以 m 可以取值为 0.180 8；那么二元分割系数 τ 的取值为 2.71。

城市部门、农村部门的生产技术水平的稳态值 $\bar{A}$、$\bar{A}_r$ 都设为 1；农村土地按照惯例也设为 1。根据上文的描述，我们对 15 个参数的校准见表 9-2。

表 9-2 参数校准

参 数	含 义	值
β	季度主观贴现率	0.997
α	工业资本收入占比	0.36
η	农业土地收入占比	0.36

续 表

参 数	含 义	值
δ	工业资本季度折旧率	0.025
κ	工业资本调整成本系数	0.028
γ	国际债券对利率的调整系数	0.002 5
r^*	国际无风险季度利率水平	0.007 5
ζ	外汇系数	0.01
L_r	农村户籍人口	0.68
L	城市户籍人口	0.32
$\bar{m}$	农民工数量	0.180 8
$\bar{\tau}$	二元分割系数	2.71
Q	农业土地	1
$\bar{A}$	城市部门生产技术稳态	1
$\bar{A}_r$	农村部门生产技术稳态	1

四、外生随机冲击的影响

模型考虑二元分割系数 τ_t 的一单位外生冲击对其他变量的影响。假定 τ_t 服从简单一阶自回归过程：

$$\ln\tau_1 = (1-\rho_\tau)\ln\bar{\tau} + \rho_\tau \ln\tau_{t-1} + \varepsilon_{\tau,t}, \quad \varepsilon_{\tau,t} \sim iidN(o, \sigma_\tau^2) \quad (9.19)$$

式中，ρ_τ 是一阶自回归系数，可以按惯例取值为 0.95；$\bar{\tau}$ 二元分割系数稳态值，可以取值为上文中的 2.71；$\varepsilon_{\tau,t}$ 是外生随机冲击，满足独立标准正态分布。

利用校准后的参数，可以计算出各个变量的稳态值并对稳态值进行一阶 log-linearization；利用广义 Schur 法，可以得到各个变量之间的脉冲响应函数。本章的贸易变量指标，采用贸易净额 TB 与 GDP 的比率表示；由于贸易净额 TB 有可能为负值，所以对其采用与稳态之差的方法表示其波动，即：

$$tb_t - t\bar{b} = \frac{TB_t}{GDP_t} - \frac{\overline{TB}}{\overline{GDP}} = tb_t - \frac{-\bar{r}\bar{B}}{\bar{Y} + \bar{Y}_r} \tag{9.20}$$

当二元分割系数受到一个小的冲击时，利用脉冲响应函数可以计算出经济体对这一冲击的反应过程。假定由于某种外生原因，中国二元劳动力市场分割状况突然改善，系数 τ_t 变小，比如受到 $\varepsilon_{\tau,t} = -1\%$ 的冲击，中国农村部门和城市部门的脉冲响应路径如图 9－11。

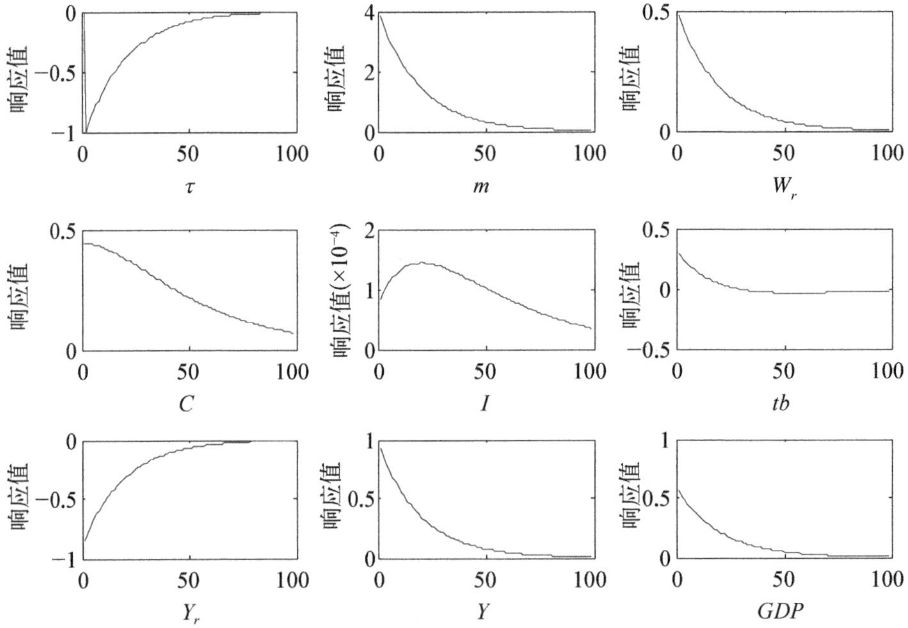

图 9－11　二元分割的脉冲响应

从图 9－11 中可以看出二元分割系数受到 1%负向冲击，会引起农民工数量 m 大幅上升 4%，然后慢慢恢复到稳态水平。所以降低二元经济的劳动力市场壁垒能够显著促进农民工进城。同时，还可以看到降低壁垒后农民的工资水平 W_r，也是其消费水平 c_r，提高了 0.5%，这对于扩大我国内需有一定的促进作用。

从图 9－11 中可以看出二元分割壁垒的下降对城市部门也是有影响的，会引起城市消费的迅速上升，轻微促进投资。降低二元经济的劳动力市场壁垒能够引起国际收支波动，在前期引起顺差，在后期引起逆差。二元壁垒降低对整体国民经济的影响是促进了城市部门产出和全国 GDP 的上升，但是会降低农村部门的产出。

二元分割系数对各个经济变量的影响程度还可以从它们的方差中看出。表 9－3 是由于二元分割系数的冲击引起各个变量方差，其中农民工数量的方差最大。这表明降低二元壁垒对我国劳动力转移的作用是非常明显的，城市部门消费和产出、农村部门产出受到的冲击其次。由于贸易净额的波动采用的是用贸易净值与 GDP 的比率与其稳态之差表示，并且没有取对数，所以其方差看起来要小一些。

表 9－3　各变量方差

$\ln\tau$	$\ln m$	$\ln C$	$\ln I$	$\ln Y_r$	$\ln W_r$	$\ln Y$	$\ln GDP$	Δtb
10.26* σ_τ^2	150.91* σ_τ^2	9.67* σ_τ^2	0.00* σ_τ^2	7.50* σ_τ^2	2.37* σ_τ^2	8.74* σ_τ^2	3.24* σ_τ^2	0.49* σ_τ^2

各个变量之间的关系，最明显的指标是其相关系数，表 9－4 是根据二元分割冲击计算出的各个变量之间的相关系数。从中可以看出，二元分割壁垒除了与农村产出是正相关以外，与其他各个变量都是负相关，这表明降低农民工流动的壁垒可以促进农民工进城，提高市民和农民的消费水平，促进经济增长，扩大顺差。从表 9－4 中还可以看出其他变量之间的相互关系。贸易净额与农民工数量、市民消费、GDP 和农民收入等变量正相关，这表明贸易有一定的顺周期性。

表 9-4　相关系数

变 量	$\ln\tau$	$\ln m$	$\ln C$	$\ln I$	$\ln Y_r$	$\ln W_r$	$\ln Y$	$\ln GDP$
$\ln m$	−1.00							
$\ln C$	−0.87	0.87						
$\ln I$	−0.83	0.83	0.99					
$\ln Y_r$	1.00	−1.00	−0.87	−0.83				
$\ln W_r$	−1.00	1.00	0.87	0.83	−1.00			
$\ln Y$	−1.00	1.00	0.87	0.83	−1.00	1.00		
$\ln GDP$	−1.00	1.00	0.87	0.83	−1.00	1.00	1.00	
Δtb	−0.68	0.68	0.23	0.17	−0.68	0.68	0.68	0.68

利用同样的方法可以计算出农村技术 $A_{r,t}$ 和城市技术 A_t 的脉冲响应。假定 $A_{r,t}$ 和 A_t 都服从简单一阶自回归过程：

$$\ln A_{r,t}=(1-\rho_r)\ln\bar{A}_r+\rho_r\ln A_{r,t-1}+\varepsilon_{r,t},\quad \varepsilon_{r,t}\sim iidN(o,\sigma_r^2) \tag{9.21}$$

$$\ln A_t=(1-\rho)\ln\bar{A}+\rho\ln A_{t-1}+\varepsilon_t,\quad \varepsilon_t\sim iidN(o,\sigma^2) \tag{9.22}$$

ρ_r 和 ρ 是一阶自回归系数，按惯例取值为 0.95；$\bar{A}_r$ 和 $\bar{A}$ 为两部门技术的稳态值，取值为 1；$\varepsilon_{r,t}$ 和 ε_t 是外生随机冲击，满足独立标准正态分布。

农村技术 $A_{r,t}$ 和城市技术 A_t 分别受到 1%的正向冲击时，各个经济变量的脉冲响应路径如图 9-12 和图 9-13。

从图 9-12 中可以看出，农村技术 $A_{r,t}$ 受到 1%正向冲击，会引起农民工数量 m 当期下降 3.83%，然后慢慢恢复到稳态水平；农业技术进步还在当期把农民收入水平提高了 0.5%。所以在本模型中，农村技术进步会让农村吸纳更多的劳动力，这是因为技术进步不仅提高了农业总产出，也提高了人均产出水平，所以农民进入城市打工的意愿会下降。但是这些结果导致城

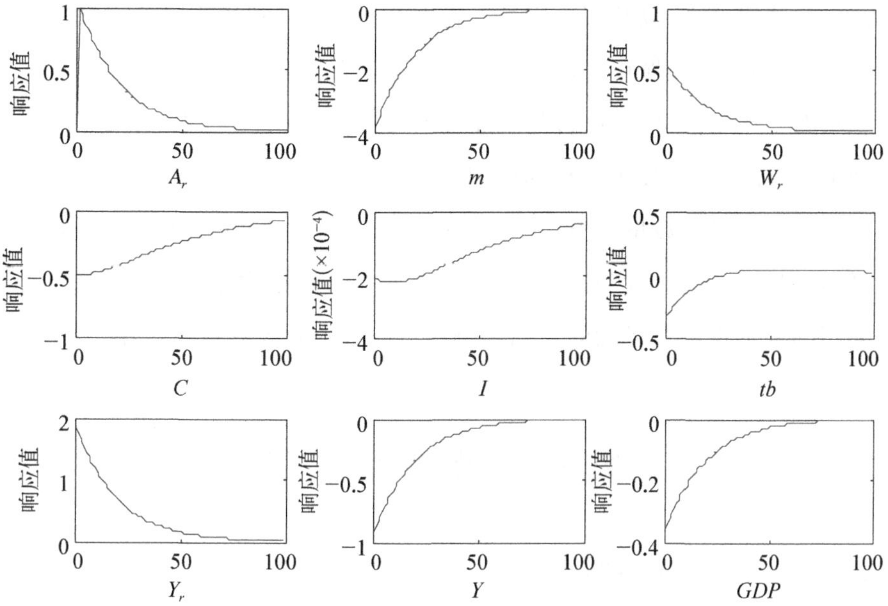

图 9－12　农业技术的脉冲响应

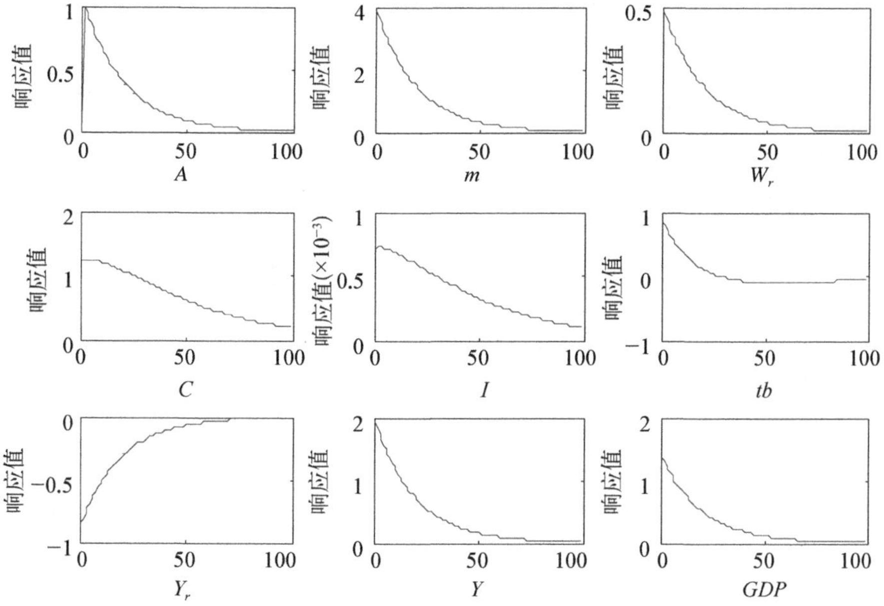

图 9－13　工业技术的脉冲响应

市产出和消费下降，以及贸易逆差。在图 9－12 中还可以看到农业技术进步冲击对全国 GDP 和城市部门的资本积累有轻微的负面影响。

从图 9－13 中可以看出，与农业技术冲击相比，工业技术 A_t 受到 1%正向冲击，对提高农民收入水平的作用是一样的，都在当期引起农民工资上升 0.5%，但是农民工数量上升了 3.83%。农民工进城，虽然降低了农业总产出，但是促进了工业生产和城市消费。工业技术冲击会引起贸易顺差，对城市部门的资本积累有轻微的正向影响，总体上对 GDP 起促进作用。

第三节 模型的应用

一、政府目标与二元分割

假定中央政府独立于城市和农村部门短期利益，主要考虑经济体的长期稳态水平；并且中央政府可以根据自己对不同经济指标的偏好无成本设定二元分割系数的大小。如果中央政府依据消费水平确定二元分割系数大小，那么是依据城市消费最大化，还是依据农村消费最大化或者依据全社会人均消费最大化会有不同的最优二元分割水平。各部门消费水平与二元分割系数的关系见图 9－14。

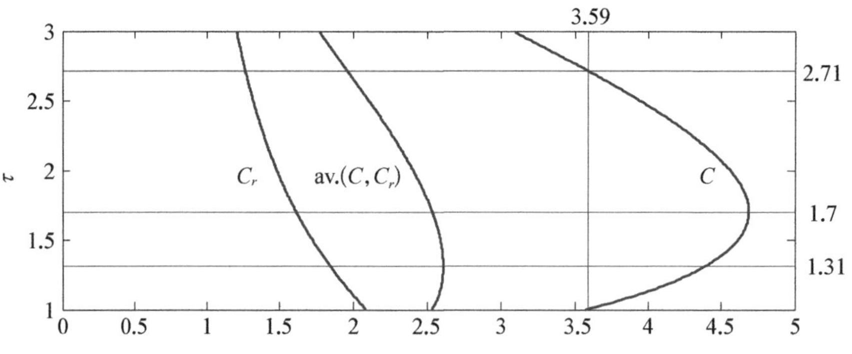

图 9－14 二元分割与稳态消费关系

从图 9－14 中可以看出，对于农民和农民工，二元分割系数 τ 越小越好，当 τ 到达最低值 1 时，农民和农民工的消费水平达到最大。对于市民，二元分割系数 τ 为 1.7 时，消费水平达到最高，高于或者低于这个水平对市民都是不利的。如果以全社会的平均消费作为目标，那么 τ 为 1.31 时对全社会最有利。

中国目前的 τ 为 2.71，这个二元分割水平对市民和农民都是不利的，过高的二元分割造成了全社会的福利损失。如果把 τ 从 2.71 变为 1，市民福利水平不变，但是农民和农民工的福利水平会大大提高。

如果中央政府依据产出水平确定二元分割系数大小，那么依据不同部门的产出最大化也会有不同的最优二元分割水平。从图 9－15 中可以看出，对于农村部门，二元分割系数 τ 越大，农业产出越多。这是因为 τ 越大，就可以留住越多的劳动力在农村进行生产。对于城市部门，二元分割系数 τ 为 1.6 时，工业产出水平达到最大，τ 提高或下降都会降低工业产出。如果以全国 *GDP* 作为目标，那么 τ 为 1.8 时全国 *GDP* 最高。

中国目前的 τ 为 2.71，这个过高的二元分割水平只对农业产出有利，但是对工业产出和全国 *GDP* 都是不利的。

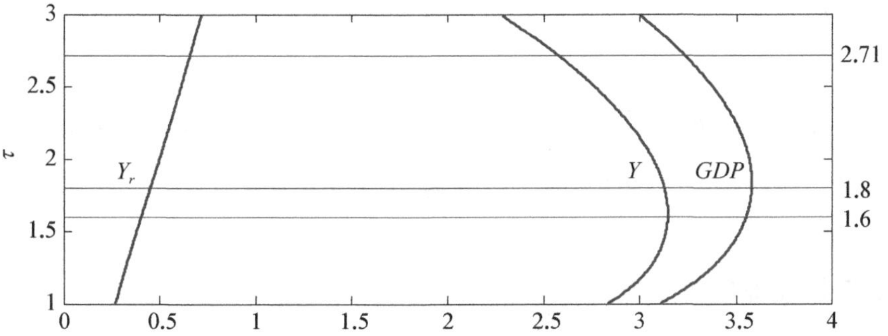

图 9－15　二元分割与稳态产出关系

根据第二节模型设定可以计算出二元分割系数 τ 与境外资产、外汇额的关系，见图 9－16。从图 9－16 中可以看出，随着二元分割壁垒的下降，持有的外汇不断上升，当τ下降至1.7时外汇持有量达到最大，这与τ跟消费的关系很相似。这是因为在MIU模型中，最优外汇持有量与消费之间建立了一一对应关系。从图9-16中还可以看出随着二元分割壁垒的下降，持有的境外资产保持不变，这是因为境外资产稳态值只依赖于主观贴现率β和国际无风险利率r^*，不受其他变量的影响。如果以$\tau=2.71$计算的境外资产和外汇值作为起点，贸易净额TB与境外资产、外汇额的关系为：

$$TB_t = B_{t+1} - (1+r)B_t + \frac{e_t M_{t+1}^*}{P_t} - \frac{e_t M_t^*}{P_t} \tag{9.23}$$

根据式(9.23)，可以计算出τ的变化对贸易净额TB的影响。从图9-16中可以看出随着二元分割壁垒的下降，会产生持续的贸易顺差。所以根据本章动态一般均衡模型的设定，降低农民进城务工的障碍、促进城镇化等二元经济融合政策必然会引起国际贸易顺差。

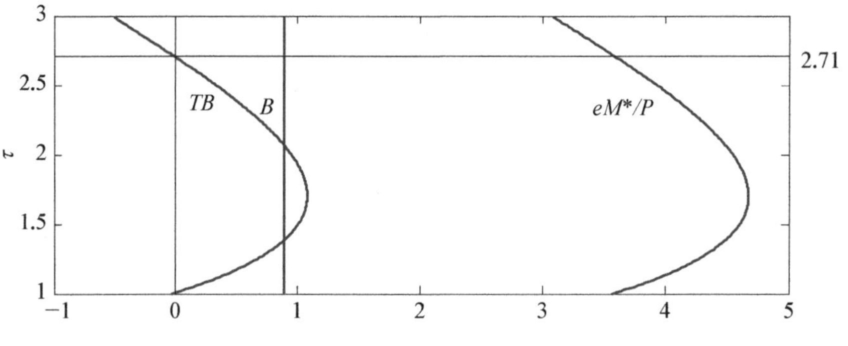

图9-16　二元分割与国际贸易关系

二、二元经济与两国模型

通过对第二节开放条件下的二元经济模型进行修改，可以分析两国经济相互关系，为分析中美之间的国际收支问题提供支持。为了便于分析美国的“双赤字”问题，本部分假定本国市场是二元经济，外国市场是一元经济，但是外国政府作为经济主体参与经济活动。参考两国经济模型中对政府预算约束的设定，本章的外国政府预算约束为：

$$D_{t+1}^{*}+t_{t}^{*}Y_{t}^{*}=(1+r_{t}^{D})D_{t}^{*}+G_{t}^{*} \tag{9.24}$$

式中，D_t^* 是外国政府发行的债券；t_t^* 是外国政府税率，税收符合逆经济周期的特征；r_t^D 是外国政府债券的利率；G_t^* 是外国政府支出（Kollmann，1998；Sopraseuth，1999）。

上式两边都除以 Y_t^*，使用小写字母表示各个变量与当期产出的比值，式(9.22)可以变形为：

$$d_{t+1}^{*}\frac{Y_{t+1}^{*}}{Y_{t}^{*}}+t_{t}^{*}=(1+r_{t}^{D})d_{t}^{*}+g_{t}^{*} \tag{9.25}$$

假定外国政府支出 g_t^* 服从简单一阶自回归过程并且与其相关的外生冲击满足均值为 0 的正态分布：

$$g_{t}^{*}=(1-\rho_{g})\bar{g}^{*}+\rho_{g}g_{t-1}^{*}+\varepsilon_{g,t},\quad \varepsilon_{g,t}\sim iidN(o,\sigma_{g}^{2}) \tag{9.26}$$

由于本章主要考虑 1994 年以来的中美两国贸易关系，所以采用 1994—2013 年美国政府支出比率的季度数据近似计算稳态值 $\bar{g}^*$ 和 ρ_g。本章以政府支出比率的平均值 0.19 近似表示稳态值 $\bar{g}^*$；各季度政府支出比率减去平均值后，利用 HP 方法对其去趋势，进行一阶自回归算出 $\rho_g=0.933$。外国国债的利率采用第二节的无风险国际利率；假定稳态时外国国债 $\bar{d}^*=0$，所以政府税收等于政府支出，$\bar{t}^*=\bar{g}^*=0.19$。

假定两国模型的资本市场一体化，所以 $B_t=-B_t^*$。根据"瓦尔拉斯定律"（Walras's law），如果两国资本市场出清，那么两国产品市场同样出清，所以产品市场出清等式为：

$$\begin{aligned}Y_{t}+Y_{t}^{*}=&C_{t}+[K_{t+1}-(1-\delta)K_{t}]+m_{t}c_{r,t}+C_{t}^{*}\\&+[K_{t+1}^{*}-(1-\delta^{*})K_{t}^{*}]+G_{t}^{*}\text{①}\end{aligned} \tag{9.27}$$

① 为了简化起见，两国模型中省略了资本调整成本。

由于是两国模型，并且政府预算约束中省略了货币，因此两国的效用函数与第二节农村部门效用函数的设定相同，只包含消费，没有外汇；并且为了简化起见，假定两国有相同的主观贴现率；本国两部门生产函数依然采用第三节的设定，外国生产函数采用 C－D 函数：

$$Y_t^* = A_t^* K_t^{*\theta} (ZL^*)^{1-\theta} \tag{9.28}$$

资本收入份额 θ 采用文献中对美国的取值 0.42，这个数值大于国内的资本收入份额 0.36，说明外国产出的资本密集度高于本国，这符合中美两国的实际情况（Kollmann，1998；Sopraseuth，1999）。把中国的劳动作为简单单位劳动，ZL^* 则表示外国有效劳动；L^* 表示劳动力数量，取值为美国与中国的人口比率 0.25；Z 为每位劳动力所包含的人力资本水平。

对本国求最优化后，可以得到 Euler 方程为：

$$C_t^{-1} E_t K'_{t+1} = \beta E_t C_{t+1}^{-1} \begin{bmatrix} \alpha A_{t+1} K_{t+1}^{\alpha-1} (L_{t+1} + m_{t+1})^{1-\alpha} K'_{t+1} + (1-\alpha) A_{t+1} K_{t+1}^{\alpha} (L_{t+1} \\ + m_{t+1})^{-\alpha} + (1-\delta) K'_{t+1} - Q^{\eta} A_{r,t+1} (L_{r,t+1} - m_{t+1})^{-\eta} \\ - Q^{\eta} A_{r,t+1} m_{t+1} \eta (L_{r,t+1} - m_{t+1})^{-\eta-1} \end{bmatrix} \tag{9.29}$$

从上式可以看出本国稳态时的最优化资本存量 $\bar{K}$ 和农民工数量 $\bar{m}$ 与第二节相同，分别为 51.02 和 0.18。

利用同样的方法，可以得到外国的 Euler 方程为：

$$C_t^{*-1} = \beta^* E_t C_{t+1}^{*-1} [\theta A_{t+1}^* K_{t+1}^{*\theta-1} (ZL^*)^{1-\theta} + (1-\delta^*)] \tag{9.30}$$

利用上式，可以计算出外国稳态时的资本与劳动力关系：

$$\left(\frac{ZL^*}{\bar{K}^*}\right)^{1-\theta} = \bar{A}^{-1} \theta^{-1} (-1 + \delta^* + \beta^{*-1}) \tag{9.31}$$

要求出外国各个变量的稳态值，需要知道外国人力资本水平。可以通过两国的工资关系间接求得人力资本水平，参照 2009 年中国城镇工资水平与美国工资水平，设外国工资是本国工资的 7.54 倍①，所以两国劳动边际产出关系为：

$$Z(1-\theta)A_t^* K_t^{*\theta}(ZL^*)^{-\theta}=7.54\tau_t A_{r,t}\left(\frac{Q}{L_{r,t}-m_t}\right)^{\eta} \tag{9.32}$$

利用式(9.31)和式(9.32)以及本国稳态时的相关数值，可以求出 Z 值为 5.9，还可以求出 $\bar{K}^*$ 和 $\bar{Y}^*$。

由于两国资本市场一体化，两国有相等的跨期边际效用替代率。根据前文两国效用函数和主观贴现率相同的假定和各国的 Euler 方程，可以给出等式：

$$\frac{\beta U'(C_{t+1})}{U'(C_t)}=\frac{\beta U^{*'}(C_{t+1}^*)}{U^{*'}(C_t^*)} \tag{9.33}$$

因此可以推导出 $C_t=\Lambda C_t^*$，这里的 $\Lambda>0$，是不随时间而改变的系数，其值依赖于两国可支配财富的比例②：

$$\Lambda=\frac{\bar{Y}-\bar{m}\cdot\bar{c}_r-\delta\cdot\bar{K}}{\bar{Y}^*-\bar{g}^*\cdot\bar{Y}^*-\delta^*\cdot\bar{K}^*} \tag{9.34}$$

依据式(9.34)，计算出 Λ 的值为 0.31，进而利用两国约束条件可以计算出稳态消费值 $\bar{C}_t$ 和 $\bar{C}_t^*$。各个变量的稳态值求出来后，采用与第三节相同的方法，对非比率变量，在其稳态值进行一阶 log-linearization；利用广义 Schur 法，可以得到各个变量之间的脉冲响应函数。对以比率表示的变量——贸易净额占 GDP 的比率，对其采用与稳态之差的方法表示其波动；由于是两国模型，所以贸易净额对两国对称，采用相对简单的外国贸易净额比率计算：

---

① 数据来源《国际统计年鉴 2013》。

② 详见 Kollmann(1998)对两国模型消费份额的确定；Obstfeld and Rogoff(1996)和 Kollmann(1995)也对资本市场一体化条件下，两国风险分担与消费关系进行了基础论证。

$$tb_t^* - \bar{tb}^* = \frac{TB_t^*}{Y_t^*} - \frac{\bar{TB}^*}{\bar{Y}^*} \tag{9.35}$$

假定由于某种外生原因，本国二元分割系数 τ_t 受到 $\varepsilon_{\tau,t}=-1\%$ 的冲击，各个经济变量的脉冲响应路径如图 9－17。

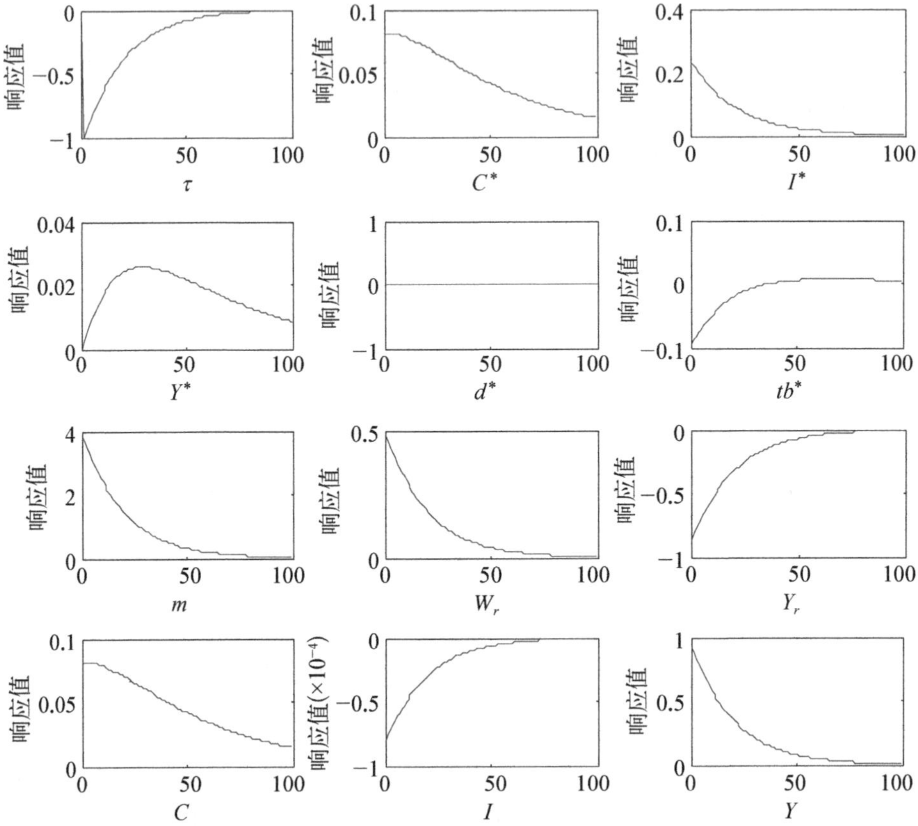

图 9－17　两国模型的二元分割脉冲响应

图 9－17 的第一行表示外国变量的脉冲响应曲线，第二行表示本国变量的脉冲响应曲线。从图中第一行可以看出本国二元壁垒的降低，除了会引起外国贸易逆差外，对外国主要经济变量的影响是正面的：外国消费、投资和产出都提高了。从第二行可以看出本国二元壁垒的降低，对本国经济的

大部分变量的影响与第二节的小国开放模型相似：本国农民工数量、农民工工资、城市消费、城市产出都上升，农村产出下降；但是对城市投资有轻微的负向影响。在两国模型中，本国二元壁垒的降低引起外国逆差，对应的就是本国顺差，这与小国开放模型的结论是一致的。

当外国政府税率和利率水平不变时，外国政府支出受到 $\varepsilon_{g,t}=1\%$ 的冲击时，利用脉冲响应函数可以计算出两国对这一冲击的反应过程，见图 9－18。

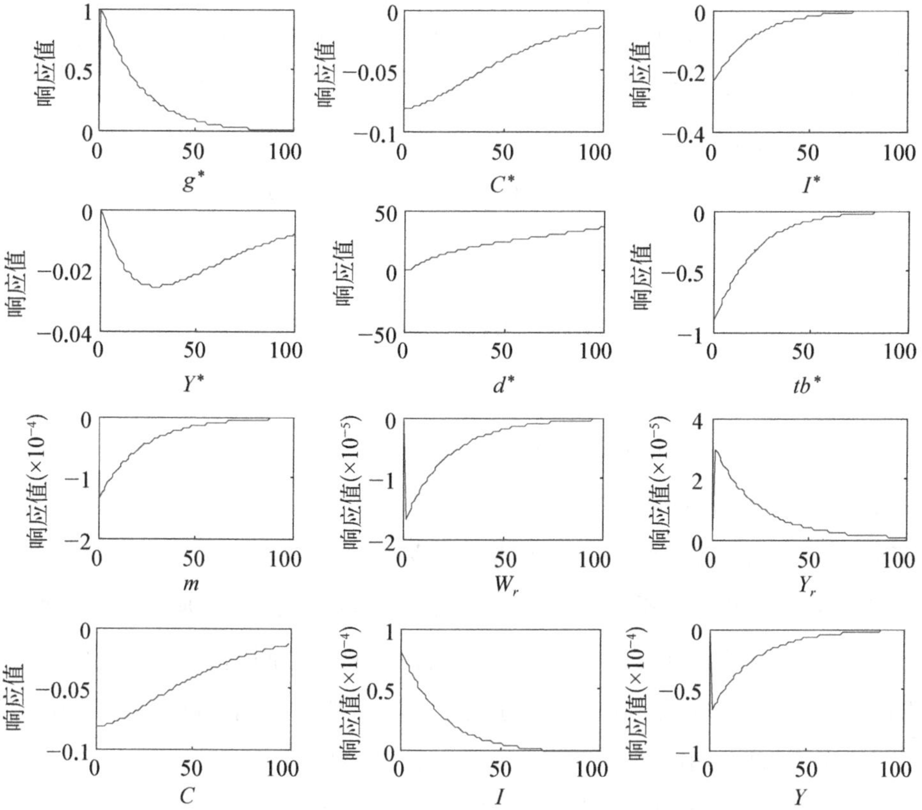

图 9－18　两国模型的外国政府支出脉冲响应

图 9－18 的第一行和第二行分别表示外国变量和本国变量的脉冲响应曲线。从图中第一行可以看出外国政府支出的 1 单位正向冲击，对其国家主

要经济变量的负面影响是明显的。外国消费和投资都受到政府挤出，并且产出也相应减少；政府负债增加幅度最大，这来源于两个原因。第一个原因是在政府税率和债券利率不变的情况下，政府利息支出增加；第二个原因是产出减少，导致政府负债比率上升。政府支出增加还会引起贸易逆差，根据这个结论可以说明，美国政府通过发行债券的形式进行扩张性财政政策容易引起"双赤字"。

从图 9－18 中第二行可以看出外国政府支出的 1 单位正向冲击，对本国经济的大部分变量有轻微的负面影响。本国农民工数量、农民工工资、城市投资、城市产出都微量下降；农民工回到农村，农民数量的上升引起了农村产出的增加。外国政府支出最明显的负面溢出效应是降低本国城市消费，这是因为在两国模型中，两国消费按固定比率变动，所以外国消费下降，必然引起本国消费下降，并且由此引起的剩余也会转变为对外国的顺差。

第四节　结论及政策建议

本章将二元经济模型嵌入开放条件下的两部门 DSGE 模型，分析农民跨部门流动对中国国际收支的影响。虽然本章对二元经济特征的设定进行了简化，但是基本符合中国的实际情况。随着二元经济融合和城镇化，两部门劳动力流动壁垒逐渐下降，农民工大量进城，这必然对中国宏观经济变量产生影响。通过分析两部门 DSGE 模型各个变量之间的关系，研究结果表明二元分割壁垒的下降和农民工进城数量的增加对中国大部分宏观经济变量有正向影响，会引起贸易顺差，提高全社会消费、农民工工资和总产出水平；城市部门的技术进步不仅对本部门有益，也会引起贸易顺差和提高农民工工资，吸引更多的农民工进城；农村部门的技术进步只对本部门有益，会引起贸易逆差并且不利于劳动力转移和城市部门消费的提高。

从变量稳态值可以看出，本章所研究阶段的二元分割壁垒不是在最优水平，在一定范围内降低壁垒对农村和城市都是有利的，中央政府可以根据自己的目标设置不同的二元壁垒。对基本模型进行修改，分析两国模型中本国农民工跨部门流动以及外国政府支出的作用。研究结果表明，本国二元分割壁垒的下降会引起贸易顺差，对外国也有正的溢出效应；外国政府支出增加会引起贸易逆差和政府负债增加，即所谓的“双赤字”。

中国的二元经济是特定历史的产物，是中国经济的重要特征事实，二元经济融合和城镇化会引起贸易顺差，但是这个过程对农村部门和城市部门都是有利的。

参考文献

[1] 陈学彬,李世刚,芦东. 中国出口汇率传递率和盯市能力的实证研究[J]. 经济研究,2007(12):106-117.

[2] 陈钊,陆铭. 从分割到融合:城乡经济增长与社会和谐的政治经济学[J]. 经济研究,2008(1):21-32.

[3] 樊纲,关志雄,姚枝仲. 国际贸易结构分析:贸易品的技术分布[J]. 经济研究,2006(8):70-80.

[4] 樊纲,吕焱. 经济发展阶段与国民储蓄率提高:刘易斯模型的扩展与应用[J]. 经济研究,2013,48(3):19-29.

[5] 关志雄. 从美国市场看"中国制造"的实力:以信息技术产品为中心[J]. 国际经济评论,2002(4):5-12.

[6] 哈继铭. 如何减小全球经济失衡的纠正对中国的冲击[J]. 国际经济评论,2006(2):50-52.

[7] 何帆. 国际收支失衡与金融动荡仍为世界经济最大风险[J]. 中国外汇管理,2005(8):18-20.

[8] 华民. 全球经济失衡的触发机制及中国的选择[J]. 国际经济评论，2006(2)：45-49.

[9] 黄赜琳. 中国经济周期特征与财政政策效应：一个基于三部门RBC模型的实证分析[J]. 经济研究，2005(6)：27-39.

[10] 郎永清. 二元经济条件下的结构调整与经济增长[J]. 南开经济研究，2007(2)：128-139.

[11] 雷达，赵勇. 中美经济失衡的性质及调整：基于金融发展的视角[J]. 世界经济，2009，32(1)：62-71.

[12] 李洁，张建清. 全球经常项目失衡问题探析[J]. 数量经济技术经济研究，2007(2)：46-53.

[13] 刘钻石，张娟. 中国出口贸易品技术结构的测算[J]. 世界经济研究，2010(3)：68-72.

[14] 马光明，仲鑫. 中国产品内外市场占有系数研究：模型、测量与国际比较[J]. 北京师范大学学报(社会科学版)，2007(2)：92-98.

[15] 施炳展，齐俊妍. 金融发展、企业国际化形式与贸易收支[J]. 世界经济，2011，34(5)：42-73.

[16] 王春平，刘传哲. 人民币实际有效汇率变动对山东出口贸易的影响[J]. 山东社会科学，2007(2)：102-105.

[17] 徐建炜，姚洋. 国际分工新形态、金融市场发展与全球失衡[J]. 世界经济，2010，33(3)：3-30.

[18] 殷剑峰. 储蓄不足、全球失衡与“中心-外围”模式[J]. 经济研究，2013，48(6)：33-44.

[19] 张建清，张天顶. 经常账户失衡的调整：国际经验及其对中国的启示[J]. 世界经济，2008(10)：12-21.

[20] 张若雪，袁志刚. 技术创新能力、金融市场效率与外部经济失衡[J]. 金融研究，2010(12)：57-66.

[21] 张天顶，李洁. 宏观经济因素与经常项目失衡的调整：跨国经验及其对

中国的启示[J]. 金融研究,2008(12):63－74.

[22] 张幼文. 要素流动与全球经济失衡的历史影响[J]. 国际经济评论,2006(2):43－45.

[23] 赵夫增. 经常账户失衡格局下的世界经济共生模式[J]. 世界经济研究,2006(3):13－20.

[24] 赵夫增. 世界经济结构性变化与经常账户失衡[J]. 国际金融研究,2006(4):44－51.

[25] 周申,漆鑫. 经济开放、劳动力市场与二元经济结构转化[J]. 财经科学,2009(11):47－55.

[26] 祝丹涛. 金融体系效率的国别差异和全球经济失衡[J]. 金融研究,2008(8):29－38.

[27] 庄子罐,崔小勇,龚六堂,等. 预期与经济波动:预期冲击是驱动中国经济波动的主要力量吗?[J]. 经济研究,2012,47(6):46－59.

[28] Azhar A K M, Elliott R J R. On the measurement of product quality in intra-industry trade[J]. Review of World Economics, 2006, 142(3): 476－495.

[29] Balassa B. Trade liberalisation and "revealed" comparative advantage [J]. The Manchester School, 1965, 33(2): 99－123.

[30] Bao Q, Yang J Y. Is financial development another source of comparative advantage? Evidence from China[J]. China & World Economy, 2009, 17(2): 15－34.

[31] Barattieri A. Comparative advantage, service trade, and global imbalances[J]. Journal of International Economics, 2014, 92(1): 1－13.

[32] Barro R J, Lee J W. A new data set of educational attainment in the world, 1950－2010[J]. Journal of Development Economics, 2013, 104: 184－198.

[33] Eichengreen R. Strerling's Past, Dollar's Future: Historical Perspectives on Reserve Currency Competition[Z]. NBER working paper, May, 2005, No. 11336.

[34] Beck T. Financial development and international trade[J]. Journal of International Economics, 2002, 57(1): 107－131.

[35] Beck T. Demirguc-Kunt A, Eric Levine R, et al. Financial Development and Structure Dataset (updated Nov. 2013) [R]. http://econ.worldbank.org/WBSITE/EXTERNAL/EXTDEC/EXTRESEARCH/0,contentMDK:20696167～pagePK:64214825～piPK:64214943～theSitePK:469382,00.html.

[36] Beck T, Levine R. Industry growth and capital allocation: does having a market- or bank-based system matter? [J]. Journal of Financial Economics, 2002, 64(2): 147－180.

[37] Beck T. Financial dependence and international trade[J]. Review of International Economics, 2003, 11(2): 296－316.

[38] Berlemann M, Wesselhöft J E. Estimating aggregate capital stocks using the perpetual inventory method[J]. Review of Economics, 2014, 65(1): 1－34.

[39] Bernanke B S. The sources of the financial turmoil: a longer-term perspective, BIS review[EB/OL]. http://www.bis.org/review/r080605a.pdf? noframes=1, 2008.

[40] Bernanke B S. The global saving glut and the U.S. current account deficit[R]. http://www.federalreserve.gov/boarddocs/speeches/2005/200503102.

[41] Berthou A. The distorted effect of financial development on international trade flows[Z]. NBER working paper, 2008, No. 2010－09.

[42] Bordo M D, Eichengreen B. Is our current international economic environment unusually crisis prone[Z]. Proceedings of Conference, Reserve Bank of Australia, Sydney, 1999.

[43] Braun M. Financial contractibility and assets' hardness: industrial composition and growth[Z]. University of California-Los Angeles mimeo, 2003.

[44] Bruha J, Podpiera J. The origins of global imbalances[Z]. CNB working paper, 2008, No. 7.

[45] Caballero R J, Krishnamurthy A. Global imbalances and financial fragility[J]. American Economic Review, 2009, 99(2): 584 - 588.

[46] Caballero R J, Farhi E, Gourinchas P O. Financial crash, commodity prices, and global imbalances[J]. Brookings Papers on Economic Activity, 2009, 2008(2): 1 - 55.

[47] Caballero R J, Farhi E, Gourinchas P O. An equilibrium model of global imbalances and low interest rates[J]. American Economic Review, 2008, 98(1): 358 - 393.

[48] Chinn M D, Ito H. Current account balances, financial development and institutions: assaying the world "saving glut"[J]. Journal of International Money and Finance, 2007, 26(4): 546 - 569.

[49] Chinn M D, Prasad E S. Medium-term determinants of current accounts in industrial and developing countries: an empirical exploration[J]. Journal of International Economics, 2003, 59(1): 47 - 76.

[50] Cook D, Nosaka H. Dual labor markets and business cycles[J]. Federal Reserve Bank of San Francisco, Working Paper Series, 2006: 1.000 - 27.000.

[51] Daniel B C. Precautionary saving and persistent current account

imbalance[J]. Journal of International Economics, 1997, 42(1/2): 179-193.

[52] Faruqee H, Debelle G, Org H, et al. What determines the current account? A cross-sectional and panel approach[J]. IMF Working Papers, 1996, 96(58): i.

[53] Demirgüç-Kunt A, Maksimovic V. Institutions, financial markets, and firm debt maturity[J]. Journal of Financial Economics, 1999, 54(3): 295-336.

[54] Dollar D, Kraay A. Growth is good for the poor[J]. Journal of Economic Growth, 2002, 7(3): 195-225.

[55] Dooley M, Folkerts-Landau D, Garber P M. An essay on the revived bretton woods system[Z]. NBER Working Paper, 2003.

[56] Dooley M P, Folkerts-Landau D, Garber P. The revived bretton woods system: the effects of periphery intervention and reserve management on interest rates & exchange rates in center countries [Z]. NBER Working Paper, 2004.

[57] Dooley M P, Folkerts-Landau D, Garber P. Direct investment, rising real wages, and the absorption of excess labor in the periphery [M]//Clarida R H. G7 Current Account Imbalances. Chicago: University of Chicago Press, 2007: 103-130.

[58] Dooley M P, Folkerts-Landau D, Garber P M. An essay on the revived bretton woods system [J]. Social Science Electronic Publishing, 2003, 9(4): 307-313.

[59] Du Q, Wei S J. A sexually unbalanced model of current account imbalances[Z]. NBER Working Paper, 2010.

[60] Edwards S. The U. S. current account deficit: gradual correction or abrupt adjustment? [J]. Journal of Policy Modeling, 2006, 28(6):

629 - 643.

[61] Eichengreen B. Global imbalances and the lessons of bretton woods [J]. Économie Internationale, 2004, 100(4): 39 - 50.

[62] Faruqee H, Laxton D, Muir D, et al. Would protectionism defuse global imbalances and spur economic activity? A scenario analysis [J]. Journal of Economic Dynamics and Control, 2008, 32(8): 2651 - 2689.

[63] Fogli A, Perri F. The great moderation and the U. S. external imbalance[Z]. NBER Working Paper, 2006, No. 12708.

[64] Greenaway D, Milner C. Trade and industrial policy in developing countries: a manual of policy analysis[M]. Ann Arbor: University of Michigan Press, 1993.

[65] Harris J R, Todaro M. Migration, unemployment and development: a two-sector analysis[J]. American Economic Review, 1970, 60(1): 26 - 42.

[66] Helpman E, Melitz M J, Yeaple S R. Export versus FDI with heterogeneous firms[J]. American Economic Review, 2004, 94(1): 300 - 316.

[67] Hu D P. Trade, rural-urban migration, and regional income disparity in developing countries: a spatial general equilibrium model inspired by the case of China[J]. Regional Science and Urban Economics, 2002, 32(3): 311 - 338.

[68] Hummels D, Klenow P J. The variety and quality of a nation's exports[J]. American Economic Review, 2005, 95(3): 704 - 723.

[69] Hur J, Raj M, Riyanto Y E. Finance and trade: a cross-country empirical analysis on the impact of financial development and asset tangibility on international trade[J]. World Development, 2006,

34(10)：1728－1741.

[70] Jin K Y. Industrial structure and capital flows [J]. American Economic Review, 2012, 102(5)：2111－2146.

[71] Ju J, Wei S J. Current account adjustment in a model with multiple tradable sectors and labor market rigidities[Z]. Working Paper, 2009, Available at: http://faculty-staff. ou. edu/J/Jiandong. Ju－1.

[72] Ju J, Shi K, Wei S J. Are trade liberalizations a source of global imbalances? [Z]. Working Paper, 2011, Available at: http://www. gsm. pku. edu. cn/resource/uploadfiles/docs/20111021/201110210334331309. pdf.

[73] Ju J D, Wei S J. When is quality of financial system a source of comparative advantage? [J]. Journal of International Economics, 2011, 84(2)：178－187.

[74] Khandelwal A, Fajgelbaum P. Measuring the unequal gains from trade[Z]. Society for Economic Dynamic, Meeting Papers, 2013, No. 456.

[75] Kim B, Min H, McDonald J. Are Asian countries' current accounts sustainable? [J]. Journal of Policy Modeling, 2009(3)：163－179.

[76] King R G, Levine R. Finance and growth: Schumpeter might be right[J]. The Quarterly Journal of Economics, 1993, 108(3)：717－737.

[77] Kletzer K, Bardhan P. Credit markets and patterns of international trade[J]. Journal of Development Economics, 1987, 27(1/2)：57－70.

[78] Kollmann R. US trade balance dynamics: the role of fiscal policy and productivity shocks and of financial market linkages[J]. Journal of International Money and Finance, 1998, 17(4)：637－669.

[79] Lall S. Competitiveness, technology and skills[M]. Cheltenham: Edward Elgar Publishing, 2001.

[80] Lane P R, Milesi-Ferretti G M. A global perspective on external position[Z]. NBER Working Paper, 2005, No. 11589.

[81] Manova K. Credit constraints, heterogeneous firms, and international trade[J]. The Review of Economic Studies, 2013, 80(2): 711 - 744.

[82] Mao Y, Yao Y. Manufacturing-finance comparative advantage and global imbalances[Z]. CCER Working Paper, 2012, No. E2012004.

[83] Mccandless G. The ABCs of RBCs [M]. Cambridge: Harvard University Press, 2008.

[84] McKinnon R. Why China should keep its dollar peg? [J]. International Finance, 2007, 10(1): 43 - 70.

[85] Mendoza E, Quadrini V, Ríos-Rull J V. Financial integration, financial development, and global imbalances[J]. Journal of Political Economy, 2009, 117(3): 371 - 416.

[86] Muendler M. Converter from SITC to ISIC [Z]. University of California, San Diego, CESifo and NBER, 2009.

[87] Mulder N, Paillacar R, Zignago S. Market positioning of varieties in world trade: is Latin America losing out on Asia[Z]. CEPII Working Paper, 2009, No. 09.

[88] Mundell R. Financial Crises and the International Monetary System [R]. http://www. hiroshishibuya. com/mundell. pdf.

[89] Obstfeld M, Rogoff K. Foundations of international macroeconomics [M]. Cambridge Mass.: MIT Press, 1996.

[90] Obstfeld M, Rogoff K. The unsustainable U. S. current account position revisited[M]//Clarida R H. G7 current account imbalances. Chicago: University of Chicago Press, 2004: 339 - 376.

[91] Raffo A. Net exports, consumption volatility, and international real business cycle methods[J]. SSRN Electronic Journal, January, 2006.

[92] Rajan R, Zingales L. Financial dependence and growth[J]. The American economic review, 1999, 88(3): 559-586.

[93] Rogoff K. Global imbalances and exchange rate adjustment[J]. Journal of Policy Modeling, 2006, 28(6): 695-699.

[94] Roubini N, Setser B. The U. S. as a net debtor: the sustainability of the US external imbalances[Z]. Unpublished Manuscript, Sterm School of Business, 2004.

[95] Sato R, Niho Y. Population growth and the development of a dual economy[J]. Oxford Economic Papers, 1971, 23(3): 418-436.

[96] Schott P K. The relative sophistication of Chinese exports[J]. Economic Policy, 2008, 23(53): 6-49.

[97] Schott P K. Across-product versus within-product specialization in international trade[J]. The Quarterly Journal of Economics, 2004, 119(2): 647-678.

[98] Edwards S. Thirty years of current account imbalances, current account reversals and sudden stops[J]. IMF Staff Papers, 2004, 51(1): 1-49.

[99] Song Z, Storesletten K, Zilibotti F. Growing like China[J]. American Economic Review, 2011, 101(1): 196-233.

[100] Sopraseuth T. The US "twin deficits": a reappraisal[J]. Recherches Économiques De Louvain, 1999, 65(2): 139-178.

[101] Webster A, Gilroy M. Labour skills and the UK's comparative advantage with its European Union partners[J]. Applied Economics, 1995, 27(4): 327-342.

[102] Wei D. What happened to the good old days? The role of expenditure switching in the global imbalance adjustment[Z]. Bank of Canada Working Paper，2009.

[103] Willen P. Incomplete markets and trade[Z]. Working Paper Series of Federal Reserve Bank of Boston，2004，No. 4 - 8.

[104] Wörz J. Skill intensity in foreign trade and economic growth[J]. Empirica，2005，32(1)：117 - 144.

[105] Wen Y，Wang P F，Xu Z W. Two-way capital flows and global imbalances：a neoclassical approach[J]. SSRN Electronic Journal，June 2012.